高等院校国际经济与贸易系列精品教材

U0663017

国际贸易理论与实务

王　东　范恩辉　主编

崔日明　主审

电子工业出版社·
Publishing House of Electronics Industry
北京·BEIJING

图书在版编目（CIP）数据

国际贸易理论与实务 / 王东，范恩辉主编. —北京：电子工业出版社，2021.7
ISBN 978-7-121-41455-8

Ⅰ. ①国…　Ⅱ. ①王…　②范…　Ⅲ. ①国际贸易理论－高等学校－教材②国际贸易－贸易实务－高
等学校－教材　Ⅳ. ①F740

中国版本图书馆 CIP 数据核字（2021）第 124730 号

责任编辑：刘淑敏
文字编辑：王　戬
印　　刷：天津千鹤文化传播有限公司
装　　订：天津千鹤文化传播有限公司
出版发行：电子工业出版社
　　　　　北京市海淀区万寿路 173 信箱　　邮编 100036
开　　本：787×1092　1/16　印张：15.25　字数：381 千字
版　　次：2021 年 7 月第 1 版
印　　次：2021 年 7 月第 1 次印刷
定　　价：55.00 元

凡所购买电子工业出版社图书有缺损问题，请向购买书店调换。若书店售缺，请与本社发行部联系，
联系及邮购电话：（010）88254888，88258888。
质量投诉请发邮件至 zlts@phei.com.cn，盗版侵权举报请发邮件至 dbqq@phei.com.cn。
本书咨询联系方式：（010）88254199，sjb@phei.com.cn。

前言

　　国际贸易理论与实务是一门主要研究国际贸易理论与政策，以及国际货物买卖具体过程与实际业务的课程，也是一门具有涉外活动特点的、实践性很强的、理论与实务综合应用的专业基础课程。

　　本书编写组由从事多年国际贸易理论与实务研究和教学工作、具有丰富教学经验的教师组成，在分析对比国内知名的国际贸易理论与实务教材，收集和研究国际贸易最新资料，以及进行了充分讨论的基础上，确定了全书的纲要和内容体系。本书共有十章，分上、下两篇，上篇为国际贸易理论篇，主要介绍西方国际贸易理论，国际贸易政策和措施，商品的名称、品质、数量和包装，国际贸易术语和商品的价格；下篇为国际贸易实务篇，主要介绍国际货物运输与保险，国际贸易货款的收付与结算，国际货物的检验和争议的处理，国际贸易合同的签订与履行和国际贸易方式。

　　本书具有以下特点：

　　1. 教材体系新颖。各章均安排了学习目标、开篇案例、本章小结，思路清晰具体，小故事大道理，深入浅出。

　　2. 突出学习目标，在内容选取上体现时代特色。在编写本书时，编者注意吸收世界贸易前沿的最新发展，力图体现国际贸易环境新变化。

　　本书由哈尔滨学院王东与吉林工商学院范恩辉担任主编，崔日明担任主审，隋东旭统稿。具体分工如下：第一章、第二章、第三章、第六章、第十章由范恩辉编写；第四章、第五章、第七章、第八章、第九章由王东编写。

　　本书适用于高等院校经济、管理类专业及相关专业师生。

　　本书是相关院校教师集体智慧的结晶，凝结了大家多年的教学经验和思考，在编写过程中，参考并采纳、吸收了多位专家的相关文献和思想，在此表示衷心感谢！

　　由于水平和时间有限，书中难免存在不足之处，恳请同行及读者在使用本书的过程中予以关注，提出宝贵的意见或建议，以便修订时完善。

目录

上篇

国际贸易理论篇

第一章 走进国际贸易

学习目标

- 了解国际贸易的产生和发展。
- 了解国际贸易的形成。
- 掌握国际贸易的类型。
- 分析影响当代国际分工的主要因素。
- 分析国际分工对国际贸易的影响。
- 掌握世界市场的形成、发展及特征。

开篇案例

中国某外贸公司曾代国内某用户引进一套榨菜籽油的设备，合同总金额为 14 778 515 德国马克。合同规定："主要设备在瑞士、德国、奥地利、瑞典及其他卖方选择的国家制造。卖方保证供应的设备都是新的和现代化的，以及在植物油工业中达到先进技术标准。卖方保证该设备能够达到国际标准。保证期将限于开工后 12 个月或设备装运后 20 个月，哪一个发生在先，便以哪一个为准。"在检验、索赔条款中规定："若买方提出索赔，卖方有权自费指派 SGS（国外检验机构）检验员证实有关索赔。检验员的检验结果为最终的，对双方具有约束力。"在支付条款中规定："为了保证××本金和利息的偿还，买方应按卖方指定的××形式开出 5 份本票，应由中国银行无条件并不可撤销地以××形式（保函）给予保证。"在仲裁条款中规定："执行本合同发生的一切争执，应通过友好协商解决，如不能，任何一方都可提交 RD 王国国际商会仲裁，仲裁员将采用 RD 王国实体法。仲裁是终局的，对双方有约束力。"后来，购进的设备经过安装、调试和试车发现，部分设备不能正常运转。买方即凭中国商检机构出具的品质检验证书向外商索赔，但经过多次交涉，均未获结果，致使买方遭受无法补救的经济损失。[①]

▶ 第一节 国际贸易的产生与形成

▶▶ 一、国际贸易的产生和发展

（一）国际贸易的产生和发展

国际贸易是在一定的历史条件下产生和发展起来的。国际贸易的产生必须具备以下两

---

① 冯晓玲，李贺. 国际贸易实务［M］. 上海：上海财经大学出版社，2014.

个条件：第一，有剩余的产品可以作为商品进行交换；第二，商品交换要在各自为政的社会实体之间进行。因此，社会生产力的发展和社会分工的扩大，是国际贸易产生和发展的基础。

1. 原始社会的贸易

在原始社会初期，生产力水平极度低下，劳动成果仅能维持群体最基本的生存需要，没有剩余产品用以交换，因此谈不上有国际贸易。

随着生产力的发展，先后产生了人类社会的三次社会大分工。人类历史的第一次社会大分工，即畜牧业和农业的分工，促进了原始社会生产力的发展，产品有了少量的剩余。人们为了获得本群体不生产的产品，氏族或部落之间偶尔用剩余产品进行原始的物物交换。后来，手工业从农业中分离出来，成为独立的部门，形成了人类社会第二次大分工。由于手工业的出现，便产生了直接以交换为目的的生产——商品生产。第三次社会大分工出现了专门从事贸易的商人阶层，使商品生产和商品流通进一步扩大。商品生产和流通更加频繁和广泛，从而阶级和国家相继最后形成。于是，到原始社会末期，商品流通开始超越国界，这就产生了国际贸易。

2. 奴隶社会的国际贸易

奴隶社会是奴隶主占有生产资料和奴隶的社会，自然经济占主导地位，生产的目的主要是消费，而不是交换。手工业和商品生产，在整个社会生产中微不足道，进入流通的商品数量很少。同时，由于社会生产力水平低下和生产技术落后，交通工具简陋，使国际贸易的规模和内容都受到很大的限制。

3. 封建社会的国际贸易

封建社会时期的国际贸易有了较大的发展。在封建社会，国际贸易是为封建地主阶级服务的。奴隶贸易在国际贸易中基本消失。封建社会时期，欧洲的国际贸易，扩大到北海、波罗的海、黑海，并开辟了与东方相连的陆路贸易。我国国际贸易开始于公元前 2 世纪的西汉。在中国，茶叶、丝绸经"丝绸之路"，运往中东和欧洲。明朝的郑和七下西洋，扩大了中国的海上贸易，促进了我国与欧洲及世界各国的贸易往来。

随着社会生产力的提高，以及社会分工和商品生产的发展，国际贸易不断扩大。但是，由于受到生产方式和交通条件的限制，商品生产和流通的主要目的是满足剥削阶级奢侈生活的需要，贸易主要局限于各洲之内和欧亚大陆之间，国际贸易在奴隶社会和封建社会经济中都不占有重要的地位，贸易的范围和商品品种都有很大的局限性，贸易活动也不经常发生。

4. 资本主义社会的国际贸易

14、15 世纪产生了资本主义萌芽，产生的地点是在地中海沿岸的威尼斯、佛罗伦萨，西北欧的尼德兰等地的一些城市。15 世纪末 16 世纪初，"地理大发现"对西欧经济发展和全球国际贸易产生了十分深远的影响。大批欧洲冒险家前往非洲和美洲进行掠夺性贸易，运回大量金银财富，贩卖黑奴，同时这些地区还沦为殖民地，既成为资本主义国家的商品销售市场，又成为它们的商品原料产地。这一系列举动既加速了资本主义国家的原始资本积累，又大大推动了国际贸易的发展。

18 世纪 60 年代到 19 世纪 60 年代，英国及其他欧洲先进国家和美国，相继完成了产业革命。资本主义生产从工场手工业过渡到机器大工业，机器大工业为国际分工体系的建立和发展奠定了物质基础，并提供了现代化的交通通信工具，把世界联结成为一个整体，形成世界市场，大大促进了国际贸易的发展。据统计，在19世纪的前70年中，国际贸易额增长了 6 倍多。国际贸易的迅速发展是与资本主义生产方式建立和发展紧密相关的，国际贸易既是资本主义生产方式的基础（历史前提），又是资本主义生产方式的产物（必然结果）。

（1）国际贸易是资本主义生产方式产生的基础。

国际贸易是资本主义生产方式产生的基础，是指国际贸易促进资本原始积累，缩短了从封建主义向资本主义过渡的时间（加速这一历史进程或起催化作用），并为这一过渡提供了必要的条件（提供劳动力、资本和商品市场）。"圈地运动"不但使英国新兴资产阶级因出口羊毛和毛纺制品赚取大量的利润，而且为他们提供了大量的劳动力。

新航路的发现、殖民地的掠夺使资本家手中集中了大量的货币资本。欧洲一些古老的殖民主义国家，如英国、荷兰、葡萄牙、西班牙、法国等，凭借它们的强大经济、军事实力，把亚洲、非洲、美洲的广大地区都卷入世界市场中来，使这些地区既成为资本主义机器大工业的商品销售市场，又成为它们的原料产地。国际贸易推动了封建主义向资本主义的过渡，为这种过渡提供了条件，加快了进程，但决定资本主义生产方式产生的根本原因只能是社会生产力的发展和生产关系的变革。

（2）国际贸易是资本主义生产方式本身的产物。

在资本主义生产方式确立以后，由于这种生产方式的内在要求，决定其必然需要发展国外市场和国际贸易，国际贸易能促进资本主义国家的经济发展。资本主义生产离开国际贸易是根本不行的，正如列宁所指出的"没有国际贸易的资本主义国家是不能设想的，而且也的确没有这样的国家"。

20 世纪初期，时任美国商务部长雷德菲尔德把美国的国际贸易比作美国经济这座大座钟的钟摆。钟摆虽小，但却起着关键作用，他说："钟摆决不会像钟那么大，但是它控制着这架机器的全部运转……我们的国际贸易、我们的出口就是在很大程度上决定并控制美国在国际金融和世界贸易联合体中心地位的那种事物（钟摆）。"

美国前总统艾森豪威尔在其首次就职演说中说："尽管我国有雄厚的物质力量，我们仍需要国际市场以销售我国农场和工厂的过剩产品。同样，我们还需要为这些农场和工厂从遥远的国度取得重要的原料和产品。互相依存这个基本规律，在和平时期的贸易中是非常明显的，而在战争时期则更要加强一千倍。"

① 国际贸易可以提高利润率。

第一，通过国际贸易可以降低生产成本。通过国际贸易从国外进口廉价的原料、燃料、辅助材料、机器设备等，降低了生产成本，提高利润率。

第二，通过国际贸易取得规模经济利益。通过国际贸易，扩大出口，可使生产规模扩大，提高劳动生产率，实现规模经济效益，降低生产成本。

第三，通过国际贸易，攫取超额利润。这种超额利润一部分来自高于他国的劳动生产率，一部分来自对市场的垄断。

第四，通过资本输出，就地设厂，提高利润率。

发达资本主义国家在发展中国家生产，利用当地的廉价原料和劳动力进行生产，剥削程度较高，所以利润率较高。

② 国际贸易促进劳动生产率的提高。

第一，国际贸易刺激着资本家提高劳动生产率，因为国际贸易中的竞争会迫使资本家千方百计地提高劳动生产率，降低成本以打败竞争对手。

第二，国际贸易给资本家提高劳动生产率提供了重要途径。通过国际贸易，普及了科学技术，带动了发达国家和世界经济的发展；利用国际分工，节约社会劳动。国际分工可使贸易参加国发挥优势，克服劣势，实现资源的合理配置，取得经济效益。

（3）国际贸易促进了资本主义世界经济体系的确立。

国际贸易在资本主义世界经济体系的确立中起了重要作用。

① 国际贸易使资本主义商品形式的生产具有普遍的与世界的性质。

国际贸易的不断发展使货币变成了世界货币。黄金、白银不仅作为一般购买手段，还可作为国际支付、国际清算和国际信用的手段。黄金、白银变成世界货币，又推动了国际交换领域的进一步扩大与发展，促进了国际贸易的发展。世界价格体系的形成，表示价值规律的作用扩展到世界市场，为比较各国商品的生产和交换条件建立了基础，促进了世界生产和贸易的进一步发展。

国际贸易促进了资本主义经济范畴（商品、货币、信用）的全面发展，使资本主义进一步发展，并且为资本主义在全世界的扩张奠定了基础。

② 国际贸易的发展促进了资本主义生产关系在世界范围内的扩展。

国际贸易的发展促进了资本主义世界体系的形成。通过国际贸易，资产阶级"把一切民族，甚至最野蛮的民族都卷到文明中来了"。原来还处于原始的或自然经济中的国家和民族，被卷入国际商品交换的领域中，并且日益成为发达国家的原料产地和商品销售地，形成了资本主义世界经济体系。

（二）当代国际贸易的发展

第二次世界大战后，兴起了第三次科技革命和产业革命，在贸易自由化的推动下，国际贸易处于一个新的增长期，其平均发展速度超过 5%，超过世界经济增长速度。

1. 世界贸易组织的正式成立促进了国际贸易的发展

世界贸易组织于 1995 年 1 月 1 日正式成立并开始运转。世界贸易组织是独立于联合国的，负责管理监督全球贸易秩序、协调贸易关系、制定贸易政策的一个正式性国际经济组织，为今后的全球贸易提供最基本的规则，负责实施多边贸易协议，定期审议各成员的贸易政策，统一处理贸易争端，加强与其他国际机构的合作。世界贸易组织的成立，改变了关税及贸易总协定临时适用和非正式性的状况，强化了关税及贸易总协定原有的规则，管理协调的范围更加广泛，还建立了透明度更大的贸易争端调解机制，可以说世界贸易组织的成立意味着世界贸易新格局的形成，全球贸易自由化的大发展，国际经济合作新时代的开始。

2. 区域集团化趋势的加强促进了国际贸易的发展

在一个世界市场的范围内，存在许多跨国家的区域性市场。这些地区性经济集团，对内实行程度较高的自由贸易，对外则实行一定程度的歧视或排斥，如欧盟、北美自由贸易区等就是这样的区域经济一体化组织。欧盟组织的成立和扩大，使西欧的竞争实力大为增强，从而有力地促进区内投资和贸易的发展。美国、加拿大、墨西哥参加的北美自由贸易协定使美洲、亚洲、太平洋国家和地区之间的经济联系日益加深。

3. 科学技术进步的加速

随着高新技术的推广应用，国际化分工不断深化，产品质量性能不断提高，产品种类、规格不断变化，产品的生产周期大为缩短。由于产品的不断升级换代，必将促使各国的产业结构和经济结构向更高层次发展，使国际间的相互依赖和渗透进一步加深，从而推动国际商品范围和贸易量的不断扩大。

4. 跨国公司的蓬勃发展

跨国公司发展尤为迅速，并不断改变着世界商品生产和流通的格局。目前，全球跨国公司控制着世界出口贸易总额的2/3，跨国公司内部贸易已占国际贸易的40%。随着生产国际化的新发展，跨国公司在很大程度上控制着国际贸易、国际投资和技术转让等经济活动。它们采用多种组织形式和策略，垄断着世界的销售市场和原料产地，从而垄断了世界市场上很大一部分贸易。

5. 国际服务贸易蓬勃兴起

目前，世界服务贸易总额已相当于世界商品贸易额的1/5左右。不但传统的服务贸易项目，如银行、保险、运输等随着国际贸易发展而发展，其他服务项目，如国际租赁、提供国际咨询和管理服务、技术贸易、国际旅游等也得到快速发展，服务贸易的增长速度大于同期商品贸易的增长速度。

▶▶ 二、国际贸易的形成

20世纪50年代，纳克斯提出了一个著名的结论，即国际贸易不仅是简单地把一定数量的资源加以最适当配置的手段，而且是外围国家和地区经济增长的发动机。19世纪欧洲中心国家的经济增长引起中心国家对外围国家的原料和食品的需求急剧上升，给外围国家和地区造成增加生产的压力和动力，导致中心国家的资本和劳动力转移到贫困地区，促进了那里的投资与生产。这样不仅保证了对中心国家市场扩大的供应，而且提高了外围国家国民的收入。

国际贸易对经济增长的影响不仅体现在贸易规模的扩大对经济增长的影响上，更体现在贸易结构的优化对经济增长总量以及质量和效益的提高上。而且，从一个长期的、可持续发展的角度看，后者的意义和影响更为深远。因此，促进国际贸易结构进一步的优化和升级，并在此基础上实现贸易规模的进一步扩大，是使国际贸易真正成为中国经济增长的"发动机"和"催化剂"的主要方式。

（一）国际贸易可有效促进一国技术的进步

推动经济增长的根本动力是技术进步和创新。国际贸易可以通过技术创新、技术贸易、技术外溢等途径，有效促进一国技术进步，并普及科学技术，带动世界经济发展。

引进先进的生产设备、购买新产品的生产专利，都可以提高国内相关部门的生产效率，实现技术进步与创新。国际贸易中的激烈竞争，迫使出口企业千方百计地加快技术进步，提高劳动生产率，降低成本，以打败竞争对手。当出口部门的技术进步和创新加快时，就有可能提高出口产品的国际竞争优势，扩大国际贸易规模，获取更多的国际贸易利益，进而促进经济发展，形成良性循环。第二次世界大战后，日本和德国经济迅速增长的重要原因之一就是结合本国情况，大量引进欧美国家的先进技术。

（二）国际贸易能促进生产要素的合理配置

资本、技术、劳动力等生产要素的数量、质量及其配置，对于一国的经济发展具有决定性的作用。而通过国际贸易可以增加生产要素数量，改善生产要素质量，并且能够合理配置生产要素，形成经济增长的主导部门。

进口消费品可以提高人们的生活水平，进口资本可以构成国民收入中投资的一部分，增强供给能力。出口对国内资本形成的贡献，不仅在于换取进口资本品，还在于出口部门有较强的产业关联效应，可以创造出新的国内需求，进而带动国内投资。这样，出口本身就具有促进国内要素形成和带动经济发展的双重作用。

（三）国际贸易是国际经济"传递"的重要渠道

世界各国在经济上是相互联系、互相依赖的，一国经济的繁荣或衰退都会影响其他国家的经济，而国际贸易则是各国经济活动相互传递的重要渠道。传递过程如下：世界市场价格变动—国内经营国际贸易部门的价格变动—与国际贸易相关部门的价格变动—国内价格变动—产量与就业变动—整个经济部门价格的变动（上升或下降）。在历史上，英国经济的迅猛发展通过国际贸易的传递，带动了美国、加拿大等国的经济发展。

第二节　国际贸易的相关概念和类型

一、国际贸易的相关概念

（一）国际贸易、对外贸易及海外贸易

1. 国际贸易

国际贸易又称世界贸易，是指世界各国（或地区）之间货物和服务的交换活动。它既包含有形产品（实物产品）的交换，也包含无形产品（劳务、技术、咨询等）的交换。传统的国际贸易，仅指国际间各类货物的交换，不包括服务；现代的国际贸易是指世界各国（地区）之间货物和服务的交换。

2. 对外贸易

对外贸易又称进出口贸易，是指国际贸易活动中的一国（或地区）同其他国家（或地区）所进行的货物和服务的交换活动。如中国与别国的贸易，则称为中国对外贸易。国际贸易是站在世界的角度，在整个国际范围来进行这种商品和服务的交换活动。

3. 海外贸易

某些海岛国家，如日本、英国等国的对外贸易则称为海外贸易。

（二）出口贸易、进口贸易及过境贸易

依据货物的移动方向不同来划分，国际贸易可分为出口贸易、进口贸易和过境贸易。

1. 出口贸易

将本国所生产或加工的商品（包括劳务）输往国外市场进行销售的商品交换活动，称为出口贸易或输出贸易。

2. 进口贸易

购买外国商品（包括劳务）后，输入本国市场进行销售的贸易活动，称为进口贸易或输入贸易。

出口贸易与进口贸易是每一笔贸易的两个方面，对卖方是出口贸易，对买方则是进口贸易。

3. 过境贸易

商品生产国与商品消费国之间进行的商品买卖活动，其货物运输过程必须要通过第三国的国境。第三国则对此批货物收取一定的费用，这对第三国来说就构成了该国的过境贸易。比如内陆国与不相邻的国家之间的商品交易，就必须通过第三国国境，对第三国海关来说，就会把这类贸易归入过境贸易。

（三）直接贸易、间接贸易及转口贸易

依据是否有第三者参与来划分，国际贸易可分为直接贸易、间接贸易和转口贸易。

1. 直接贸易

商品生产国与商品消费国不通过第三国而直接买卖商品的贸易活动，称为直接贸易。直接贸易的双方直接谈判，直接签约，直接结算，货物直接运输。生产国商品出口到消费国，对生产国来说，是直接出口，对消费国来说，是直接进口。

2. 间接贸易

商品生产国与商品消费国通过第三国所进行的商品买卖行为，称为间接贸易。因为各种原因，此类贸易的出口国与进口国之间不能直接进行洽谈、签约和结算，必须借助于第三国的参加。间接贸易有些是出于政治方面的原因，有些是由于交易双方的信息不通畅而形成的。

3. 转口贸易

转口贸易是指商品生产国与商品消费国通过第三国进行商品买卖，对第三国来说是转口贸易。转口贸易亦包括下述情况，即商品直接从生产国运往消费国，但两国并没有发生直接贸易关系，而是由第三国分别与两国发生贸易关系。

从事转口贸易的大多是地理位置优越、交通便利、结算方便、贸易限制较少的国家或地区，适合于作为商品的集散、销售中心。例如，中国香港、荷兰鹿特丹等。转口贸易与间接贸易的区别在于看问题的角度不同：商品生产国与消费国通过第三国进行的贸易对生产国和消费国而言是间接贸易，对第三国（地区）而言则是转口贸易。转口贸易与过境贸易的区别在于，在转口贸易中，商品的所有权先从生产国出口者那里转到第三国（或地区）商人手中，再转到最终的进口国商人手中。而在过境贸易中，商品所有权无须向第三国商人转移。转口贸易以营利为目的，通常有一个正常的商业加价，而过境贸易只收取少量的手续费。

（四）总贸易与专门贸易

依据进出口的标准不同来划分，国际贸易可分为总贸易、专门贸易。总贸易与专门贸易是国际货物贸易的统计方法。

1. 总贸易

总贸易是指以国境为标准划分进口与出口的一种统计方法。总贸易可分为总进口和总出口。凡是进入一国国境的商品一律列入总进口，包括进口后供国内消费的部分和进口后成为转口或过境的部分；凡是离开一国国境的商品一律列入总出口，包括本国产品的出口、外国商品复出口及转口或过境的部分。总进口额与总出口额之和即为总贸易额。目前，采用总贸易统计方法的国家有美、英、日、加、澳等90多个国家和地区。我国也采用总贸易统计方法。

2. 专门贸易

专门贸易是指以关境作为划分进口和出口标准的统计方法。专门贸易又可分为专门进口和专门出口。外国商品进入关境并向海关缴纳关税，又被海关放行后才能称为专门进口。根据这个标准，虽然进入了国境，但如果只是放在海关的保税仓库之内，或者只是进入到免税的出口加工区进行加工，则不被统计为进口。专门出口是指从国内运出关境的本国产品和进口后来经加工又运出关境的出口商品。专门进口额加专门出口额，构成一国的专门贸易总额。目前采用专门贸易统计方法的国家有德国、意大利、瑞士、法国等80多个国家和地区。

一般情况下，一国关境与国境完全重合，但也有不一致的情况，设经济特区的国家，关境的范围要小于国境，因为，经济特区虽然在国境内，但却在关境之外。当几个国家结成关税同盟，参加关税同盟的国家的领土合并成为一个统一的关境时，关境范围要大于其中某一国的国境。

（五）有形贸易与无形贸易

依据商品的形式与内容的不同来划分，国际贸易可分为有形贸易、无形贸易。

1. 有形贸易

有形贸易也称货物贸易，是指在进出口贸易中进行的实物商品的贸易，因为这些实物商品看得见、摸得着，故称为有形贸易。有形商品的进口和出口都要办理海关手续，并在海关的进出口统计中反映出来，从而构成一个国家一定时期对外贸易的总额。同时，联合国为便于统计，把有形商品分为10类。这10类商品分别为：食品及主要供食用的活动物（0）；饮料及烟类（1）；燃料以外的非食用粗原料（2）；矿物燃料、润滑油及有关原料（3）；动植物油脂及蜡（4）；未列名化学品及有关产品（5）；主要按原料分类的制成品（6）；机械及运输设备（7）；杂项制品（8）；没有分类的其他商品（9）。在国际贸易统计中，一般把（0）～（4）类商品称为初级产品，把（5）、（8）类商品称为制成品。

2. 无形贸易

无形贸易是指在国际贸易活动中所进行的所有非物质形态商品的贸易，无形贸易包括服务贸易和技术贸易，通常不办理海关手续，在海关的进出口统计中反映不出来，而在国际收支中反映出来，是国际收支的重要组成部分。

有形贸易与无形贸易的区别主要有：第一，有形贸易的交易商品是有形、可储存的，而无形贸易的交易商品是无形、不可储存的；第二，贸易额，有形贸易额也就是货物贸易额，是各国国际收支的主要组成部分，并在各国海关统计中能查到，而无形贸易额在各国国际收支表中只得到部分反映，在海关统计中无法查询。

（六）自由结汇贸易与易货贸易

依据清偿方式的不同来划分，国际贸易可分为自由结汇贸易、易货贸易。

1. 自由结汇贸易

自由结汇贸易又称现汇贸易，是指以货币作为清偿工具所进行的贸易，其前提条件是作为支付的货币必须能够在国际金融市场自由兑换。其特色是银行逐步支付货物款项，以结清债权、债务。在当今国际贸易中，能作为国际支付工具的货币主要有美元、欧元、英镑、日元、瑞士法郎等。

2. 易货贸易

易货贸易是指商品交易的双方依据相互间签订的易货贸易协定或易货贸易合同，以经过计价的货物作为清偿工具所进行的贸易。

易货贸易比较适用于那些外汇不足或因其他各种原因无法以自由结汇方式进行相互交易的国家。

（七）国际贸易额（值）、对外贸易额（值）及对外贸易量

1. 国际贸易额（值）

国际贸易额是指以货币表示的世界各国的对外贸易总额。这是计算和统计世界各国对外贸易总额的指标，是把世界上所有国家和地区的出口额相加得出的数额。但是，在计算国际贸易额时，不是简单地把世界各国的出口额与进口额加在一起。因为一国（或地区）的出口，就是另一国（或地区）的进口，若两者相加等于重复计算。联合国在做统计时，通常采用各国出口额相加作为国际贸易额。因为世界上绝大多数国家（地区）都是用 CIF 价格计算进口额的，即成本加运费、保险费。显然，把进口值加起来作为国际贸易额，是不准确的。而出口额一般采用 FOB 价格，即装运港船上交货，相对于 CIF 而言，是比较准确的。CIF 价格比 FOB 价格多运费和保险费，所以，世界进口额会大于世界出口额。

2. 对外贸易额（值）

对外贸易额是由一国一定时期内从国外进口的商品总额加上该国同一时期内向国外出口的商品总额构成的。这是用货币金额表示的一国一定时期内的进出口的规模，是衡量一国对外贸易状况的重要指标。在计算时，出口额要以 FOB 价格计算，进口额则以 CIF 价格计算。一定时期内一国出口总额与进口总额之间的差额，则称为对外贸易差额。当出口商品总额超过进口商品总额时，差额部分称为"贸易顺差"，也可称为"贸易出超"；反之，当进口商品总额超过出口商品总额时，差额部分称为"贸易逆差"，也可称为"贸易入超"，或称"贸易赤字"；如进出口商品总额相等，则叫作"贸易平衡"。

3. 对外贸易量

对外贸易量是指以一定时期不变价格为标准，计算出的各个时期的对外贸易值。

具体计算方法：以固定年份为基期计算的进口或出口价格指数去除报告期的进口或出口总额，得到的是相当于按不变价格计算的进口额或出口额。

（八）贸易条件

贸易条件是指一定时期内一国出口 1 单位商品可以交换多少单位外国进口商品的比例，公式如下：

当年贸易条件系数=出口价格指数/进口价格指数×100

贸易条件指数的上升（大于100），表明出口价格比进口价格相对上涨，意味着每出口1单位商品能换回的进口商品数量比原来增加，即贸易条件改善；贸易条件指数下降（小于100），则表明出口价格比进口价格相对下跌，意味着每出口1单位商品能换回的进口商品数量比原来减少，即贸易条件恶化。

（九）对外贸易依存度

对外贸易依存度又称对外贸易系数，是指一个国家在一定时期内进出口贸易值同该国同期国内生产总值的对比关系。这是衡量一国国民经济对进出口贸易的依赖程度的一个指标。由于各国经济的发展水平不同，对外开放的程度不同，国内市场的大小不同，导致各国的对外贸易依存度有较大的差异。

（十）对外贸易货物结构和国际贸易商品结构

1. 对外贸易货物结构

对外贸易货物结构是指一个国家一定时期内各类商品占整个进出口贸易额的份额。一个国家对外贸易商品结构，主要是由该国的经济发展水平、贸易政策、产业结构状况、自然资源状况决定的。发达国家对外贸易商品结构是以出口工业制成品为主，进口初级产品为主；发展中国家的对外贸易商品结构的特征则是以出口初级产品、进口工业制成品为主。

2. 国际贸易商品结构

国际贸易商品结构是指各类商品在整个国际贸易额中所占的比重，通常以它们在世界出口总额或进口总额中的比重来表示。研究国际贸易商品结构，通常是看初级产品和工业制成品两大类别占世界贸易额的比重。国际贸易结构可以反映出整个世界的经济发展水平、产业结构状况和服务发展水平。

（十一）对外贸易地理方向和国际贸易地理方向

1. 对外贸易地理方向

对外贸易地理方向又称对外贸易的地理分布，是指一定时期内世界上一些国家或地区的商品在一国对外贸易中所占有的地位，通常以这些国家或地区的商品在该国进出口贸易总额的比重来表示。对外贸易地理方向既表明了一国出口商品的方向，也表明了该国进出口商品的来源，从而反映出该国进出口贸易的国别分布与地区分布，表明了它同世界各国或地区经济贸易联系的程度。

2. 国际贸易地理方向

国际贸易地理方向又称国际贸易地理分布，是指一定时期内世界各洲、各国或各个国家的经济集团在整个国际贸易中所占的地位。通常用它们的出口额或进口额占世界出口总额或世界进口总额的比重表示。

▶▶ 二、国际贸易的类型

（一）按货物移动方向分

1. 出口贸易

出口贸易是指将本国生产和加工的商品运往他国市场销售的活动。这里必须注意的是，出口贸易的商品必须是外销的商品，某些商品虽然运出国境，但不属于外销，则不能算作出口贸易。例如，供使领馆、驻外机构使用的物品被运往境外或游客携带个人物品到境外等，均不列入出口贸易。

2. 进口贸易

进口贸易是指将外国的商品输入本国市场进行销售的活动，也称为输入贸易。同样，进口贸易中输入境内的商品必须是内销的商品。不属于内销的，则不算作进口贸易。例如，外国使领馆运进物品供自用，或游客带入物品供自用等，均不列入进口贸易。

3. 复出口贸易

复出口贸易也称为再出口贸易，它是指一国从他国进口的商品没有经过加工又输往外国销售的活动。例如，进口货物的退货、转口贸易等。

4. 复进口贸易

复进口贸易是指出口国外的商品未经加工又重新输入国内的活动。复进口通常是由于出口商品质量不合格被退货，未售、寄售商品被退回，或政府干预造成的国内外市场价格差异促使商家为追求更大利益将商品出口后再进口等。

5. 过境贸易

过境贸易是指甲国经过乙国国境向丙国运送商品，对于乙国来说，该贸易则称为过境贸易。

（二）按商品形式和内容分

1. 货物贸易

货物贸易，也称有形贸易，即用于交换的商品具有看得见、摸得着的物质属性。货物贸易的进出口必须通过海关，并反映在海关的货物统计上，它是一国国际收支中最主要的项目。

2. 服务贸易

服务贸易，也称无形贸易，是指国家（或地区）间进行的，以无形商品为交易对象的贸易活动。服务贸易不经过海关手续，通常不显示在海关的贸易统计上，但它是国际收支的组成部分。世界贸易组织列出的服务行业包括商业服务、通信服务、建筑及有关工程服务、销售服务、教育服务、环境服务、金融服务、健康与社会服务、与旅游有关的服务，娱乐、文化与体育服务，运输服务及其他共12个服务部门。

（三）按交易对象分

1. 直接贸易

直接贸易是指商品由生产国直接运到商品消费国，不通过第三国商人作为中介人而直接交易的行为。

2. 间接贸易

间接贸易是指商品生产国与商品消费国通过第三国进行交易的行为。间接贸易对第三国来说属于转口贸易。

3. 转口贸易

转口贸易又称中转贸易或再输出贸易，是指一国进口某种商品不是以消费为目的的，而是将它作为商品再向别国出售的贸易活动。贸易的商品能够由出口国运往第三国，在第三国不通过加工（转换包装、分类、选择等不作为加工）再销往消费国；也能够不通过第三国而直接由生产国运往消费国，但生产国与消费国之间并不发生贸易联系，而是由中转国分别同生产国和消费国发生贸易，这对生产国和消费国而言属于间接贸易，对第三国而言则属于转口贸易。

（四）按贸易额的统计标准分

1. 总贸易

总贸易是指以国境为标准划分的进出口贸易。总贸易包括总进口和总出口：凡进入国境的商品一律列为总进口；凡离开国境的商品一律列为总出口。在总出口中又包括本国产品的出口和未经加工的进口商品的出口。总进口额加总出口额就是一国的总贸易额。中国、日本、英国、加拿大、澳大利亚等90多个国家（地区）采用总贸易统计划分标准。

2. 专门贸易

专门贸易是指以关境为标准划分的进出口贸易。专门贸易包括专门进口和专门出口。只有从外国进入关境的商品以及从保税仓库提出进入关境的商品才列入专门进口。当外国商品进入国境后，暂时存放在保税仓库，未进入关境，不列入专门进口。从国内运出关境的本国产品以及进口后经加工又运出关境的商品，则列入专门出口。专门进口额加专门出口额称为专门贸易额。德国、意大利、瑞士等80多个国家（地区）采用专门贸易统计划分标准。

（五）按其他形式分

按参加国的经济发展水平分，可分为水平贸易和垂直贸易；按货物的运输方式分，可分为海路贸易、陆路贸易、空运贸易和邮购贸易；按相互间保持贸易收支平衡的参加国数量分，可分为双边贸易、三角贸易和多边贸易；按债务的清偿工具是货币还是货物分，可分为自由结汇贸易和易货贸易。

第三节　国际分工与世界市场

一、国际分工的形成与发展

国际分工是指世界各国（地区）之间的劳动分工，是国际贸易和各国（地区）经济联系的基础。它是社会生产力发展到一定阶段的产物，是社会分工超越国界的结果，是生产社会化向国际化发展的趋势。国际分工是国际贸易和世界市场的基础，国际分工的发展有力地促进了国际贸易的发展。

国际分工的产生与发展有着悠久的历史，纵观其演变过程，大致可分为萌芽、形成、快速发展和深化发展四个基本阶段。在不同阶段，国际分工呈现出不同的格局。

（一）国际分工的萌芽阶段（16世纪—18世纪中叶）

15世纪末至16世纪前期的"地理大发现"、世界市场的萌芽和国际贸易的迅速扩大，促进了社会生产力的发展和手工业生产向工场手工业生产的过渡，从而使以工场手工业为基础的、具有地域性的、面向国外市场的专业化生产产生，国际分工进入萌芽阶段。"地理大发现"之前，自然经济占统治地位，生产力水平低下，欧洲各国间的贸易活动只局限在地中海区域，真正意义上的国际贸易还没有出现。

"地理大发现"之后，西欧国家推行殖民政策，用暴力手段和超经济强制手段，在拉丁美洲、亚洲和非洲进行掠夺。他们开矿山，建立种植园，发展了以奴隶劳动为基础的、为世界市场而生产的农场主制度，从而建立了早期的国际专业化生产和最初形式的分工——宗主国和殖民地之间的特殊分工。

宗主国和殖民地之间的分工保证了宗主国对热带产品的输入，并为其成长中的工场手工业产品增加了出口，防止了金银的外流，还为宗主国的船只提供了货运。当时盛行一时的三角贸易，即由西非提供奴隶劳动力，由西印度群岛生产并出口蔗糖和烟草，由英国生产并出口工业品，这便是宗主国和殖民地之间的分工的表现形式。宗主国与殖民地之间的不合理分工是国际分工的萌芽阶段的显著特征。

（二）国际分工的形成阶段（18世纪60年代—19世纪60年代）

第一次工业革命时期是国际分工的形成阶段，以机器大工业代替了工场手工业。机器大工业促进了社会分工的空前发展，并推动了社会分工向国际分工大规模的转变，同时工业革命的完成也标志着社会经济体系的确立，加速了商品经济和社会分工的发展，使以机器大工业为基础的国际分工得以形成。

这时期的国际分工形式基本上是以英国为中心的宗主国和殖民地之间的分工。由于英国最早完成工业革命，其生产力和经济迅速发展，竞争力大大提高，因而在国际分工中处于中心地位。

这种国际分工形成了世界城市与世界农村对立下的一种"垂直式"的国际分工体系。在这种国际分工体系下，殖民地、附属国成为宗主国的工业品销售市场和食品、原料的来源地。例如，当时的印度已成为英国生产棉花、羊毛、亚麻、黄麻及蓝靛的地方，澳大利亚成为英国的羊毛来源地。

（三）国际分工的快速发展阶段

19世纪70年代至20世纪初发生了第二次工业革命，这次革命标志着人类开始从蒸汽时代进入电力和内燃机时代。发电机、电动机和内燃机在生产上的广泛使用，大大推动了生产力的进步。英、美、法、日等国的经济实力迅速增强，资本不断地获得集聚和集中。20世纪初，自由资本主义过渡到垄断资本主义阶段，国际分工体系迅速发展。这一时期，国际分工的特征是形成了门类比较齐全的国际分工体系。

这一阶段，国际分工的特征具体表现为：第一，前一阶段宗主国与殖民地之间的"垂直式"的分工继续向深度和广度发展，分工的中心从英国变为一组国家，少数国家整个变为城市，大多数国家整个变为农村，工业生产集中在占世界人口少数的欧洲、北美和日本，食品和原料的生产集中在占世界人口大多数的亚、非、拉丁美洲的国家，前一阶段已经开始的世界城市与世界农村的对立进一步扩大；第二，工业国之间发展成一种"水平式"的分工，即工业部门间的分工。例如，英国侧重于材料工业的钢铁生产，德国侧重于发展化学工业，挪威着重开展铝的专业化生产，芬兰则主要生产木材加工产品。

（四）国际分工的深化发展阶段

人类迎来了影响深远的第三次工业革命。第二次世界大战后，无线电通信、交通运输工具的革新，加快了运输速度，并降低了运费，使许多国家的原有优势发生了变化，从而改变了世界生产布局，促进了国际分工形式向纵深方向和广阔领域发展。科学技术的进步是促使战后国际分工深入发展的最重要因素。产品日益多样化、差异化，使世界各国在经济上日益依赖国际分工和世界市场，从而使国际分工，尤其是具有一定技术水平的国家之间的部门内部的分工得到空前的发展。

跨国公司的兴起和发展是推动国际分工发展变化的又一股重要力量。跨国公司通过对外直接投资，把生产过程分散到世界各地，不仅把社会劳动在地区范围内或在一国范围内进行分工，而且在世界范围内进行分工，使国际分工迅速发展。

国际分工发展的基本格局是：从传统的以自然资源为基础的分工逐渐发展为以现代工艺、技术为基础的分工；在技术水平较接近的发达国家之间出现水平型国际分工，且占据着重要的地位；国际分工的范围不断扩大，不仅有发达的资本主义国家参与国际分工，广大的发展中国家和社会主义国家也积极加入当代国际分工的体系。

▶▶ 二、影响当代国际分工的主要因素

（一）生产力发展水平

生产力水平的高低决定商品生产的成本，生产成本的高低又决定该商品在世界市场上的竞争力。因生产力水平高而取得竞争优势的出口国，可以在较长一段时期内形成生产该商品的固定分工格局。生产力水平低而没有取得竞争优势的国家，或者竞争优势略差一些的国家，完全可通过提高该商品生产中的生产力水平来降低成本，逐步建立本国在该商品生产与出口中的优势，改变国际分工的格局。相反，已经在某种商品的生产与出口中取得竞争优势的出口国，如果生产力水平提高较慢，被其他国家赶上来，会逐步失去优势，成本会逐渐高于其他国家，最终失去出口优势，这也会改变已有的国际分工格局。

（二）工业革命

科学技术是生产力，历史上的科学技术革命曾深刻地改变了社会物质生产领域的许多状况，促使社会产生了新的产品和新的产业部门，同时使劳动过程和生产工艺不断变革，从而使社会分工和国际分工发生变化。18 世纪末，英国发生工业革命之后的国际分工，不同于以前工场手工业时代的国际分工。19 世纪中期以后，蒸汽机的广泛应用，铁路、轮船、电报等的出现，又使国际分工得到进一步发展，打破了只有英国是世界工业中心的格局。到 20 世纪初，随着垄断资本主义的产生和发展，资本的输出不仅包括资本主义生产关系，也把现代生产技术和设备输出到殖民地、半殖民地，世界各国更深入地被卷入了国际分工中。

（三）自然条件

任何社会的经济活动都是建立在一定的自然条件基础之上的。马克思指出："正像威廉·配第所说的，劳动是财富之父，土地是财富之母。"这里说的土地就是指自然条件。应当指出，一定的自然条件只是提供了进行生产和国际分工的可能性，并不提供这方面的现实性。

要把可能性变为现实性还需要其他条件的配合。如铁矿、煤炭、石油，其生产前提是必须有这方面的矿藏，但要把这些矿藏开发出来并销售到世界市场上，没有一定的科学技术和生产力水平是不可能实现的。例如，海底油田的开发使英国和挪威成为石油出口大

国，但在勘探和开采海底油田的技术发明以前，这两个国家却是石油的进口国。

农产品生产上的国际分工受自然条件的影响大一些，如咖啡、橡胶、可可需要一定的热带气候，水稻、茶叶需要一定的特殊气候条件。

但是，自然条件主要影响农矿等初级产品的生产，随着现代经济和高科技的发展，很多合成的替代品逐渐增多，如合成橡胶的发明与生产就使许多国家减少了对天然橡胶的进口。因此，从整个世界经济发展的趋势来看，自然条件在国际分工中的作用在逐步下降。

（四）人口因素

人口是构成市场的重要因素，也是重要的生产要素。人口在世界各国的分布是很不平衡的，有的国家人口基数和密度很大，劳动力资源比较丰富，在生产劳动密集型产品方面具有优势；有的国家人口基数和密度低，劳动力相对稀缺，在生产其他生产要素密集的产品方面具有优势，这样就会在这两类不同的国家中产生分工。此外，人口的受教育水平也会影响国际分工，教育事业发达、劳动力素质高的国家可以发展高科技产品的生产和出口，而劳动力素质低的国家只能生产一般的劳动密集型产品。

（五）跨国公司的发展

市场主导资源配置的社会体制下，社会生产的分工有两种形式：一种是各个企业和各个生产单位通过市场联系起来的分工；另一种是在企业或生产单位内部的分工，这种企业内部的分工是在企业经理的指挥下进行的。到了19世纪末之后，逐步形成了一些垄断企业，这些垄断企业把它们的生产、销售活动扩展到国外，形成了跨国公司，从而把企业内部的有组织、有计划的分工扩展到世界范围。跨国公司通常是伴随着它们的资本输出而进行扩展的。

跨国公司的资本输出具体表现为发达资本主义国家之间的互相投资，由此产生的主要是水平型国际分工。这种投资流向反映到国际贸易方面，就是发达国家之间的制成品贸易发展迅速，并成为当前国际贸易的主要部分。跨国公司为了保证对产品市场的控制，通常避免把生产过程的所有环节都放在同一个国家。它们通常在总公司保留最重要的研究与开发及其他关键环节，而把其他生产环节分散到不同国家，并通过公司内部交易等控制活动，把各国的国内生产活动联系在一起，从中获取高额利润。这种情况下，各国间的分工就反映了跨国公司的垂直一体化体系的内部分工。

（六）国家政策

经济基础决定上层建筑，在一定经济基础上产生的上层建筑，如国家力量、经济政策、国际组织等又能给经济基础以反作用力，从而促进和推动经济基础的发展，表现在国际分工方面也是如此。如英国等欧洲殖民帝国为了形成有利于自己的国际分工，就运用国家力量，强迫其殖民地按照宗主国的需要去发展单一农作物。殖民主义者还用武力打开别国大门，强迫受侵略国家接受殖民主义者的贸易条件，把别国纳入有利于其剥削的国际分工体系中。各资本主义国家实行的财政政策和货币政策对国际分工的影响也十分明显。

为了转嫁经济危机，实行以邻为壑的高关税政策，各国进行竞争性货币贬值，国与国之间的关系十分紧张，极大地阻碍了国际分工的发展。第二次世界大战后，各国达成了关税及贸易总协定（以下简称"关贸总协定"），建立了国际货币基金组织和世界银行。这些超国家的国际经济组织协调了各国的贸易政策，通过多次关税和非关税减让谈判，大幅度地降低了各国的关税水平，减少了非关税壁垒，保持了汇率的稳定，推进了贸易自由化，世界国际贸易的增长速度高于世界经济的增长速度。生产力是决定国际分工产生和发展的根本因素，各国劳动力等资源禀赋、跨国公司的发展、国家政策等也在很大程度上影响着国际分工。

▶▶ 三、国际分工对国际贸易的影响

（一）国际分工是国际贸易产生和发展的基础

由前面分析可知，国际分工是国际贸易产生和发展的基础，生产的国际专业化分工不仅增加了世界范围内的商品数量，也使得国际交换成为必然，从而促进了国际贸易的迅速增长。国际分工的发展速度与国际贸易发展速度呈正相关：国际分工发展较快的时期，国际贸易一般也发展较快；相反，在国际分工发展缓慢时期，国际贸易的发展也较慢，甚至处于停滞状态。资本主义自由竞争时期，国际分工向纵深方向发展，带动了国际贸易的迅速发展。与此同时，全球贸易额迅速增长，并超过了世界生产的增长速度。

（二）国际分工影响国际贸易空间分布格局

国际分工对国际贸易的地理分布也产生重要影响，国际贸易地理方向表示各洲、各国参加国际商品流通的水平。一个国家在国际分工体系中的地位决定它在国际贸易中的地位。例如18世纪至19世纪，英国在国际分工中处于中心地位，英国的对外贸易在世界贸易中占主导地位，1820年占比18%，到1870年时增加到22%，随着美国和德国等新兴工业化国家在国际分工体系中的地位加强，英国国际分工地位逐渐下降，比重也随之下降，到1913年已降至15%。当英、美、德等国共同成为国际分工中心后，发达工业国家一直在国际贸易中处于主导地位，1960年，发达国家对外贸易值在世界贸易值中所占的比重高达63%，至20世纪90年代中期，这一比重进一步上升至70%。相对而言，众多的发展中国家在国际分工中的地位就被边缘化了，1960年，不发达国家对外贸易值在世界贸易值中所占比重为25%，至20世纪90年代中期降至22%。

（三）国际分工影响对外贸易依存度

一国经济对于对外贸易的依赖程度与世界经济对于国际贸易的依赖程度有很大关系。随着国际分工的发展，特别是国际分工的深入发展，整个世界的对外贸易依存度都在不断提高。1910—1967年，西方七个发达国家的对外贸易依存度为年均9.6%，1980—1987年提高到年均15.3%，同期发展中国家的对外贸易依存度也有较大提高。

（四）国际分工影响国际贸易方式

更多不同类型的国家加入国际分工体系中，带动了国际贸易方式向多样化发展，服务业和服务贸易迅速发展成为第二次世界大战后世界经济最为显著的变化之一。世界服务贸易额从1967—1979年的700亿美元~900亿美元猛增至1980年的6 500亿美元，其增长速度在1979年首次超过货物贸易。当前的国际贸易方式可谓多样化，除了传统的有形贸易，还出现了一些新兴的国际贸易方式，除了传统的商品进出口方式，还有包销、代理、寄售、拍卖、招标投标等。近些年来，易货贸易、补偿贸易、来料加工贸易、来件装配贸易等贸易方式被普遍采用，进出口额大幅度增加。国际分工促使新的贸易方式不断出现，表明国际贸易进入一个全新的发展时代。

（五）国际分工影响国际贸易商品结构

1. 两次工业革命对国际贸易商品结构的影响

第一次工业革命以后，形成了以英国为中心的国际分工。在这个时期，由于大机器工业的发展，国际贸易商品结构中出现了许多新产品，如纺织品、船舶、钢铁和棉纱等。第二次工业革命以后，形成了国际分工的世界体系，国际分工进一步深化，国际贸易的商品结构也发生了相应的变化。

2. 国际贸易商品结构的影响

国际分工以垂直型分工为主，贸易主要发生在宗主国与其生产原料的提供国之间，主要商品为初级产品。随着国际分工由垂直型向水平型转变，工业产品在国际贸易中所占比重逐渐超过初级产品所占比重。发展中国家出口中的工业制成品不断增加，产业内贸易、中间性机械产品贸易比重不断上升，国际服务贸易迅速发展。

▶▶ 四、世界市场的概述

（一）世界市场的含义

世界市场是世界各国交换产品、服务、技术的场所，由世界范围内通过国际分工和贸易联系起来的各个国家内部以及各国之间的市场综合组成。具体地说，世界市场不仅包括一般的商品买卖活动的运动空间，还包括与对外贸易有关的货币结算、货物运输、货物保险等内容。在世界市场，商品是交换的主体，其他活动都是为商品交换服务的。

世界市场是在各国国内市场的基础上形成的。但是，世界市场并不是各国国内市场简单相加之和，两者之间既有不可分割的联系，又存在着显著的、质的差异。

（二）世界市场的形成与发展

世界市场是伴随着社会生产力的发展而形成并发展的，其与资本主义生产方式密切联系在一起，随着资本主义生产方式的演变而经历着不同的发展阶段。世界市场随着"地理大发现"而萌芽，随着第一次工业革命的胜利而迅速发展，随着第二次工业革命的兴起而迅速形成。

1. 世界市场的萌芽时期（16 世纪初—18 世纪 60 年代）

国际贸易虽然在公元前就已经出现，但在相当长的历史时期内，由于社会生产力水平低下，商品经济落后，交通不发达，因而并不存在世界性的市场。15 世纪末至 16 世纪初的"地理大发现"，给新兴的资产阶级开辟了新的活动领域，对西欧经济的发展产生了巨大的影响，为世界市场的形成准备了条件。"地理大发现"之前，世界上只存在若干区域性的市场；"地理大发现"之后，区域性市场逐渐扩大为世界市场，新的世界市场不仅包括欧洲原有的区域性市场，而且包括亚洲、美洲、大洋洲和非洲的许多国家和地区。

2. 世界市场的迅速发展时期（18 世纪 60 年代—19 世纪 70 年代）

18 世纪中叶以后，英国和欧洲其他国家先后进行了工业革命，产生两个显著的革命性后果：建立起机器大工业和确立资本主义生产方式。受机器大工业的推动，国际贸易发生了根本性的变化，促进了世界市场的迅速发展。首先，世界市场的范围不断扩大，中欧、东欧、中东以及印度洋沿岸的广大地区都成为世界市场的组成部分，南太平洋和远东的澳大利亚、日本、中国等也开始进入世界市场。其次，原料供应来源日益扩大，国际商品流通的基础已再不是小商品生产者的工场手工业品，而是发达资本主义国家（主要是英国）的工业制成品与经济落后国家的食品、原料。最后，国际贸易促进了铁路、轮船等交通和通信业的发展，为加强国内外的经济联系提供了物质技术的基础。

3. 统一的世界市场的形成时期

第二次工业革命的发生和推动，一方面促进了社会生产力的极大提高，使工农业生产规模迅速增长，使交通运输业发生了革命性的变化，大大改变了欧洲的经济面貌，也改变了世界的经济面貌，尤其是交通运输业的革命，成为 19 世纪末世界经济、世界市场发展的主要推动力。另一方面，第二次工业革命也推动了资本主义生产关系由自由竞争向垄断阶段的过渡，资本输出急剧扩大并具有特别重要的意义。资本输出使生产社会化和国际化逐步实现，并与商品输出相结合，从而加强和扩大了世界各国间的商品流通。这一阶段，国际贸易把越来越密的经济网铺到了世界的各个角落，世界各国从经济上互相联结了起来。这样，在世界历史上第一次出现了一个统一的世界市场。统一的世界市场的主要特点是垄断资本在世界市场占据着统治地位。

（三）世界市场的特征

18 世纪 60 年代在英国开始的工业革命，标志着资本主义生产方式的胜利。产业资本取代了商业资本的地位，开始在世界市场上占据统治地位。世界市场的发展进入了一个新的时期。

机器大工业只有在经常扩大生产，夺取新市场的条件下才能生存，因此，这种扩大再生产的压力驱使资产阶级超越已有的市场范围去寻找新市场。生产技术和工艺的发展与进步就意味着需要更大的市场来容纳这个新的生产力。事实表明，19 世纪的资本主义国家工业的每一次快速发展，都是与国外新市场的开辟，即世界市场的扩大同时发生的。

工业革命以后，工厂规模的增加和扩大使人口不断向城市集中，在发达资本主义国家形成了许多大工业中心城市。这些大工业中心城市所需的大量食品及其他消费品，已不可能单靠国内生产来供应，因而需要不断从世界市场去采购输入。

社会生产力的快速增长，加快了人们对荒芜原野的开发。19 世纪国际移民运动有了极大发展，数以百万计的欧洲人移民到了北美、大洋洲及其他地方。中国、印度等国家的大批劳动力也以各种形式移往世界各地。这种国际劳动力市场的发展，无疑也促进了世界各国之间的贸易规模不断扩大。

（四）当代世界市场发展的主要特征

1. 世界市场的规模大大增加

由于一系列殖民地国家的独立，它们不再由宗主国来安排进入世界市场，而以独立主权国家的身份进入世界市场，世界市场的参加主体大大增多。另外，各国卷入世界市场的深度也在增加，表现为各国对外贸易额占其国民生产总值的比重，即外贸依存度有提高的趋势。国际贸易的方式也呈现多样化。各国间除了开展传统的商品贸易，还开展了多种形式的资金、技术、服务等合作和联合投资，共同开发、生产各种新产品，开发新市场也屡见不鲜。国际经济合作形式的多样化促进了国际贸易方式的多样化。补偿贸易、来料加工贸易、租赁贸易等新的贸易形式在第二次世界大战后得到很大发展。

2. 国际贸易的商品结构发生了重大变化

由于国际分工格局的变化，国际贸易商品结构也发生了相应的变化。初级产品与工业制成品在世界贸易中所占的比重大约是 60% 与 40%，这个比例逐渐倒了过来。

3. 国际服务贸易发展迅速

科技革命和经济高速增长，在加深国际分工的同时，也使各种生产要素在国家间的流动加强，于是国际服务贸易迅速发展起来，不但传统的服务贸易项目（如银行、保险、运输等）发展迅速，其他服务贸易项目（如国际租赁、提供国际咨询和管理服务、技术贸易、国际旅游等）也得到了快速发展，服务贸易的增长速度大于同期商品贸易的增长速度。

4. 区域经济一体化和跨国公司给世界市场的巨大影响

世界各国经济联系日益加强，有一部分国家通过结成地区性经济集团，在一个区域的范围内追求更加紧密的国际经济联系。于是，在一个世界市场的范围内，存在许多跨国家的区域性市场。这些地区性经济集团，对内实行程度较高的自由贸易，对外则实行一定程度的歧视或排斥，如欧盟、北美自由贸易区等。这使世界市场被分割为一些板块，使世界市场变小。但世界上众多国家在世界市场中时，原本就实行内外有别的政策，因此，世界上有多少国家和地区，就可以认为世界市场被分割为多少板块。

▶▶ 五、世界市场的分类

世界市场是一个广泛的概念，根据不同的标准，可以划分为不同的类型。如以参加国的经济发展水平为标准，世界市场可以划分为发达国家市场和发展中国家市场；如以参加国的地理分布为标准，世界市场则可以划分为北美市场、欧洲市场、亚洲市场、拉美市场、非洲市场、澳洲市场等。如把地理位置划分得更细一些，世界市场可分为西欧市场、中东市场、东南亚市场等，或按国别划分为美国市场、日本市场、德国市场等。还有以产品的种类为标准，世界市场可以划分为世界纺织品市场、世界粮食市场、世界钢铁市场、世界汽车市场、世界飞机市场、世界电子计算机市场等。总的来看，按照地理位置或国别划分，以及按照产品种类划分这两种方法比较常见。

📖 本章小结

1. 国际贸易是资本主义生产方式产生的基础，国际贸易促进资本原始积累，缩短了从封建主义向资本主义过渡的时间（加速这一历史进程或起催化作用），并为这一过渡提供了必要的条件（提供劳动力、资本和商品市场）。

2. 国际贸易不仅是简单地把一定数量的资源加以最适当配置的手段，而且是外围国家和地区经济增长的发动机。

3. 国际贸易指世界各国（地区）之间货物和服务的交换活动。

4. 对外贸易指国际贸易活动中的一国（地区）同其他国家（地区）所进行的货物和服务的交换活动。

5. 出口贸易指将本国所生产或加工的商品（包括劳务）输往国外市场进行销售的商品

交换活动，称为出口贸易或输出贸易。

6. 进口贸易指将外国商品（包括劳务）购买后，输入本国市场进行销售的贸易活动，称为进口贸易或输入贸易。

7. 有形贸易也称货物贸易，指在进出口贸易中进行的实物商品的交易，因为这些实物商品看得见、摸得着，故称为有形贸易。

8. 无形贸易指在国际贸易活动中所进行的所有非物质形态的商品贸易，无形贸易包括服务贸易和技术贸易。

9. 国际分工指世界各国（地区）之间的劳动分工，是国际贸易和各国（地区）经济联系的基础。

10. 世界市场是世界各国交换产品、服务、技术的场所，由世界范围内通过国际分工和贸易联系起来的各个国家内部以及各国之间的市场综合组成。

第二章　西方国际贸易理论

学习目标

- 掌握比较优势理论的主要观点及有关内容。
- 了解自由贸易学说和保护贸易学说产生的历史背景和主要内容。
- 理解和掌握要素禀赋理论的主要内容。
- 熟悉主要国际贸易理论的基本观点和结论。
- 掌握规模经济理论的主要内容。

开篇案例

在美国洛杉矶加利福尼亚医院住院四部，平时晚上只有一个医生值班，他要处理其管辖的 30 多个病人中有可能发生的各种情况，绝大部分情况不需要马上处理，只要写出病情报告，到次日上班时由医生根据诊治报告处理就可以了。如果把每个病人的报告都整理打印出来，他一个人是无法完成的。他会通过随身携带的同声传送装置将病情上传至卫星中心，然后卫星中心自动传到印度班加罗尔的一家外包公司，该公司承担美国医院门诊病例的整理外包业务。当时印度正是白天，外包公司雇用当地大学生，仅需支付相当于美国员工 20%的工资，他们就会完成美国病人病情的文字报告，及时传送到美国。

与中国一样，印度人口众多，劳动力丰富，美印之间通过优势互补的国际分工合作，使双方受益，达到双赢结果。中美两国经济发展阶段的差异性和经济结构的互补性，促进了中美经贸关系不断稳定发展，国际贸易已经将两国经济紧密联系在了一起。中美建交 40 多年来，中美贸易额从 1979 年的 25 亿美元，增长到 2017 年的 5 837 亿美元。与建交时相比，双边经贸合作已发生质的变化，合作内容已从单一的贸易扩展到经济的各个领域。2005 年 12 月，美国记者 Sara Bongiorni 在《基督教科学箴言报》上发表文章《离开中国制造的一年》。作者观察到，在美国要想买到不是中国制造的生活用品可谓非常困难。在美国人家中，小到牙签、螺丝帽，大到家具，几乎统统来自中国，让人们沉浸在 "Made in China" 里。

根据美国商务部的资料，近几年来，中国对美国出口最多的商品是机电产品、家具、玩具和纺织品及原料等，其中中国的家具、玩具、鞋靴、伞等轻工产品和皮革制品、箱包类占美国进口产品市场的 30%～50%；美国对中国出口最多的商品是航天和航空设备、通信和计算机软件及芯片等。通过比较可明显地看出，中国对美国出口的产品大多是劳动密集型的，而美国对中国出口的产品则都是资本和技术密集型的，这是第二次世界大战后国际分工深化、世界制造业大批转移到发展中国家的结果，即由美国大公司控制高端生产，而把边缘产品按照比较优势分散到劳动成本低的国家和地区制造，然后销往世界各地，或返销美国，由美同大公司加以组装，再销往世界各地。即使近年来，中国在高技术领域出口日益上升，但与美国并不是在同一个水平上的竞争关系，中国只是从事高技术产品的加工制造，而美国从事的则是高技术中的高端产品的设计和营销。这种优势互补的关系，其结果是双赢。[①]

国际贸易理论经历了从古典贸易理论到现代贸易理论的发展阶段。这一发展过程是伴随着现实经济的发展，进而是经济学理论的发展而不断向前推进的。国际贸易理论所要回答的基本问题有三个，即国际贸易的原因、国际贸易的结构和国际贸易的结果。国际贸易的原因要说明的是，各国为什么要参与国际贸易，它的动力是什么。国际贸易的结构所要回答的是，国际贸易的生产结构或分工结构是什么。国际贸易的结果所要回答的问题是，国际贸易能否给参加国带来经济利益。

第一节　古典贸易理论

一、重商主义理论

（一）重商主义理论提出的历史背景

重商主义起源于西欧封建社会逐渐瓦解、资本主义生产方式处于上升阶段的 15 世纪，新大陆的发现以及新航线的开辟，为欧洲的商业资产阶级掠夺美洲和亚洲殖民地创造了便利的条件，商品货币关系迅速发展，社会财富逐渐从土地转移到金银货币上，金银货币成了全社会各阶级追求的目标，拜金主义大行其道，货币被认为是财富的代表形态和国家富强的象征，当时金银货币主要来自商业资产阶级所经营的内外贸易，尤其是对外贸易。因此，对外贸易被认为是财富的源泉，重商主义应运而生。

重商主义分为早期重商主义和晚期重商主义，早期的对外贸易学说代表人物为英国的威廉·斯塔福，晚期以贸易差额论为中心，其代表人物是英国的托马斯·孟，其主要著作是《英国得自对外贸易的财富》。重商主义是资本原始积累时期代表商业资本利益的经济思想和政策体系，其追求的目标就是在国内积累货币财富。

（二）重商主义理论的主要内容

1. 早期重商主义

早期重商主义流行时，圈地运动正处于高潮时期，大量农民失去了赖以生存的土地，同时大批贵金属从"新大陆"流入欧洲，引起商品价格普遍上涨。早期重商主义者主张禁止货物进口，以防止贵金属外流，认为这是保留货币的有效手段，许多国家采取了严格的行政和法律手段，直接控制货币流动，禁止金银输出，在对外贸易上遵循少买（或不买）多卖的原则，并阻止对奢侈品进口征以高关税，认为这样就可以使金银流入

---

① 赵全海.国际贸易理论与实务 [M]. 北京：中国人民大学出版社，2019.

国内，达到积累财富的目的。例如，当时的英国为了不使外国人把出售商品得到的货币带出英国，颁布了两条法令，即《消费法》和《侦探法》，第一条法令规定外国人必须把自己在英国收到的汇款，完全用于购买英国的商品，第二条法令规定每个"外来的客人"都必须有一个"侦探"把"外来客人"的交易行为统统记录下来，防止他们把货币运出英国。

正如恩格斯所描绘的，早期的重商主义者"就像守财奴一样，双手抱住他心爱的钱袋，用妒忌和猜疑的目光打量着自己的邻居，他们不择手段地骗取那些和本国通商的民族的现金，并把侥幸得来的金钱牢牢地保持在关税线以内"。

2. 晚期重商主义

晚期重商主义盛行于 16 世纪下半叶之后，其理论基础由货币差额论发展为贸易差额论。晚期的重商主义者认为，要使国内的金银货币增加，必须发展对外贸易，使贸易出现顺差，必须将货币投入流通，而不是窖藏货币，这样才能使货币财富不断增加，因而应改变禁止货币输出的政策，并采取各种办法鼓励出口商品的生产，用给予奖金或补贴的办法鼓励扩大出口，同时实行关税保护制度，限制外国消费品进口，以保持对外贸易的顺差，促使金银流入。

晚期的重商主义与早期的重商主义有着较大的区别：早期的重商主义采取直接管制金银的输出，而晚期的重商主义采取管理货物的进出口手段；早期重商主义注重微观贸易顺差，即刻板地追求每宗交易都保持顺差，而晚期重商主义注重宏观贸易顺差，主张保证全国总体贸易顺差，不反对个别国家的贸易有逆差。

（三）对重商主义理论的评价

重商主义理论的主要观点是财富即金银货币，对外贸易是财富的真正源泉，在对外贸易中必须贯彻少买多卖的原则，以保证有更多的金银流回本国。其对外贸易理论和政策在历史上曾起过积极作用，有一定的现实意义，表现在：考察了资本主义生产方式，促进了资本的原始积累，推动了资本主义生产方式的发展。晚期重商主义第一次用资本家的眼光看待货币，认识到货币的资本职能，只有在流通中才能增值。在政策上，它主张国家干预对外贸易，实行保护贸易的政策，主张通过贸易顺差，从国外取得货币收入。它禁止奢侈品进口和对一般制成品奖出限入，积极发展出口工业，提高产品质量，保持关税措施等，这些对广大发展中国家根据本国国情制定对外贸易政策有一定的现实指导意义。

但是，由于商业资产阶级的历史局限性，重商主义理论存在许多缺陷。具体表现在：第一，重商主义理论的观点不成熟，没有形成系统的理论，绝大多数重商主义者都只针对某个具体问题一事一议，各种观点之间仅存在并不紧密的联系；第二，重商主义理论把货币与财富混为一谈，错误地认为货币是唯一的财富，是衡量一个国家富强程度的尺度，得出了对外贸易的目的就是从国外取得货币，而货币有限、此得彼失等错误结论，因此对国际贸易问题的研究是不全面、不科学的，它未探讨国际贸易产生的原因以及能否为参加各国带来实际利益，无法认识到国际贸易有促进各国经济发展的重要意义；第三，重商主义理论把经济研究局限于流通领域，认为财富和利润都是流通过程中产生的；没有深入生产领域，因而无法揭示财富的真正来源。

▶▶ 二、绝对优势理论

（一）绝对优势理论提出的历史背景

17世纪中期以后，资本主义工场手工业有了长足的发展，新兴的产业资本不断壮大，它们为扩大海外市场并获得海外廉价原料，迫切要求摆脱重商主义思想和政策的束缚，建立反映工业资本利益需要的理论和政策体系，在这一历史前提下，资产阶级古典经济学派应运而生。

绝对优势理论于18世纪由英国经济学家亚当·斯密提出，斯密在1776年出版的经济学巨著《国民财富的性质和原因的研究》（简称《国富论》）中，从工业资产阶级的立场出发，批判了重商主义，指出对外贸易的最终目的是换取货币以购买商品，而不是简单地获取金银；同时，斯密反对一味追求贸易顺差，认为如果一国在对外贸易中长期处于顺差地位，会使大量金银流入国内，引起国内商品价格上涨，从而影响本国商品在国际市场上的竞争力，使贸易顺差最终消失；他还认为，重商主义者所主张的国家干预对外贸易活动是完全不必要的，因为自由放任会使每个人在追求自己利益的过程中，自动地使社会获得收益。

（二）绝对优势理论的主要内容

1. 分工可以提高劳动生产率

斯密认为分工可以提高劳动生产率，进而增加社会财富。他以生产胸针为例，说明了这一观点，制针共有18道工序，在未分工的情况下，工人每天最多能制造20根针，分工之后平均每人每天能制造出480根针，因此在要素资源不变的条件下，分工能极大地提高生产率。

2. 分工的原则是绝对优势

分工提高劳动生产率，每个人都应当把所有的精力集中于自己最擅长的产品生产，然后彼此交换，斯密采用了由个人和家庭推及整个国家的方法，论证了绝对优势理论或地域分工理论的合理性。他说："如果一件东西在购买时所费的代价比在家内生产时所费的小，家庭就永远不会想生产这件东西，这是每一个精明的家长都知道的格言。"

因此，他主张国际分工，认为每个国家都有其适宜生产某些特定产品的、绝对有利的生产条件。如果各国都按照其绝对有利的生产条件去进行专业化生产，然后彼此交换，则对所有交换国家都是有利的。他的思想就是各国都倾向于生产其成本绝对低于他国的商品，并用其中的一部分商品交换他国的，其他绝对成本低于本国的商品。绝对成本低的商品在国际贸易中有绝对优势，通过国际交换能获得绝对利益，因此该理论又称为绝对优势理论。

斯密的绝对优势理论可以通过下面的例子来说明。假定有A、B两个国家（英国和葡萄牙），均生产X、Y两种产品（毛呢和酒），只有一种生产要素（劳动），以劳动量（小时）表示生产成本，表2-1是两国分工前的生产状况。

表2-1　分工前两国生产状况

国　别	产　品	
	X毛呢（1单位）	Y酒（1单位）
A（英国）	70小时	120小时
B（葡萄牙）	110小时	80小时
产量合计	2单位	2单位

可见，A 国可以比 B 国较低成本地生产 X 商品，B 国可以比 A 国较低成本地生产 Y 商品，如果这两个国家进行分工，A 国生产 X 商品，B 国生产 Y 商品，两国在两种商品的总产量上都有提高，两国贸易的交换比率应该介于两国国内交换比率之间。为便于讨论问题，假设按照 1∶1 的比率进行交换，通过贸易使两国的消费量均有所增加。表 2-2 和表 2-3 是两国分工后的生产状况和贸易与消费的状况。

表 2-2　分工后两国生产状况

国　　别	产　　品	
	X 毛呢（1 单位）	Y 酒（1 单位）
A（英国）	190 小时	
B（葡萄牙）		190 小时
产量合计	2.7 单位	2.375 单位

表 2-3　分工后两国的贸易与消费状况

国　　别	产　　品	
	X 毛呢（1 单位）	Y 酒（1 单位）
A（英国）	1.7	1
B（葡萄牙）	1	1.375
产量合计	2.7 单位	2.375 单位

3. 国际分工的基础是有利的自然禀赋或后天的有利条件

斯密认为，各国之间劳动生产率的差异及由此产生的国际分工的原因是自然形成的，这就为国际分工提供了基础，各国按照各自的有利条件进行分工和交换，将会使各国的资源、劳动和资本得到最有效的利用，将会大大提高劳动生产率和增加物质财富，并使各国从贸易中获益。

（三）对绝对优势理论的评价

绝对优势理论首次论证了贸易双方都能从国际分工与国际贸易中获利的思想，即国际贸易可以是一个"双赢游戏"，而不是"零和游戏"，从而部分地解释了国际贸易产生的原因。绝对优势理论相对于重商主义而言是个巨大的进步，为资本主义自由贸易奠定了基础。

绝对优势理论也存在明显的局限性。它只是部分地解释了国际贸易产生的原因，或者说，它解释的仅仅是国际贸易中的一种特例，其理论不具有普遍意义，该理论解释不了许多没有绝对成本优势的国家参与国际贸易的普遍现象。

▶▶ 三、比较优势理论

（一）比较优势理论产生的历史背景

大卫·李嘉图是英国著名的经济学家，也是资产阶级经济学古典学派的主要奠基人之一。他在亚当·斯密的绝对优势理论的基础上，在其代表作《政治经济学与赋税原理》中提出了比较优势理论。

大卫·李嘉图是英国产业革命深入发展时期的经济学家，当时国家机器大工业的建立使生产急剧下降，经济、技术发展程度不同的国家的技术差距并不太大，往往各有优势，先进国家与后进国家能否参与国际分工与国际贸易，被提到日程上。斯密的绝对优势理论已不能适应新形势，而要求找到与之相适应的、新的国际贸易理论。另外，英国的产业革命蓬勃发展并接近完成，资本主义的作用不断上升，但地主贵族阶级在政治生活中还起着重要作用，新兴工业资产阶级与地主贵族阶级之间的矛盾是当时英国社会的主要矛盾，并由工业革命而达到异常尖锐的程度，他们的斗争在经济方面主要表现在《谷物法》的存废上。

《谷物法》是 1815 年英国政府为了维护地主贵族阶级的利益而制定的限制谷物进口的法令，规定必须在国内谷物价格上涨到限额以上时才能准许进口，而且这个价格限额还要不断提高。由此引起了英国粮价上涨，地租猛增，地主贵族阶级获利而工业资产阶级利益却严重受损的情形。这是因为国内居民对工业品的消费因购粮支出的增加而减少。此外，粮价上涨导致工业品的生产成本提高，工业品的竞争力被削弱，该法令的实施还招致了外国以高关税阻止英国工业品的出口。因此，英国工业资产阶级同地主贵族围绕《谷物法》的存废展开了激烈的斗争。

在这场斗争中，李嘉图站在了当时新兴工业资产阶级的一边，认为英国不仅要进口粮食，而且要大量进口，因为英国在纺织品中所占的优势比粮食生产要大，因此英国应专门发展纺织品生产。他反对《谷物法》，提倡自由贸易。李嘉图的比较优势理论为工业资产阶级提供了有力的理论武器，对推动国际贸易的发展起到了积极作用，并为科学的国际贸易理论的建立奠定了坚实的基础。

（二）比较优势理论的主要内容

李嘉图认为决定国际分工和国际贸易的基础是比较成本而不是绝对成本，即一国可能在两种产品的生产上都占绝对优势（成本都低于另一国）或处于绝对劣势（成本都高于另一国），分工和贸易仍能进行，各国只要专门生产劳动成本相对较低的产品，便可进行对外贸易，两国都能从中获益并实现社会劳动的节约。

同斯密一样，李嘉图在阐述比较优势理论时，也采用了由个人之间到国家之间的实证方法。首先，他举例说："如果两个人都能制造鞋和帽，其中一个人在两种业务能力上都比另一个人强，不过制帽时只能强 1/5 或 20%，而制鞋时则强 1/3 或 33%，那么这个业务能力较强的人专门制鞋，而那个业务能力较差的人专门制帽，岂不是对双方都有利吗？"由个人推至国家，李嘉图认为国家间也应按"两优取其重，两劣择其轻"的比较优势原则进行分工。如果一国在两种商品的生产上都处于绝对有利的地位，但有利的程度不同，另一国在两种产品的生产上都处于绝对劣势，但不利的程度也不同，那么前者应该专门生产更为有利的产品，后者生产不利程度最小的产品，这样就能实现社会劳动的节约，且双方都能通过贸易提高消费水平。

李嘉图建立了经济模型以说明比较优势理论，合理地抽象掉了复杂的经济情况，隐含了以下假设条件：

（1）两国两产品模型，即只有两个国家，生产两种产品，采用了 2×2 模型。

（2）只有劳动这种要素，且劳动是同质的。

（3）生产成本不变。单位产品成本不因产量的增加而增加，总与单位产品的劳动量成比例。

（4）贸易方式是物物交换。目的在于排除货币和汇率的影响。

（5）世界市场是完全竞争的。生产要素在国内自由流动，在国家间不能自由流动。

（6）不存在技术进步。这意味着经济是静态的，技术水平是既定不变的。

（7）运输成本为零。不考虑运输和进入市场的费用。

（8）充分就业。没有闲置资源，劳动作为唯一的生产要素得到充分应用。

假定有 A、B 两个国家（A 英国、B 葡萄牙）均生产两种产品（X 毛呢、Y 酒），只有一种生产要素（劳动），如表 2-4 所示。

表 2-4 分工之前两国的生产状况

国　　别	产　　品	
	X 毛呢（1 单位）	Y 酒（1 单位）
A（英国）	100 小时	120 小时
B（葡萄牙）	90 小时	80 小时
产量合计	2 单位	2 单位

可见，B 国在两种产品的生产上都具有生产成本低的优势，可以比 A 国以更少的劳动生产这两种产品。但是，B 国在这两种产品上所具有的优势程度不同，B 国尽管在这两种产品生产上劳动成本都低，但比较而言，生产酒的相对成本更低，更有利一些，如何知道相对优势？可通过比较两国的两种产品的劳动生产率得知，在以 X 商品为价值标准时，A 国 Y 商品的单位生产成本较高，B 国较低，B 国具有成本优势；在以 Y 商品为价值标准时，A 国 X 商品的单位生产成本较低，B 国较高，A 国具有成本优势。

两国可实行完全的专业化分工，即 A 国用其全部的生产要素专门生产 X 商品，B 国用其全部生产要素专门生产 Y 商品，分工之后进行贸易，两种商品的产量都得到了提高，如表 2-5 所示。

表 2-5 分工之后两国的生产状况

国　　别	产　　品	
	X 毛呢（1 单位）	Y 酒（1 单位）
A（英国）	220 小时	
B（葡萄牙）		170 小时
产量合计	2.2 单位	2.125 单位

两国贸易的交换比率应该介于两国国内交换比率之间。两国如果按照 1:1 的比率进行两种物品交换，通过贸易，各自的消费量均有所增加，即双方均获得了贸易利益，如表 2-6 所示。

表 2-6 分工之后两国的贸易和消费状况

国　　别	产　　品	
	X 毛呢（1 单位）	Y 酒（1 单位）
A（英国）	1.2	1
B（葡萄牙）	1	1.125
产量合计	2.2 单位	2.125 单位

假定两国分工前后消费总量不变，A 国 0.2 单位 X 和 B 国 0.125 单位 Y 的生产就是国际分工发挥两国比较优势产生的生产剩余，也表示为可节约 A 国 20 人和 B 国 10 人的劳动，这些增加的产量或者劳动的节约，就是贸易利益。

（三）对比较优势理论的评价

李嘉图的比较优势理论是国际贸易理论的重要组成部分，它极大地丰富和发展了斯密的绝对优势理论。他对国际贸易的最大贡献是首次为自由贸易提供了有力证据，并从劳动生产率差异的角度成功地解释了国际贸易发生的一个重要原因。直到今天，这一理论仍然是许多国家，尤其是发展中国家制定对外经济贸易战略的理论依据。

但比较优势理论本身也存在一些不足：首先，李嘉图虽然解释了劳动生产率的差异如何引起国际贸易，但没有进一步解释造成各国劳动生产率差异的原因；其次，该理论的一条重要结论是各国根据比较优势理论进行完全的专业化生产，现实中很难找到一个国家在国际贸易中进行完全的专业化生产。一般来说，各国多会生产一些与进口商品相替代的产品。

▶▶ 四、相互需求理论

（一）相互需求理论产生的历史背景

英国经济学家约翰·穆勒在 1848 年提出相互需求理论。穆勒认为，两国进行交换，其交换比率取决于双方对各项商品需求的大小，并稳定在输出货物恰好能抵偿输入货物的水平上。例如，以同一劳动量，英国可生产呢绒 914 厘米或亚麻布 1 372 厘米，德国可生产呢绒 914 厘米或亚麻布 1 829 厘米。在此情况下，英国可专门生产呢绒，德国可专门生产亚麻布，然后相互进行贸易，英国以 914 厘米呢绒换取德国的 1 555 厘米亚麻布，这样对两国都有利。但若英国对亚麻布的需求减少或德国对呢绒的需求增加，交换比率成为 914 厘米呢绒对 1 646 厘米亚麻布时，贸易条件对英国较有利；若交换比率成为 914 厘米呢绒对 1 463 厘米亚麻布时，贸易条件对德国较有利。在这两种情况下，贸易都不易展开。只有在两国相互需求的商品价值相等时，贸易才能实现稳定的均衡。相互需求理论是对比较优势理论的补充，只能适用于经济规模相当、双方的需求对市场价格有显著影响的两个国家。

（二）相互需求理论的主要内容

（1）国际贸易条件，即用本国出口商品数量表示的进口商品的相对价格，其水平高低取决于两方面因素：一是，外国对本国商品需求的数量及其增长同本国对外国商品需求的数量及其增长之间的相对关系；二是，本国可以从服务于本国消费需求的国内商品生产中节省下来的资本数量。因而，在国际贸易中享有最为有利的贸易条件的国家，正是那些外国对它们的商品有着最大的需求，而它们自己对外国商品的需求最小的国家。

（2）一个国家向其他国家出口商品的意愿取决于它因此能从外国获得的进口商品的数量，即一国的出口规模随其国际贸易条件而变化。国际贸易条件由两国间的相互需求决定，在某一特定贸易条件下，一国愿意提供的出口商品的数量正好等于其贸易伙伴国在同一贸易条件下所愿意购买的进口商品的数量，或一国的出口总额恰为它愿意支付的进口总额，也就是说，某一特定的贸易条件为贸易双方共同遵守。在这样的贸易条件下，两国的进口需求与出口供给两两对等，国际贸易处于均衡状态。

（3）在双边贸易中，对对方出口商品的需求，以及贸易双方共同遵守的国际贸易条件，随着由各国消费者的消费偏好等因素决定的对对方出口商品的需求强度的相对变动而发生变化。倘若外国对本国出口商品的需求高于本国对外国出口商品的需求，外国的相对需求强度较大，本国的相对需求强度较小，则外国在同本国的竞争中就不得不做出某些让步，本国就可以享有比较有利的国际贸易条件。

具体来说，对对方出口商品的相对需求强度较小的国家，在贸易双方的相互竞争中占有较为有利的位置，最终决定的国际贸易条件比较靠近外国的国内交换比率，因而本国可以获得相对较大的贸易利益。简言之，贸易双方之间的相对需求强度决定着国际贸易条件的最终水平，进而决定了国际贸易总利益在交易双方间的分割。

（三）对相互需求理论的评价

相互需求理论是对比较优势理论的重要补充，因为比较优势理论虽然揭示了分工和交换能为分工各国带来的利益，但是却有两个问题没有解决：一是贸易给各国带来的利益有多大；二是这个范围内双方各占的比例是多少。而相互需求理论正好对这两个问题做出了补充，从而使比较优势理论更完善。相互需求理论的不足之处在于只能适用于经济规模相当、双方的需求对市场价格有显著影响的两个国家。

▶ 第二节　贸易保护理论

▶▶ 一、保护幼稚工业理论

（一）保护幼稚工业理论提出的历史背景

19 世纪初期的德国是一个落后的封建农业国。在政治上，1848 年才结束封建割据局面，完成政治上的统一；在经济上，工业发展水平远比工业革命已经完成的英、法两国落后，直到 1848 年还没有建立起自己的机器制造业；在对外贸易方面，主要出口原料和食品，进口半制成品和制成品。此时的德国受到英、法等国自由贸易政策的冲击，大量廉价商品涌入德国的市场。因而，怎样摆脱外国自由竞争的威胁，保护和促进德国工业的发展，成为德国工业资产阶级的迫切要求。

为了发展德国经济，德国国内围绕对外贸易政策的选择展开了激烈的论战：一派主张实行自由贸易政策，以相应的理论为依据，影响较大；另一派主张实行保护关税制度，以 1819 年成立的德国工商业协会为核心，势力较弱，并缺乏理论基础。在这样的时代背景下，作为德国工商业协会顾问和保护贸易学派旗手的李斯特从民族利益出发，以生产力理论为基础，以意大利、汉萨同盟、荷兰、英国、法国、美国等的经济兴衰史为佐证，猛烈抨击了古典学派的自由贸易学说，提出了保护幼稚工业理论。该理论在李斯特 1841 年出版的主要代表著作《政治经济学的国民体系》中得到了系统的阐述。

（二）保护幼稚工业理论的主要内容

李斯特的保护幼稚工业理论以生产力理论为基础，以经济发展阶段理论为依据，以保护关税为核心，以幼稚工业为保护对象，具体包括以下内容：

1. 生产力理论

李斯特认为，一国在经济发展的过程中，比较优势是动态且可培养的。落后的国家在面临发达国家强有力的竞争时，为了促进生产力的成长，有理由采取产业保护措施。所谓的生产力是指一切创造财富的能力，其发展是一国财富力量的根本源泉。发展生产力是推动一个国家强盛兴旺的根本途径。他认为，财富的生产力可以使已经消失的财富获得补偿，主张在农工业时期的国家（如德国）必须采取保护贸易的政策。

2. 历史发展阶段论

李斯特从历史学的观点，把一国经济发展的历程划分为五个阶段：原始未开化阶段、畜牧阶段、农业阶段、农工业阶段、农工商业阶段。他认为，自由贸易并不适用于每个经济发展阶段，在不同的经济发展阶段应采用不同的贸易政策。在经济发展的前三个阶段必须实行自由贸易，当处于农工业时期时，必须将贸易政策转变为保护主义，原因是此时本国工业虽有所发展，但发展程度低，国际竞争力差，不足以与来自处于农工商业阶段国家的产品相竞争。如果采用自由贸易政策，不但享受不到贸易利益，还会使经济遭受巨大冲击，而经济进入发展的最高阶段，即农商业时期时，则应再次实行自由贸易政策。

3. 主张国家干预经济

李斯特认为，经济落后的国家如果不推行保护贸易制度，非但不能发展国内工业促进经济发展，还会危及自己的独立地位；要想发展生产力，必须借助国家力量，而不能放任经济自发地实现转变和增长。

4. 保护关税制度

李斯特认为，经济落后的国家应依靠保护关税制度，以保护贸易，保护本国幼稚工业的发展，促进生产力的进步，加入先进国家行列，最终目的仍然是进行自由贸易。

李斯特认为保护关税制度的设计：一是要体现差别关税率，以对幼稚产业的保护为出发点，对不同的产业征收不同的关税；二是有选择的保护并适时调整。他提出的保护对象有几个条件：幼稚工业才需保护；在被保护的工业得到发展，其产品价格低于进口同类产品并能与外国竞争时，就无须再保护，或者被保护工业在适当时期（如30年）内还不能扶植起来时，也就不需要再保护；一国工业虽然幼稚，但如果没有强有力的竞争者，也不需要保护；农业不需要保护。

（三）对保护幼稚工业理论的评价

李斯特的保护幼稚工业理论具有十分重要的意义：首先，李斯特的国际贸易学说体系的建立，标志着从重商主义分离出来的资产阶级国际贸易学说的两大学派——自由贸易学派和保护贸易学派的形成。其次，李斯特的保护幼稚工业理论不仅对德国工业资本主义的发展起了很大的促进作用，而且对落后国家制定对外贸易政策有一定的借鉴意义。其生产力理论中关于"财富的生产力比之财富本身，不晓得重要多少倍"的思想是深刻的；其关于经济发展的不同阶段应采取不同的对外贸易政策的观点是科学的，为落后国家实行保护贸易政策提供了理论依据；其关于以保护贸易为过渡和仅以幼稚工业为保护对象的主张是积极的，说明了他同时承认国际分工和自由贸易的利益。

李斯特的保护幼稚工业理论也存在许多的缺陷：首先，它不能揭示生产力和经济发展的根本原因，也不能揭示物质生产本身是社会经济生活的决定性基础这一根本原理。其次，他的经济发展阶段论以经济部门为划分经济发展阶段的基础，这实际上是错误地把社会历史的发展归结为国民经济部门的变迁，而撇开了生产关系这个根本原因。此外，李斯特片面夸大了国家对于经济发展的决定性作用，在保护对象的选择上缺乏客观、具体的标准。

▶▶ 二、关税保护理论

（一）关税保护理论提出的历史背景

1776 年，美国宣告独立，面临两条道路的选择：一是实行保护关税政策，减少对外国工业品的依赖，独立自主地发展自己的工业，这代表了工业资产阶级的要求。二是实行自由贸易政策，继续向英、法等国出口小麦、棉花、烟草、木材等产品，换回它们的工业品以满足国内市场对工业品的需求，这种贸易格局成为美国南方种植园主的意愿。在当时美国产业革命进行较晚、工业基础薄弱、产品难以与英国竞争的情况下，新兴的工业资产阶级要求实行保护贸易政策。亚历山大·汉密尔顿代表工业资产阶级的利益，于1791 年向国会提交了《关于制造业的报告》，在报告中明确表达了保护贸易的理论观点。

（二）关税保护理论的主要内容

汉密尔顿认为，自由贸易不适用于美国，因为美国工业基础薄弱，技术落后，生产成本高，无法在平等的基础上与英国等国家进行贸易竞争。如果实行自由贸易政策，只会使美国的产业被限制在农业范畴，制造业难以发展，国民经济陷入困境。因此，在一国工业化的早期阶段，应当排除外来竞争，保护国内市场，从而保护与促使本国新的幼稚工业的成长。

汉密尔顿在递交给国会的报告中极力主张实行保护关税政策来鼓励幼稚工业发展，提出了以加强国家干预为主要内容的一系列措施。主要内容包括：向私营工业发放政府贷款，为其提供发展资金；实行保护关税制度，保护国内新兴工业免遭外国企业的冲击，对重要原料出口加以限制，对国内必需的原料进口实行免税；给各类工业发放津贴和奖励金；限制革新机器的出口；建立联邦检查制度，保证和提高产品质量；吸收国外资金，满足国内工业发展需要；鼓励生产要素（特别是国外的熟练劳动者和外国资本）流入等。

汉密尔顿认为保护和发展制造业有许多作用：促进机器的使用和社会分工的发展，提高整个国家的机械化水平；增加社会就业，吸引外国移民，加速美国国土开发，提供更多开创各种事业的机会，使个人才能得到充分发挥；保证农产品销路和价格稳定，从而刺激农业发展。

汉密尔顿阐述了保护和发展制造业的必要性和有利条件，但他并不主张对一切进口商品征收高关税或禁止进口，而只是对本国能生产但竞争力弱的进口商品实施严厉的限制进口政策。

（三）对关税保护理论的评价

汉密尔顿的关税保护理论体系比较零碎，保护贸易的观点不是全面的。尽管如此，这一观点标志着从重商主义分离出来的资产阶级国际贸易学说的两大体系已经基本形成，为落后国家进行经济自卫、与先进国家相抗衡提供了理论依据。

汉密尔顿的关税保护理论反映了美国建国初期亟须发展本国工业，走工业化强国道路的愿望与要求，对美国工业制造业的发展产生了较大的推动作用。美国于 1789 年通过的第一项关税法案，税率只有 5%～15%，不足以保护本国的工业；从 19 世纪初期，美国开始不断提高关税，1816 年关税税率为 7.5%～30%，1824 年平均税率提高到 40%，1828 年又提高到 45%。保护关税使美国工业得以避免外国竞争而顺利发展，并很快赶上了英国。至 19 世纪 80 年代，美国的工业产值已跃居世界首位。

三、对外贸易乘数理论

（一）对外贸易乘数理论提出的历史背景

约翰·梅纳德·凯恩斯（John Maynard Keynes，1883—1946）是当代最著名的英国经济学家，凯恩斯主义的创始人。在凯恩斯生活的时代，资本主义经济从自由竞争走向垄断，尤其是 1929—1933 年，空前严重的经济危机爆发，世界市场问题进一步尖锐，各国相继放弃自由贸易政策，转向奉行保护贸易政策，强化了国家政权对经济的干预作用。1936 年，凯恩斯出版了他的代表作《就业、利息和货币通论》，在这本书中，他对自由贸易理论展开了批评，对重商主义的一些政策重新进行评价，并以有效需求不足为基础，以边际消费倾向、边际资本效率和灵活偏好三个所谓心理规律为核心，以国家干预为政策基点，创立了保护国内就业的新学说。在凯恩斯的经济理论及其追随者对其理论进一步的发展中提出了一系列保护贸易的理论主张，其中核心是对外贸易乘数理论。

（二）对外贸易乘数理论的主要内容

对外贸易乘数理论是凯恩斯的主要追随者马克卢普和哈罗德等人在凯恩斯的投资乘数原理基础上引申提出的。凯恩斯认为投资的增加对国民收入的影响有乘数作用，即增加投资所导致的国民收入的增加是投资增加的若干倍。若用 ΔY 表示国民收入的增加，K 表示乘数，ΔI 表示投资的增加，则 $\Delta Y = K \cdot \Delta I$。

国民收入的增加之所以是投资增加的倍数，是因为新增投资引起对生产资料的需求增加，从而引起从事生产资料生产的生产者收入增加。他们的收入增加又引起消费品需求的增加，从而导致从事消费品生产的生产者收入的增加。如此推演下去，结果国民收入的增加等于投资增加的若干倍。现假定新增加的投资 ΔI 为 100 美元，它用于购买投资品便成了投资品生产者（雇主和工人）增加的收入；如果投资品生产者只消费其新增收入的 90%，于是向他们出售商品的人便得到 90 美元的收入；如果这些人又消费其收入的 90%，即 81 美元，这又成为向他们出售商品的人增加的收入……如此继续下去，国民收入也随之增加。收入增加的总和为：

$$\Delta Y = \Delta I \cdot (1 + C + C^2 C^3 + \cdots) = \Delta I \cdot 1/(1-C) \qquad (2\text{-}1)$$

式中，C 为增加的收入中用于消费的比例 $\Delta C/\Delta Y$，称为边际消费倾向；$1/(1-C)$ 为乘数，若用 K 表示之，即得式（2-1）。

上例中，边际消费倾向 C 为 0.9，所以乘数 $K=1/(1-0.9)=10$，因此，投资增加 100 美元，可使国民收入增加 1 000 美元（即 100 美元的 10 倍）；如果 C 为 0.5，则 $K=1/(1-0.5)=2$，即投资增加 100 美元，可使国民收入增加 200 美元（即 100 美元的 2 倍）；如果 C 为 0，即人们将增加的收入全部用于储蓄，则 $K=1/(1-0)=1$，即国民收入增加为投资增加的 1 倍，也为 100 美元；如果 C 为 1，即人们把增加的收入全部用于消费，则 $K=1/(1-1)=\infty$，即国民收入增加的倍数为无穷大。可见，乘数的大小是由边际消费倾向决定的，两者成正比例关系；从另一个角度说，影响乘数大小的因素是新增收入中用于储蓄的比例 $\Delta S / \Delta Y$，即边际储蓄倾向，用 S 表示，则 $K=1/S$，即乘数大小与边际储蓄倾向成反比。

马克卢普和哈罗德等人把投资乘数原理引入对外贸易领域，分析了对外贸易与增加就业、提高国民收入的倍数关系。他们认为，一国的出口和国内投资一样，属于"注入"，对就业和国民收入有倍增作用；而一国的进口则与国内储蓄一样，属于"漏出"，对就业和国民收入有倍减效应。当输出商品和劳务时，从国外获得货币收入，会使出口产业部门收入增加，消费也随之增加，从而引起其他产业部门生产增加、就业增多、收入增加。如此反复下去，收入增加将为出口增加的若干倍。当输入商品和劳务时，向国外支付货币，使收入减少，消费随之下降，国内生产缩减，收入减少。因此，只有当对外贸易为顺差时，才能增加一国的就业量，提高国民收入。此时，国民收入增加将为投资增加和贸易顺差的若干倍。这就是对外贸易乘数理论的含义。用公式表示为：$\Delta Y= [\Delta I+（\Delta X-\Delta M）] \cdot K$。

式中：ΔI 为投资增量；ΔX 为出口增量；ΔM 为进口增量；K 为乘数。

根据对外贸易乘数理论，凯恩斯主义积极主张国家干预经济，实行贸易保护政策。

（三）对对外贸易乘数理论的评价

凯恩斯主义的对外贸易乘数理论在一定程度上揭示了对外贸易与国民经济发展之间的内在规律性，因而具有重要的现实意义，对于制定切实有效的宏观经济政策也有一定的理论指导意义。

对外贸易乘数理论存在明显的局限性：第一，对外贸易乘数理论把贸易顺差视为与国内投资一样的，对国民经济体系的一种"注入"，能对国民收入产生乘数效应，其实，贸易顺差与国内投资是不同的，投资增加会形成新的生产能力，使供给增加，而贸易顺差增加实际上是出口相对增加，它本身并不能形成生产能力，因此，投资增加和贸易顺差增加对国民收入增加的乘数作用并不等同；第二，对外贸易乘数在实践上是很模糊的，它常会受一国闲置资源和其他因素的影响，资源稀缺会限制该国国民收入的下一轮增长；第三，这一理论忽视了对外贸易发挥乘数作用的条件——只有在世界总进口值增加的条件下，一国才能继续扩大出口，从而增加国民收入和就业。

▶▶ 四、中心-外围理论

（一）中心-外围理论提出的历史背景

中心-外围理论的创始者普雷维什是当代著名的经济学家，曾经担任联合国拉丁美洲经济委员会执行书记。第二次世界大战后，随着殖民体系的瓦解，原来的殖民地半殖民地纷纷取得了政治上的独立。为了巩固这种独立地位，它们迫切要求大力发展民族经济，实行经济自主。普雷维什根据他的工作实践和对发展中国家问题的深入研究，站在发展中国家的立场上，提出了中心-外围理论。

（二）中心-外围理论的主要内容

1. 国际经济体系分为中心和外围两部分

普雷维什认为，国际经济体系在结构上分两部分：一部分是由发达工业国构成的中心，另一部分是由广大发展中国家组成的外围。中心和外围在经济上是不平等的：中心是技术的创新者和贸易利益的获得者，外围则是技术的模仿者和接受者，受中心控制而处于依附地位，也很难分享中心国家的先进技术成果，在生产和出口上，主要以原料、燃料和农产品等初级产品为主。两者是社会经济结构、技术结构极其不同的体系，在经济发展过程中处于不平等的地位。随着世界经济的不断发展，贸易条件越来越有利于中心国家，而不利于外围国家。

2. 外围国家贸易条件不断恶化

普雷维什用英国 60 多年（1876—1938 年）的进出口价格统计资料推算了初级产品和制成品的价格指数之比，以说明主要出口初级产品的外围国家和主要出口工业品的中心国家的贸易条件的变化情况。推算结果表明，外围国家的贸易条件出现长期恶化的趋势，此即著名的"普雷维什命题"。若以 1876—1880 年外围国家的贸易条件为 100，到 1936—1938 年，外围国家的贸易条件已降到 64.1，说明 20 世纪 30 年代与 19 世纪 70 年代相比，外围国家的贸易条件恶化了 35.9。

外围国家贸易条件恶化的原因主要有：第一，技术进步所带来的经济利益分配不均衡。中心国家高价垄断制成品市场，独占技术发明与进步的成果，外围国家由于自身工业技术基础等条件的限制和中心国家的限制措施而几乎享受不到世界科技进步的利益，只能充当长期向中心国家提供价廉利薄的初级产品的角色。第二，工业制成品和初级产品的需求的收入弹性不同。一般工业制成品需求的收入弹性比初级产品需求的收入弹性大。随着人们收入的增加，对工业品的需求会增加，价格就会上涨；相反，随着人们收入的增加，对初级产品的需求增加较少，使初级产品价格上涨很少，甚至下降，以出口初级产品为主的外围国家的贸易条件处在长期恶化的趋势。第三，中心和外围国家工会的作用不同。中心国家的工人有强大的工会组织，可以迫使雇主不降或少降工资，从而使工业品价格维持在较高水平上，外围国家的工会组织不健全，力量薄弱，没有能力控制或影响工资。此外，还有跨国公司的兴起和发展以及经济周期的影响等。

3. 外围国家必须实行工业化，独立自主地发展民族经济

普雷维什认为外围发展中国家必须实行工业化，独立自主地发展民族经济，以改变在国际分工中的地位，摆脱对中心国家的依附，从而避免长期受到不等价交换的掠夺，改变在贸易中的不利地位。他认为，外围国家应该改变过去把企业资源用于初级产品的生产和出口的做法，充分利用本国资源，努力发展本国的工业部门，逐步实现工业化。对于实行工业化的进程，普雷维什认为应分阶段、分步骤实施：首先，应立足于本国的资源和人力，一方面，积极发展过去传统的出口商品，以换取外汇，进行资本积累；另一方面，实行进口替代的发展战略。其次，当进口替代工业发展到一定规模以后，应实行出口替代的发展战略，以最终摆脱贸易条件恶化的处境。

4. 外围国家实行保护贸易政策

普雷维什主张外围国家必须实行保护贸易政策，以保护本国幼稚工业的成长，其目的是纠正国际贸易中的不平等，发展工业化。在出口替代阶段，为了鼓励制成品的出口，除实行保护关税政策外，还应有选择地实行出口补贴措施，以增强发展中国家的制成品在世界市场上的竞争力。他呼吁中心国家对外围国家放宽贸易限制，使外围国家的工业品以平

等的机会参与世界市场的竞争。

5. 鼓励外围国家建立区域性共同市场

普雷维什主张发展中的外围国家建立区域性共同市场，开展区域性经济合作，以便相互提供市场，促进发展中国家间的经济发展。

（三）对中心-外围理论的评价

普雷维什的中心-外围理论把发展中国家作为研究对象，在国际贸易研究领域有一定的开拓性。第一次在理论和实践上揭示了发达国家与不发达国家之间贸易关系的不平等本质，对于发展中国家维护民族利益和实现工业化起到了积极的作用。该理论的局限性在于没有揭示传统贸易理论如何造成利益分配的不平等，进而导致不发达国家经济贸易状况的不断恶化。

▶▶ 五、主张贸易保护的其他论点

（一）国际收支论

国际收支论鼓励以关税、配额等贸易保护手段促使进口限制，减少外汇支出，以达到迅速有效地改善国际收支的目的。国际收支顺差给国家带来外汇净收入、外汇储备增加。国际收支论认为，实行贸易保护可以减少进口，从而减少外汇支出，增加外汇储备。

一般来说，仅从国际收支的角度讲，贸易顺差好于逆差，贸易顺差表明一国在对外贸易收支中处于有利地位，尤其是在国内需求不足、生产能力过剩的情况下，贸易顺差有利于扩大国内生产规模，增加社会就业。若一国的国际收支严重失衡，会严重影响国民经济的平稳、持续发展。

国际收支论主张对进口实施关税或配额限制，使本国的国际收支逆差迅速、有效地获得改善。但实际上情况可能并非如此，一国的贸易收支还要受更多因素的影响：如果贸易伙伴采取同样的关税保护，则会抵消本国政府关税产生的贸易收支改善效果；外国的国民收入下降，会减少对该国产品的购买，即进出口都减少；关税可能阻止了用于出口产业的投入品的进口，出口也会受到影响；如果本币升值，将减少出口，有利进口，贸易收支未必改善；如果本国有通货膨胀压力，出口成本上升，出口减少，进口相对增加。从优化经济结构、提高生产效率入手来增强本国产品的国际竞争力，使出口增加，吸引外资流入，是比限制进口更为有效地改善国际收支的手段。

（二）贸易条件论

贸易条件论认为，用增加关税等贸易保护的手段限制进口，减少需求，可以降低进口商品的价格，达到改善贸易条件，提高福利水平的目的。由于贸易条件是出口商品国际价格与进口商品国际价格的比率，降低进口商品的国际价格可以使贸易条件得到改善，即同样数量的出口商品可以换回更多的进口商品，从而使整个国家获利。

通过贸易保护来改善贸易条件的有效性有一定的前提条件：第一，能否成功地通过贸易保护降低产品的进口价格，取决于该国对国际市场的影响力。只有贸易大国才会对市场价格有影响力，才能通过限制进口来降低进口价格，如果是一个贸易小国，本身在国际市场上的地位无足轻重，即使完全不进口，进口产品的国际价格也不会下降。第二，即使贸易大国也未必能通过降低进口价格来获益，因为贸易是互相的，一国贸易条件的改善同时意味着另一国贸易条件的恶化,如果为了改善贸易条件而实行保护,很容易引起别国相应的报复措施。最终结果是,贸易条件没有得到改善,贸易量却因此下降,进口商品的消费者受到损失,出口商品的生产者也遭池鱼之殃。从现实来看,为改变贸易条件所进行的贸易保护会造成国际市场价格的扭曲,不利于资源的有效利用。

(三)政府收入论

政府收入论认为,发展中国家或新独立国家因其他税源缺乏或无法获得足够的税收,以征收关税作为政府收入的主要来源,可部分解决政府在基本公共服务(卫生、教育、治安、水利、国防等)方面的开支。

对于落后的发展中国家来说,政府没有自己拥有的企业,本国工业生产能力有限,国内人民生活水平低,并且没有多少收入税可征,关税就成了政府收入的重要来源。另外,征收关税比增加国内其他税收要容易得多,关税在外国商品进入本国市场前就征收了,由此产生的商品价格上涨似乎并不是政府的原因。从理论上说,进口大国通过关税减少进口,会压低国际市场价格,结果相当于外国生产者为此承担了部分税收负担,如果税率恰当,进口国的总福利水平还会得到提高。

通过关税来增加政府收入必须具备一定的条件:征税的进口商品必须是国内不能生产或无代用品的;征税的国家必须是举足轻重的进口大国,征税的进口商品在国内有大量消费;关税税率不能偏高,以免阻碍进口,达不到增加财政收入的目的。

从长期来看,以关税作为增加政府收入的主要来源,是一种"短视"的做法,因为过分依赖关税增加财政收入往往会导致资源配置严重扭曲,经济成长受损,进出口能力递减,关税收入终将减少。因此,从根本上来讲,一国的财政收入只能依靠国内经济的发展来获得。

(四)市场扭曲论

市场扭曲论认为,在市场不完善,形成扭曲(生产扭曲、消费扭曲或要素扭曲)的情况下,应采取征收关税或非关税措施等干预和消除市场扭曲,以增加福利。传统贸易理论假设市场处于完全竞争状态,因而资源分配可达到最优化。然而,现实的商品市场存在垄断现象,生产要素市场中各种人为的举措使要素不能完全移动,造成生产要素价格刚性,从而产生产业界的工资差异;加上外部经济等因素,使价格机制无法促使资源配置,造成市场扭曲。

市场扭曲是指阻碍市场机制达到帕累托最优状况的一切制度上的原因,包括不完全竞争与市场机制失败两种情况。市场扭曲可能来自国内市场,也可能来自国外市场,无论来自何处,干预政策就是直接干预产生扭曲的市场,对国外市场扭曲征收关税,对国内市场扭曲采取非关税措施。

(五)保护就业论

保护就业论认为,保护关税或配额的实施,可减少进口,增加国内有效需求,从而使生产扩张,本国就业和收入水平得到提升。不仅如此,贸易顺差犹如增加政府支出和投资一样,对生产和就业会产生刺激作用,并通过对外贸易乘数的作用使这一结果进一步扩大。

从微观上说,保护就业论可解释为某个行业得到了保护,生产增加,工人就业也就增加。从宏观上说,保护就业论建立在凯恩斯主义经济学说的基础之上。凯恩斯在 1929—

1933 年的西方大萧条中看到了古典经济学完全依赖市场机制和只重视供给方面的不足，认为一国的生产和就业主要取决于对本国产品的有效需求。如果有效需求增加，就会带动生产和就业的增加，要达到充足就业，就要对商品有足够的有效需求。有效需求由消费、投资、政府开支和净出口四部分组成。出口会增加有效需求，进口则减少有效需求。因此，贸易对整个社会就业水平的影响过程可以表述为：增加出口、减少进口—增加有效需求—增加国民生产和就业。

反之，如果进口太多，出口太少，则会减少有效需求并降低本国生产和就业水平。保护就业论者就是根据凯恩斯的宏观经济理论提出贸易保护的，他们相信，通过限制进口、扩大出口的贸易保护政策，可以提高整个国家的就业水平。

从理论上说，保护就业论对增加就业有积极作用，但保护并非解决失业问题的最佳途径。这一理论忽视了一个现实问题，即怎样才能做到限制进口同时不伤害出口。希望通过扩大出口减少进口来保护就业的做法在现实中会遇到困难。首先，一国如果限制进口，别国为保护自己的利益，也会以限制进口作为回应，那么该国的出口也不得不减少；其次，长期的大量贸易逆差必然影响别国的经济发展和国际支付能力，别国经济实力的下降则反过来影响本国出口商品的购买力，其结果也影响到实行贸易保护国家的出口。因此，从总体均衡或长期均衡的角度来看，要想限制进口而不伤害出口，或扩大出口而不增加进口都是不大可能的。实际上，从长期看，一个国家必须有进口才能维持出口的扩张，真正增加就业。

▶▶ 六、贸易保护新理论

20世纪70年代以后，世界贸易格局发生了新的变化。一些发展中国家在贸易中崛起，并在制鞋、纺织、钢铁等原来发达国家垄断的行业中呈现出比较优势。石油输出国组织起来控制供给并提高价格，主宰了国际石油市场。传统的发达国家向发展中国家出口工业制成品、发展中国家出口初级产品的情况逐渐改变，取而代之的是工业国家之间的双向贸易和制成品之间的贸易成为世界贸易中的主要部分。在新的形势下，贸易保护主义在理论与政策上都有了新发展，出现了战略性贸易政策和管理贸易论等贸易保护新理论。

从理论上说，新贸易保护主义是建立在规模经济贸易学说的基础上的。与传统贸易理论相比，规模经济贸易学说有两点新的认识：第一，工业产品的世界市场不是完全竞争的，产品的差异性使得各国企业都有可能在某些工业产品上有一定的垄断或垄断性竞争力量，占领部分市场，获得利润；第二，许多工业产品的生产具有规模经济，生产越多，产品的单位成本越低。与这两点新认识相对应，贸易保护政策有了新的依据：首先，怎样利用关税来分享外国企业的垄断性利润，增加国民福利；其次，怎样通过贸易保护帮助本国企业取得一定的市场份额，从而达到一定的生产规模，使企业生产成本下降，在国际竞争中获胜。

（一）战略性贸易理论

1. 战略性贸易理论的内容

战略性贸易理论认为，一国政府在不完全竞争和规模经济的条件下，应凭借生产补贴、出口补贴或保护国内市场等措施和手段，扶持本国战略性产业的成长，增强其在国际市场上的竞争能力，夺取他国的市场份额，获取规模报酬和垄断利润。其主要内容包括：

（1）主张实行不完全竞争市场（主要是寡头市场）方面的战略性政策干预。

在许多情况下，商品的国际市场是由少数几家大企业控制的寡头市场，对每个具体国家来说，某些进口商品更是只来自少数公司。这些公司在进口国的市场上拥有一定的垄断地位。在非完全竞争的市场上，垄断企业或寡头企业的商品价格不是市场给定的，而是这些企业根据市场需求制定的。垄断企业或寡头企业能够利用它们在市场上的地位，将产品价格定在高于其边际成本的水平上，并获得超过平均水平的利润。当然，这种利润是通过提高价格从消费者身上赚取的，在国际贸易中则是由进口国的消费者支付的。战略性贸易理论认为，政府应该通过关税保护措施来分享这些外国垄断或寡头企业的利润，弥补国民利益的损失。

（2）主张实行外部经济效应方面的战略性政策干预。

由于国际市场上的不完全竞争性质和规模经济的存在，市场份额对各国企业变得更加重要。市场竞争变成一场少数几家企业之间的"博弈"，谁能占领市场，谁就能获得超额利润。战略性贸易政策主张通过政府补贴等来帮助本国企业在国际竞争中获胜，而企业获胜之后所得的利润会大大超过政府所支付的补贴。人们通常以美国波音公司与欧洲空中客车公司之间的竞争性博弈为例，说明这一论点。

假定这两家公司在生产大客机方面具有相近的生产技术和能力，而生产这种客机又具有规模经济，生产量越大，成本越低，生产量越小，成本越高，而且会有亏损。在市场需求有限的情况下，如果两家公司都生产，两家公司都会亏本。如果两家公司都不生产，虽然谁也不会亏本，但谁也没有利润。只有在一家生产而另一家不生产的情况下，生产的那家才会有足够的生产量而获得利润。

图 2-1 列出了波音公司和空中客车公司在各种情况下假设的收益（用正数表示利润，用负数表示亏损）。每对数字中，左边数字表示波音公司的利润或亏损，右边数字表示空中客车公司的利润或亏损。纳什均衡的结果是，谁先进入，谁会生产，另一家公司就不再进入。因此，有两种博弈均衡：一方面如果波音公司先进入，对于空中客车公司来说，只有亏损生产和不生产不亏损两种选择，理性的选择当然是不生产（右上框）；另一方面，如果是空中客车公司率先进入市场，对波音公司来说也是同样的两个选择，结果也是放弃市场（左下框）。

		空中客车公司	
		生产	不生产
波音公司	生产	(−5, −5)	(100, 0)
	不生产	(0, 100)	(0, 0)

图 2-1　波音公司和空中客车公司相同情况下的利润/亏损（单位：万美元）

现假设欧洲政府采取战略性贸易政策，补贴空中客车公司 10 万美元生产这种新型飞机，这种补贴使这两家的利润/亏损情况发生了变化。如果只是空中客车公司生产，总利润达到 110 万美元。即使两家都生产，空中客车公司在减去亏损后，仍能有 5 万美元的盈利。而波音公司没有补贴，其利润与亏损没有变化。图 2-2 是新情况下的收益矩阵。

		空中客车公司	
		生产	不生产
波音公司	生产	(-5, -5)	(100, 0)
	不生产	(0, 110)	(0, 0)

图 2-2　欧洲政府进行补贴后的利润/亏损情况（单位：万美元）

在新的情况下，空中客车公司只要生产，就有利润，而不管波音公司是否生产。对空中客车公司来说，不生产的选择已经被排除。而波音公司也只剩下两种可能：一种是不生产，让空中客车公司生产，没有利润也不亏损；另一种选择是硬挤进去生产，而空中客车公司不会退出，其结果是两家都生产，波音公司承担 5 万美元的亏损。在这种情况下，波音公司已经没有获得利润的可能，其理性选择自然是退出竞争。结果是，空中客车公司独占市场，获得 110 万美元的利润（博弈的均衡为左下框）。无论对空中客车公司还是对欧洲政府来说，这种结果自然是很有吸引力的：政府只支付了 10 万美元的补助，却换来了 110 万美元的收益，净得利润 100 万美元。

从上述例子可以看出，政府的保护政策可以使本国企业在国际竞争中获得占领市场的战略性优势，并使整个国家受益。其实，战略性贸易政策在实践中仍有诸多困难。

2. 对战略性贸易理论的评价

战略性贸易理论建立在不完全竞争理论和规模经济理论的基础上，认为不完全竞争和规模经济存在的条件下，政府的直接干预可以转移他国利润以提高本国的福利水平，从而为国家进一步干预对外贸易活动提供了依据。战略性贸易理论的实践需要具备一定的前提条件：如不完全竞争和规模经济的存在；政府必须拥有充分的信息；获得战略支持产业的垄断地位和外部经济的存在；国内相应市场的潜力；贸易对手国不采取报复措施，等等。

战略性贸易理论具有一定的合理性和说服力，但它又有着难以克服的弊端。例如，难以准确地选择战略性产业，很可能因战略性产业选择错误而造成资源浪费；可能导致企业对政府的依赖，不利于企业和所属产业的成长；战略性贸易政策是一种以邻为壑的贸易政策，在实施中是以牺牲他国利益为代价的，因而势必导致其他国家的报复，抵消战略性产业扶持发展的效果。

（二）管理贸易理论

管理贸易理论是以协调国家经济利益为中心，以政府干预贸易环境为主导，以磋商谈判为轴心，对本国进出口贸易和全球贸易关系进行全面干预、协调和管理的一种贸易制度，也就是政府控制和约束的贸易，属于有组织的自由贸易。它不仅盛行于发达国家，也为发展中国家所采用，并运用于区域性贸易集团。

管理贸易既不同于自由贸易，也不同于保护贸易。它在一定程度上限制了自由竞争，使国家之间的贸易活动包含许多人为干预因素；它还在寻求整体利益平衡的前提下，在兼顾贸易伙伴经济利益的同时，追求本国利益的最大化，而不是只关注本国的经济利益。

管理贸易理论通过各种巧妙的办法限制进口。其主要特点是：通过立法形式使管理贸易法制化、制度化；采用单边、双边和多边协调管理等方式解决有关国际贸易问题；通过区域性经济组织对地区贸易进行管理；管理贸易措施以非关税壁垒为主。

第三节 当代国际贸易理论

一、要素禀赋理论

（一）要素禀赋理论产生的历史背景

英国古典的国际分工和国际贸易理论在西方经济学界占支配地位长达一个世纪之久，直到 20 世纪 30 年代才受到两位瑞典经济学家伊利·赫克歇尔和波尔蒂尔·俄林的挑战。

1919 年赫克歇尔在《对外贸易对收入分配的影响》一文中，对相互需求理论的核心思想做出初步分析，提出了两国间若要比较生产成本差异必须具备两个前提条件：两国的要素禀赋不同；不同产品生产过程中使用的要素比例不同。当两个前提均成立时，两国之间才能展开贸易。波尔蒂尔·俄林是赫克歇尔的学生，他接受了老师的观点，在 1933 年出版了其代表作《区际贸易与国际贸易》，创立了较完整的要素禀赋理论，因此该理论在学术界称为赫克歇尔–俄林模型。该理论是国际贸易理论从古典向现代理论发展的标志，被誉为国际贸易理论的一大支柱。

（二）要素禀赋理论的主要内容

（1）俄林将人与人之间的劳动分工归结为人们在个人能力上天生的差异，并将对个人经济行为的分析进一步推演至国家的经济行为。"各个国家的情况同每个人的情况一样，生产各种产品的能力是大不相同的"，是因为"各国生产要素的供给各异""一个国家当然不可能生产出需要使用本国所不具备的生产要素才能生产出来的那些产品"。那些某种生产要素比较丰富的地区，会主要生产所需这种生产要素较多的产品。例如，澳大利亚拥有较多的土地，但有着相对较少的劳动力和资本，它就生产使用较多土地和较少劳动力和资本的羊毛、小麦等；英国拥有较少的土地，较多的劳动力、资本和矿藏等，它就生产需要大量劳动力、资本等的工业品。因此，每个区域或国家用相对丰富的生产要素（土地、劳动力、资本等）从事商品生产，就处于比较有利的地位；而用相对稀少的生产要素从事商品生产，就处于比较不利的地位。

（2）俄林的理论逻辑是，各国不同的商品价格比例是产生国际贸易的必要条件，而各国不同的价格比例又是由各国不同的要素价格比例决定的，各国不同的要素价格比例又是由各国不同的要素供给比例决定的。在各国要素需求一定的情况下，由于各国的要素禀赋不同，对要素价格影响不同，资源相对丰富的国家，该资源价格便宜；反之，资源稀缺者价格昂贵。一国大量使用资源丰富的要素，产品价格就便宜，因此，各个地区分工生产含大量本地丰富要素，含少量本地稀缺要素的商品最有利；每个国家在国际分工、国际贸易体系中应生产和输出大量使用丰富要素的商品，输入大量使用稀缺要素的商品。

（3）俄林认为，国际生产要素的比价差异，将通过国际分工而逐步缩小，即实现生产要素价格均等化。由于各国对外政策的限制，国际生产要素不能充分流动会使生产要素达不到最佳配置，但是商品的流动在一定程度上可以弥补国际要素缺少流动性的不足，通过国际贸易可以部分解决国际要素分配不均的缺陷，国际贸易一般趋向于消除工资、地租、利润等生产要素收入的国际差别。劳动力一般会从工资较低的国家流出，流入工资较高的国家，结果流入国家工资水平降低，流出国家工资水平上升，从而使各国间的工资更为接近。

（三）对要素禀赋理论的评价

李嘉图假设两国交换是物物交换，国际贸易起因于劳动生产率的差异（技术原因）。而俄林的要素禀赋理论从另一个角度解释国际贸易产生的原因、国际贸易商品结构及国际贸易对要素价格的影响，研究更深入、全面。仅从这一点来说，他对国际贸易学说做出了巨大的贡献。

但要素禀赋理论也有明显的局限性，俄林没有认识到自然禀赋并非国际贸易发生的充分条件，排除了技术进步的因素及许多实际存在的情况。因为在国际贸易中，科学技术起着越来越重要的作用，技术革新可以改变要素的成本和比例，从而改变比较成本，故影响了理论的广泛适用性。

▶▶ 二、里昂惕夫之谜

（一）里昂惕夫之谜产生的历史背景

第二次世界大战后，在第三次科技革命的推动下，世界经济迅速发展，国际分工和国际贸易随之迅猛发展，贸易商品结构和地区分布发生了很大变化，传统的国际贸易理论显得越来越脱离实际，这引起经济学家对包括要素禀赋理论在内的已有学说的怀疑，并促成他们对一些理论进行检验。

对赫克歇尔−俄林模型的第一次检验是 1953 年由瓦西里·里昂惕夫利用 1947 年的美国数据进行的，该检验的结果与赫克歇尔−俄林模型的推演结论正好相反，人们把这一结果与赫克歇尔−俄林模型之间的矛盾称为里昂惕夫之谜。

（二）里昂惕夫之谜的主要内容

1953 年，里昂惕夫利用其投入产出分析法对美国的对外贸易商品结构进行具体计算，他把生产要素分为资本和劳动两种，对 200 种商品的统计数据进行了分析，并对 1947 年美国生产的每百万美元的出口商品所包含的资本和劳动数量进行了计算。因为进口商品是在国外生产的，所以他只有美国出口商品的投入−产出表，而没有进口商品的投入−产出表。为此，他采用从美国生产的产品数据中计算进口替代品的要素密集度的方法，来估算进口商品的要素密集度。1956 年，里昂惕夫利用 1951 年的统计资料进行了第二次验证，两次的验证结果如表 2-7 所示。

表 2-7　每百万美元的美国出口和进口替代品对国内资本和劳动的需求额

	1947 年		1951 年	
	出口	进口替代	出口	进口替代
资本（美元）	2 550 780	3 091 339	2 256 800	2 303 400
劳动（人/年）	182.313	170.004	173.91	167.81
人均年资本量（美元）	13 991	18 184	12 997	13 726

按照要素禀赋理论，一国应出口密集使用本国丰裕要素生产的产品，进口密集使用本国稀缺要素生产的产品，美国是一个资本要素丰裕而劳动要素稀缺的国家，因此美国应该出口资本密集型产品，进口劳动密集型产品。而上述检验的结果却显示，1947 年，美国进口替代品人均资本使用量与出口品生产人均资本使用量的比率为 1.3011，进口替代品中平

均单位产品使用的资本量在 1917 年高于单位出口品约 30%，而在 1951 年高出 6%，尽管两年的比率有所不同，但都得到了相同的结论：美国出口的商品具有相对劳动密集型特征，进口的商品具有相对资本密集型特征，正如里昂惕夫所说："美国之所以参与国际分工是建立在劳动密集型生产专业化的基础之上，而不是建立在资本密集型生产专业化的基础上。"这个验证结果与要素禀赋理论相反，也完全出乎里昂惕夫本人的预料，而且有悖常理，因此被人们称为里昂惕夫之谜。

里昂惕夫之谜激发了其他经济学家对其他国家的贸易格局的类似研究，以检验要素禀赋理论。例如，1959 年，日本的两位经济学家建元正弘和市村真一使用了与里昂惕夫相类似的研究方法对日本的贸易结构进行分析，发现从整体上看，日本这个劳动力丰裕的国家，输出的主要是资本密集型产品，输入的则是劳动密集型产品。但从双边贸易看，日本向美国出口的是劳动密集型产品，从美国进口的是资本密集型产品。日本出口到不发达国家的则是资本密集型产品。之所以出现这种情况，建元正弘和市村真一认为，是因为日本的资本和劳动的供给比例介于发达国家与不发达国家之间：日本与前者的贸易在劳动密集型产品上占有相对优势；而与后者的贸易则在资本密集型产品上占有相对优势。因此，就日本的全部对外贸易而言，建元正弘和市村真一的结论支持里昂惕夫之谜，但在双边贸易上，他们的结论则支持要素禀赋理论。

民主德国的两位经济学家斯托尔珀和劳斯坎普对本国的贸易研究表明，该国出口品相对于进口品是资本密集型的。由于民主德国大约 3/4 的贸易是与东欧其他国家进行的，而这些国家相对于民主德国而言是资本贫乏的国家，所以斯托尔珀和劳斯坎普的结论与要素禀赋理论是一致的。

1961 年，加拿大经济学家沃尔分析了加拿大与美国的贸易，发现加拿大出口商品为相对资本密集型，因为加拿大的大部分贸易是与美国进行的，而美国是个相对于加拿大而言资本丰富的国家，所得结论与里昂惕夫之谜一致，而与要素禀赋理论相悖。

1962 年，印度经济学家巴哈德瓦奇对印度的贸易结构分析表明，印度在与美国的贸易中，向美国出口的是资本密集型产品，而进口的是劳动密集型产品，"谜"再次出现，而且是在一个发展中国家，但印度与其他国家的贸易，又是出口劳动密集型产品、进口资本密集型产品，与要素禀赋理论一致，"谜"并不存在。

（三）对里昂惕夫之谜的评价

1. 需求偏好差异论

该理论强调需求因素对进出口贸易结构的影响。赫克歇尔-俄林模型的假设之一是贸易国双方的需求偏好相似，消费结构相同，忽略了两国需求偏好差异对贸易方式的影响。事实上，需求偏好会强烈影响国际贸易方式，因为美国人对资本密集型产品的偏好大于对劳动密集型产品的需求，因此美国进口资本密集型产品超过出口这类产品，这种需求刚好颠倒了资本密集型产品方面的比较成本优势。

2. 人力资本论

人力资本论由美国经济学家凯南等人提出，以此解释"谜"的产生。该学说认为，赫克歇尔-俄林模型将劳动视为同质的生产要素的假设是不现实的，一国的人力要素禀赋相对于其他国家都具有异质性，在构成和数量上都不同于其他国家，这种差异主要是由劳动熟练程度决定的，即决定智力开发的投资。因此，高熟练程度是资本支出的投资结果。

凯南认为，国际贸易商品生产所需的资本既包括有形资本（物质资本），也包括无形资本（人力资本），即用于职业教育、技术培训等方面的资本，人力资本投入可促进劳动生产率的提高。美国正是因为投入了较多的人力资本而拥有了更多的熟练技术劳动力。因此，美国出口商品含有较多的熟练技术劳动，从而出口商品相对于进口商品而言为资本密集型。

3. 自然资源学论

自然资源学论指出，里昂惕夫之谜的根源在于，里昂惕夫只考虑了资本和劳动两种生产要素，忽略了自然资源。比如，美国的进口商品中初级产品占 60%~70%，而且大部分是木材和矿产品，这些产品的自然资源密集度很高，把这类产品按照美国的生产条件计算，无形中加大了美国进口商品的资本−劳动比例；同时，美国出口的产品消耗了大量的自然资源，其开采、提炼与加工均有大量资本投入，如果在出口产品中计算这部分资本投入，"谜"就不存在了。里昂惕夫在后来对美国的贸易结构进行检验时，在投入产出分析中剔除了 19 种自然资源密集型产品，结果成功解开了"谜"，得到了与要素禀赋理论相一致的结果，这也可以用来解释加拿大、日本、印度等国家贸易结构中"谜"的存在。

4. 贸易保护论

美国经济学家鲍德温认为，要素禀赋理论成立的前提是自由贸易，事实上，这种假设是不存在的。里昂惕夫所使用的资料是美国进出口数据，在列入统计的年份里，美国事实上有很大程度的贸易保护，美国政府为解决国内失业，对雇用大量不熟练工人的劳动密集型产品实施了保护政策，导致外国的劳动密集型产品难以进入美国市场，美国必须大量生产这类产品替代进口。如果实行自由贸易，美国进口商品的劳动密集度就会提高，但鲍德温的研究结果表明，排除贸易壁垒只能减轻但无法完全消除里昂惕夫之谜。

5. 要素密集度逆转

要素密集度逆转指的是同种商品在劳动丰裕的国家属于劳动密集型产品，而在资本丰裕的国家属于资本密集型产品的情况。例如，美国是世界上最大的粮食出口国之一，但与泰国相比，美国的粮食生产显然属于资本密集型。根据这种解释，美国进口的商品在出口国可能是用劳动密集型技术生产的，但在美国却是用资本密集型技术生产的。由于里昂惕夫采用从美国生产的产品数据中计算进口替代品的要素密集度的方法，来估算进口商品的要素密集度，也就是说，将进口产品按照美国的生产条件计算分析，提高了进口产品中的资本相对密集度，产生了美国进口资本密集型产品的错觉，这是从要素密集度逆转方面对"谜"的解释。

现实中，根据里昂惕夫的定量分析，发现研究资料中只有 1%的商品发生了要素密集度逆转，因此并不能有力地解释里昂惕夫之谜，但为后来的研究提供了研究思路：同种产品的要素密集度因在要素禀赋不同的国家生产而不同。

▶▶ 三、其他国际贸易理论

1. 规模经济理论

规模经济理论产生于 20 世纪 70 年代末，其代表人物是美国经济学家保罗·克鲁格曼。

规模经济是指在一个特定的时期内，企业通过扩大经营规模降低平均成本，提高利润水平，即单位产品成本随着产品数量增加而降低，从而取得成本优势。规模经济可以分为规模内部经济和规模外部经济两种类型。

规模内部经济主要来源于企业本身生产规模的扩大。由于生产规模扩大和产量增加，分摊到每个产品上的固定成本（管理成本、信息成本、设计成本、科研与发展成本等）会越来越少，从而使产品的平均成本下降。具有规模内部经济的一般都是大企业、大公司，多集中于设计、管理、销售成本较高的制造业和信息产业，如汽车、飞机、钢铁、电脑软件行业等。在存在规模内部经济的行业中，大规模生产的经济性刺激了有关部门和企业对规模经济的追求，导致企业不断扩大生产规模。随着生产规模的不断扩大，产品的生产成本不断降低，产品的竞争能力不断提高，从而使其他企业难以进入该行业，这样就会逐渐导致此类商品生产的垄断，削弱企业或行业内部竞争，最终的结果是会形成不完全竞争的市场结构。

垄断或获得对市场定价权的控制是所有企业的追求，但当企业的规模还不足以影响全行业或同类产品的价格时，企业要想获得某种价格控制权就要生产差异化的产品。差异化的产品指的是同一产业或产品集团内的众多企业生产的有差别的产品。不仅厂商追求差异化的产品，消费者也追求差异化的产品。规模生产的经济性要求产品生产批量大，标准化程度高，以降低生产成本；差异化的产品则要求小批量、多品种、个性化，价格对消费的影响作用反而较小，但是这种小批量、多品种意味着单位产品的成本比较高，难以达到规模经济的效果。如果一国既希望获得规模经济效果，又希望满足生产者和消费者对差异化产品的追求，最终的解决办法是进行国际贸易，这就为差异化产品的生产者提供了操控价格的余地。

规模外部经济主要来源于行业内企业数量的增加所引起的产业规模的扩大，常常由于聚集效应而产生。由于同行业内企业的增加和相对集中，在信息收集、产品销售、交通运输等方面的成本会降低。规模外部经济一般出现在竞争性很强的同质产品行业中，如在美国的"硅谷"有成百上千家电脑公司，每家都不是很大，但集中在一起，形成了规模外部经济；北京的"中关村电脑城"、浙江的"纽扣城""电器城"等，也都具有规模外部经济的性质。

同厂商的规模内部经济一样，规模外部经济在国际贸易中也发挥着巨大的作用。一般情况下，如果一国在某个行业的发展上具有较大的规模，该行业就有一个可供共同使用的劳动力队伍，它可以调剂企业间的余缺；同时，行业规模较大，有助于技术的进步和技术成果的迅速普及或采用。总之，一定的行业规模有利于生产同类商品的企业进行资源或生产要素的共享，从而在企业自身规模不变的前提下，相应地形成一个行业的规模优势。

因此，当存在规模外部经济且其他条件相同时，大规模生产某产品的国家往往具有较低的生产成本，在国际市场上会形成很强的竞争优势，企业就有动力出口该产品，从而产生国际贸易，即某国率先进入某一具有规模外部经济的行业后，强烈的规模外部经济会巩固其作为最大生产者的地位，并垄断国际市场上该商品的生产和销售，从而控制该商品的国际市场，该国企业就可从中获得巨大的经济利益。

在存在规模外部经济的行业中，大规模的市场需求促使厂商生产更多的商品，厂商为了满足需求，就会改进技术和雇用更多的劳动力生产出更多的商品，这将会进一步推动全国市场规模的扩大，从而导致专业化供应商的形成和厂商专业化的分工。

2. 需求偏好相似理论

需求偏好相似理论是瑞典经济学家斯戴芬·伯伦斯坦·林德于 1961 年在其《论贸易和转变》一文中提出的，从消费需求的角度探讨了国际工业品贸易发生的原因。该理论的核心思想是两国之间贸易关系的密切程度是由两国的收入水平和需求结构决定的：两国的收入水平越接近，消费结构就越相似，两国之间进行工业品贸易的机会就越大；而收入水平差距较大的国家之间进行产业内贸易的机会就越小。

林德认为国内贸易是国际贸易的延伸，一国产品的出口结构、商品流向及贸易量的大小取决于本国的需求偏好，而一国的需求偏好又取决于该国的平均收入水平。因此，两国人均收入越接近，两国的需求偏好就越相似，两国间贸易范围就越广，但如果两国人均收入相差较大，需求偏好就存在很多差别，两国贸易就会存在障碍。

林德假设一国的需求由其代表性消费者的需求倾向决定。这一倾向会随着该国人均收入的提高，逐渐转向奢侈品并造成社会需求的转移。当人们收入提高，对工业消费品特别是奢侈品的需求增加时，本国的工业品和奢侈品生产也会增加。为了满足市场需求，生产者不断地扩大生产，改进技术。结果是，产量增加的速度超过需求增长的速度，从而使该国有能力向别国出口。对于该国出口的工业产品，只有与之收入相近的国家才会有需求。因此，进口工业产品的主要国家也是收入较高的国家。根据林德的理论，工业制成品在发达国家之间的贸易会随着收入的不断提高占据越来越重要的地位。

与克鲁格曼不同，林德实际上是从需求的角度来分析说明当代工业国家之间的贸易和同一工业行业的双向贸易的。根据林德的理论，需求变动是引起生产变动和产生贸易的基础，收入变动又是引起需求变动的主要因素，收入增加的结果是使工业制成品的贸易在人均收入较高的国家之间得到较大发展。

3. 产品生命周期理论

1966 年，美国经济学家雷蒙德·弗农在《产品周期中的国际投资与国际贸易》一文中，提出了用产品生命周期假说解释工业制成品贸易流向的产品生命周期理论。由于每个国家的技术水平不一样，一种产品的生命周期在各国的发生时间和过程也是不同的，各国之间存在一个较大的时差。正是这一时差，表现为不同国家在技术上的差距，从而决定了国际贸易、国际投资的变化和不同国家在国际市场上的竞争地位。为了便于区分，雷蒙德·弗农把这些国家依次分成技术创新国、一般发达国家和发展中国家。

由于各国技术发展水平不同，技术领先的国家可能率先开发出某种新产品并出口到其他国家；经过一段时间后，一般发达国家，即技术较先进的国家掌握了这种生产技术，开始从事新产品生产，并凭借较低的要素成本优势占领国际市场，成为新的出口国，甚至占领创新国的国内市场；发展中国家，即技术落后的国家在较长时间内才能掌握这种技术，最后，发展中国家依靠低廉的成本和丰富的资源优势成为该产品的出口国。可见，产品生命周期概念从国内市场扩展到了国际市场，就可以用产品生命周期理论来解释国际产业转移现象。

雷蒙德·弗农把产品生命周期分为三个阶段，即新产品阶段、成熟产品阶段和标准化产品阶段，以此来解释国际贸易的发生。

（1）新产品阶段。

新产品阶段又称产品创新阶段或引进阶段。由于消费者不是特别了解新产品的特性、用途、使用效果以及优点，故需求量少。而且，需求主要来自本国，生产也主要针对本国需要，基本上没有出口。对投入的技术要求比较高，对劳动者技术水平的要求也比较高。由于技术投入大，可以说这一时期的产品是技术密集型产品。在新产品阶段，技术创新国在国际生产上具有完全的技术垄断优势和国际竞争力，有条件向其他发达国家市场出口这种产品。

（2）成熟产品阶段。

在成熟产品阶段，生产技术已经成熟，产品被消费者广泛接受，产品市场饱和，国内产品销售量的增长率开始下降，与此同时，国外的需求已产生，创新国开始向其他国家出口，成熟的技术也随之转移出去，产品进口国能够迅速地模仿并掌握技术，进而开始在本国生产。该阶段技术开始标准化，市场迅速扩张，生产规模急剧扩大，从而要求投入资本比较多，因此这一时期的产品可以说是资本密集型产品。

在该阶段，由于创新国技术垄断和市场垄断地位受到模仿国的冲击，竞争者不断增加，市场竞争变得激烈，市场上替代产品开始增多，产品的附加值也在不断降低。为了获得利润，企业越来越重视产品成本的降低。同时，在创新国和一般发达国家市场上，产品开始出现饱和。为降低成本，提高经济效益，抑制国内外竞争者，企业逐步放弃国内生产，纷纷到生产成本较低的发展中国家建立生产基地。

（3）标准化产品阶段。

标准化产品阶段又称产品衰退阶段，产品生产技术不再是先进和保密的，甚至开始老化，技术本身的重要性逐渐消失，技术垄断优势已经全部丧失，这时发展中国家已成为世界上最理想的低成本生产区，发达国家通过技术转让或跨国投资把产品生产设立在落后的发展中国家，使发展中国家成为世界市场的主要生产和出口基地。随后，发展中国家开始向发达国家市场大量出口这种工业品，发达国家的这种新型工业品产业开始衰退，新产品的生命周期结束。

4. 人力资本论

人力资本论是美国经济学家舒尔茨创立的，该学说用人力资本的差异来解释国际贸易产生的原因和一国对外贸易的类型。舒尔茨和其他许多西方经济学家认为，在国际贸易商品生产中使用的资本既包括物质资本，也包括人力资本。物质资本指厂房、机器设备、原材料等有形资本，它是对生产资料投资的结果。人力资本指寓于人体中的人的智能，表现为人的文化水平、生产技巧、熟练程度、管理才能及健康状况，它是对人力投资的结果，即政府、企业和个人投资于教育和培训的结果。各国人民的天赋是相近的，而人的智能差别是后天人力投资的结果。人力资本丰富的国家，如美国、日本在知识、技术密集型产品生产和出口上具有比较优势，而人力资本比较缺乏的发展中国家在知识、技术密集型产品生产上则处于劣势地位。

人的智能之所以成为资本，是因为通过教育和培训所获得的智能可持续使用很长时间，并大大提高劳动生产率，从而取得大于投资的收益。人力资本在比较优势决定中所起的重要作用，则是由于不同产品生产需要的人力智能高低、多寡不同。初级产品的生产需要较少、较低的人力智能，因而人力资本缺乏，但自然资源和劳动力丰富的发展中国家具有生产和出口优势；而第二次世界大战后信息、生物、空间、新材料及新能源等新兴产业的产品需要较高的人力智能，因此，人力资本丰富的发达国家具有比较优势。

5. 熟练劳动论

1953 年，里昂惕夫在解释"谜"产生的原因时，认为美国工人的劳动效率是其他国家工人的 3 倍，这实际上是熟练劳动论的雏形。但真正研究并提出这一学说的是美国经济学家基辛，其于 1965 年发表论文《劳动技能与国际贸易：用单一方法评价多种贸易》，又于 1966 年发表论文《劳动技能与比较利益》，着重讨论熟练劳动问题。

基辛按劳动的复杂程度把企业人员分为八个等级和两大类：第一级至第七级分别为科学家和工程师、技术员和制图员、其他专业人员、厂长和经理、机械工人和电工、熟练的手工操作工人、办事员和销售员，属熟练劳动；第八级是不熟练和半熟练工人，属非熟练劳动。根据这一分类，基辛对 14 个国家，1962 年的进出口商品构成进行分析认为，劳动熟练程度不同是国际贸易产生的重要原因之一，资本较丰富的国家倾向于出口熟练劳动密集型商品，而资本较缺乏的国家则倾向于出口非熟练劳动密集型产品。

基辛所研究的 14 个国家中，美国、瑞典、德国、意大利、印度等 5 个国家进出口商品生产所需的熟练劳动和非熟练劳动的比重不同。在出口商品中：美国的熟练劳动比重最高，非熟练劳动比重最低；印度的熟练劳动比重最低，非熟练劳动比重最高。在进口商品中，情况恰恰相反：美国的熟练劳动比重最低，非熟练劳动比重最高；印度的熟练劳动比重最高，非熟练劳动比重最低。这表明发达国家在生产含有较多熟练劳动的商品上具有比较优势，欠发达国家在生产含有较少熟练劳动的商品上具有比较优势。

熟练劳动程度之所以会成为国际贸易产生的重要因素之一，基辛认为原因有三个：一是劳动的熟练程度是不易达到和不能迅速达到的，而发达国家和欠发达国家所拥有的熟练劳动和非熟练劳动的比重又极不相同，前者熟练劳动所占比重较大，后者非熟练劳动所占比重较大；二是劳动的熟练程度在经济发展中起着重要作用，而国际贸易又与经济发展程度密切相关；三是资本能够在低成本下进行国际移动，劳动力却只能在高成本下进行国际移动，而且这种差别会导致国际资本边际生产力均等化和国际劳动边际生产力非均等化。所以，那些主要靠资本和劳动生产出来的工业品的比较优势就主要取决于劳动的熟练程度。

6. 研究开发要素论

研究开发要素论是基辛、格鲁伯、弗农和梅达等人提出的。1965 年，基辛在《劳动技能与国际贸易：用单一方法评价多种贸易》一文中，用美国在 10 个发达工业国家各部门出口总额中所占比重表示美国的竞争力，以美国研发（R&D）费用占美国各部门销售额百分比、美国科学家和工程师占美国各部门就业人数百分比表示研发指标。计算分析结果表明，美国产品竞争力强、出口占 10 国出口总额比重大的部门，投入的 R&D 经费占美国销售额的百分比也大，科学家和工程师的人数占美国该部门全部就业人员的比重也大，即研究开发要素比重大小是影响产品国际竞争力的重要因素。

1967 年，格鲁伯、弗农和梅达发表了一篇题为《美国工业中的国际贸易研究开发要素与国际投资》的论文。他们根据 1962 年美国 19 个产业部门的有关资料，统计分析了 R&D 费用、科学家和工程师人数与出口的关系，得出了与基辛基本相同的结论，即研究开发要素与产品的国际竞争力密切相关：研究开发要素比重大的产品，其国际竞争力也强；而研究开发要素比重小的产品，其国际竞争力也较弱。

7. 原料周期论

在产品生命周期理论的基础上，经济学家麦吉和罗宾在 1978 年提出了一种解释原料产品贸易格局的原料周期论。这是继弗农以后，将产品生命周期理论运用于贸易分析的又一尝试。

原料产品生命周期特点同工业制成品生命周期特点正好相反，即在原料产品生命之初，发展中国家占据十分重要的地位，是原料的净出口国；原料产品生命的后期，原料的生产优势逐渐转移到发达国家，因为在发达国家可以用高新技术不断生产出替代原料的合成品。以下是原料周期的三个阶段：

第一阶段是派生需求上涨。因为某种产品的需求量大量增加，导致有关的原料需求随之猛涨，从而导致原料价格大幅度上升。以橡胶为例，1885—1910 年，汽车工业发展使天然橡胶价格在 1900—1910 年上升了 78%，巴西和一些非洲国家供应的橡胶占世界市场的 61%。

第二阶段进入需求和供给来源出现替代的时期。由于天然原料的供给出现了越来越多可供选择的来源，生产者会用较便宜的替代品来替换天然原料，于是原料价格的上涨速度会减缓，甚至出现实际的下降。以橡胶为例，1910—1940 年，传统的供应者逐渐丧失控制世界橡胶市场的能力，到 1930 年，后起的马来西亚、斯里兰卡和印度尼西亚控制了世界橡胶市场的 92%，其间，天然橡胶消费量增加了 10 倍，价格却逐渐下降。

第三阶段则是研究与开发最终导致了人工合成替代品的广泛使用和发现了节约使用原料的重要方法，从而天然原料的重要性进一步下降的阶段。

在原料产品周期的不同阶段，各类国家在原料的国际贸易中所处的地位是不同的。在原料周期的早期，发展中国家凭借其自然资源优势，在原料的国际贸易中占据十分重要的地位，是原料产品的主要出口国。但随着发达国家以先进技术生产合成代用品，使该项初级原料进入后期阶段，发展中国家在该原料贸易中的优势丧失，而发达国家在该原料的合成原料贸易中占据优势，它们不仅减少了初级原料的进口，而且开始出口合成原料。近百年来，世界主要原料贸易的发展基本上都经历了上述的演变过程。以橡胶为例，1940 年至今，人工合成橡胶出现，并很快替代天然橡胶，1940 年，合成橡胶仅占世界橡胶消费量的 20%，1962 年达 50%，1970 年已超过 70%。

8. 产业内贸易理论

产业内贸易理论是关于产业内同类产品贸易增长特点和原因的理论。针对发达国家之间的贸易，不是工业制成品和初级产品之间的贸易，而是产业内同类产品的相互交换，即产业内贸易这一现象，加拿大的格鲁贝尔和澳大利亚的劳埃德在 1975 年出版的《产业内贸易：差别化产品国际贸易的理论与度量》中系统提出产业内贸易理论。该理论从不完全竞争、产品差异化和规模经济入手，为同质产品和异质产品的产业内贸易提供了理论基础。此后，学者们在 20 世纪 70 年代末和 80 年代初提出了各种产业内贸易的理论模型，如新张伯伦模型、兰卡斯特模型、布兰德模型、克鲁格曼模型等，对该理论做了进一步的丰富和发展。该理论突破了传统国际贸易理论的一些假定（如完全竞争的市场结构、规模收益不变等），从规模经济和产品差异性等方面考察贸易的形成机制，从而解释了产业内贸易日益占据国际贸易主要地位的现象。产业内贸易理论表明，产品差异、规模经济或规模报酬递增及偏好相似可以解释产业内贸易现象。

（1）规模经济或规模报酬递增。

规模报酬递增与不完全竞争是最普遍用来解释产业内贸易的理论。如前所述，规模经济或规模报酬递增是指厂商进行大规模生产，使成本降低、报酬递增。国际贸易开展后，厂商面对更大的市场，生产规模可以扩大，规模经济使扩大生产规模厂商的生产成本、产品价格下降，生产相同产品而规模不变的其他国内外厂商被淘汰。因此，在存在规模经济的某产业部门内，各国将专注于该产业部门的某些差异化产品的发展，再相互交换（开展产业内贸易）以满足彼此的多样化需求。

国家间的要素禀赋越相似，越可能生产更多相同类型的产品，因而它们之间的产业内贸易量将越大。例如，发达国家之间的要素禀赋和技术越来越相似，它们之间的产业内贸易相对于产业间贸易日益重要。

（2）需求偏好相似。

瑞典经济学家林德从需求方面探讨国际贸易产生的原因，提出了偏好相似说。林德认为，发达国家间产业结构相似，它们之间的分工大多是部门内、产业内分工。它们的收入水平相近，消费结构大体相同，对对方的产品形成广泛的相互需求。因重合需求大，所以发达国家间产业内贸易量大。

（3）产品差异。

在每个产业部门内部，由于产品的质量、性能、规格、牌号、设计及装潢等的不同，甚至每种产品在其中每一方面都有细微差别而形成由无数产品组成的差别化系列产品，各国由于财力、物力、人力的约束和科学技术的差距，不可能在具有比较利益的部门生产所有的差别化产品，而必须有所取舍，着眼于某些差别化产品的专业化生产，以获取规模经济利益。因此，每一产业内部的系列产品常产自不同的国家。而消费多样化造成的市场需求多样化，使各国对同种产品产生相互需求，从而产生贸易。例如，欧共体（现欧盟）建立以后，随着关税的下降及最后取消，以及共同体内部贸易的扩大，各厂商得以专业化地生产少数几种差异化产品，使单位成本比过去生产许多种差异化产品时大大下降，成员国之间的差异产品交换也大大增加。

与产业内差异化产品贸易有关的是产品零部件贸易的增长，为了降低成本，一种产品的不同组成部分往往通过国际经济合作形式在不同国家生产，追求多国籍化的比较优势。例如，波音 777 飞机的 32 个构成部分，波音公司承担了 22%，美国制造商承担了 15%，日本供应商承担了 22%，其他国际供应商承担了 41%。飞机的总体设计在美国进行，美国公司承担发动机等主要部件的生产设计及制造，其他外国承包商在本国进行生产设计和制造有关部件，然后运到美国装配。显然，波音 777 飞机是多国籍化的产物。类似的跨国公司间的国际联盟、协作生产和零部件贸易越来越促进各国经济的相互依赖和产业内贸易的扩大与发展。

（4）经济发展水平是产业内贸易的重要制约因素。

西方经济学家认为，经济发展水平越高，产业部门内差异产品的生产规模也就越大，产业部门内部分工就越发达，从而形成差异产品的供给市场。同时，经济发展水平越高，人均收入水平也就越高，较高人均收入层上的消费者的需求会变得更加复杂、更加多样化，呈现出对差异产品的强烈需求，从而形成差异产品的消费市场。在两国之间收入水平趋于相等的过程中，两个国家之间的需求结构也趋于接近，最终导致产业内贸易的发生。

9. 国家竞争优势论

国家竞争优势论是美国经济学家迈克尔·波特 1990 年在《国家竞争优势》一书中提出的，其核心是创新是竞争力的源泉。波特认为，一国的竞争优势就是企业、行业的竞争优势。国家的繁荣不是固有的，而是创造出来的。一国的竞争力高低取决于其产业发展和创新的能力高低。企业因为压力和挑战才能战胜世界强手而获得竞争优势，它们得益于拥有国内实力雄厚的对手、勇于进取的供应商和要求苛刻的顾客。在全球竞争日益加剧的当今世界，国家越来越重要。国家的作用随着竞争的基础越来越转向创造和对知识的吸收而不断增强，国家竞争优势通过高度地方化过程得以产生和保持，国民价值、文化、经济结构、制度及历史等方面的差异均有助于竞争的成功。然而，各国的竞争格局存在明显的区别，没有任何一个国家能或将在所有产业或绝大多数产业上有竞争力，各国至多能在一些特定的产业竞争中获胜，这些产业的国内环境往往最有动力和最富挑战性。

波特将竞争优势的各个方面归为四类——要素状况、需求状况、相关和支撑产业，以及企业战略、结构与竞争等，并以此为基础构建了"国家竞争优势的钻石模型"，如图 2-3 所示。

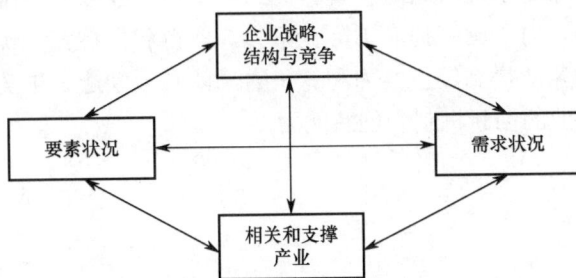

图 2-3　国家竞争优势的钻石模型

（1）要素状况。

要素状况是指适于一国在某产业竞争中获胜的生产要素状况。波特指出，虽然要素状况在贸易类型的决定中十分重要，但并不是竞争力的唯一源泉，最为重要的是一国不断创造、改进和调动其生产要素的能力，而不是要素的初始禀赋。在波特看来，高级要素比基本要素更有价值。

（2）需求状况。

需求状况是指企业在国内市场上面临的竞争及其健康程度，能在激烈竞争中生存并发展壮大的企业更可能获得竞争优势。波特指出，在促进企业提高竞争力方面，最重要的是市场的特征，而不是市场的大小。若国内消费者爱挑剔、品位较高，则有助于企业提高产品质量和服务水平，从而取得竞争优势。

（3）相关和支撑产业。

相关和支撑产业是指企业所有相关产业及供应商的竞争能力。拥有发达和完善的相关产业、支撑产业的企业在运作过程中，通过密切的工作关系、与供应商的接近、及时的产品供应和灵通的信息获得来保持优势。

（4）企业战略、结构与竞争。

企业战略、结构与竞争是指资助或妨碍企业创造和保持竞争力的国内环境。波特指出，没有任何战略是普遍适用的，战略的适用性取决于某时某地某企业有关工作的适应性和弹性。政府应为社会创造一种公平的竞争环境，激烈的竞争会迫使企业不断提高生产效率，以取得竞争优势。在动态层面上，波特认为，一国竞争优势的发展可分为四个阶段，见表2-8。

表 2-8　国家竞争优势发展的四个阶段

阶　　段	竞争优势与发展动力
要素推动阶段	竞争优势取决于一国的要素禀赋优势，即拥有廉价的劳动力和丰富的资源
投资推动阶段	竞争优势上主要取决于资本优势，大量投资可更新设备，扩大规模，增强产品竞争力
创新推动阶段	竞争优势主要来源于研发
财富推动阶段	创新竞争意识明显下降

波特提出的国家竞争优势论对于解释第二次世界大战以后的国际贸易新格局、新现象具有很大的说服力，对于国家提高国际竞争力，取得和保持竞争优势有重大的借鉴意义。根据这一理论，国家要提高经济实力和竞争力，就必须创造公平竞争的环境，重视国内市场的需求，重视企业的创新机制和创新能力。

本章小结

1. 重商主义是资本主义发展最初阶段，反映商业资本利益和要求的经济理论。重商主义的内容是：财富即货币，货币即财富；财富的直接源泉是流通领域，对外贸易必须保持顺差，重商主义的贸易政策主张是奖出限入。

2. 斯密的绝对优势理论是指一国生产一单位的某种产品所使用的资源少于另一国同类产品的生产。各国可根据本国绝对有利的生产条件（生产成本绝对低）进行专业化生产，然后彼此交换，则对所有国家都有利。

3. 李嘉图的比较优势理论是指一国生产成本相对低的优势。比较优势理论的基本思想在于，不同国家生产不同产品会存在劳动生产率或成本上的差异，各国应分工生产各自具有相对优势，即劳动生产率相对较高或成本相对较低的产品，通过国际贸易获得利益。

4. 汉密尔顿提出的关税保护理论，为落后国家进行经济自卫和与先进国家相抗衡提供了理论依据。保护幼稚工业理论考虑一国的长期利益，认为保护是短期的，短期保护的代价可以在长期得到弥补。

5. 对外贸易乘数理论主张，一国应尽可能保持顺差，把贸易顺差视为与国内投资一样，是对国民经济体系的一种注入，能对国民收入产生乘数效应。

6. 中心-外围理论认为，发展中国家的比较优势只在农产品和初级产品，长期受到不等价交换的掠夺，贸易条件不断恶化。发展中国家必须实行工业化，以改变在国际分工中的地位。

7. 贸易条件论认为增加关税等贸易保护手段限制进口、减少需求，可以降低进口商品的价格。政府收入论认为征收关税比增加国内其他税收要容易，同时还可能将一部分税负转嫁到外国生产者或出口商身上。保护就业论考虑一国的就业水平，但保护的结果不一定能使本国就业总水平上升，而只是就业机会在不同行业的再分配，并要为此付出效率损失的代价。

8. 贸易保护新理论强调了政府干预国际贸易的重要性，并强化了政府干预的理论依据，对发达国家和发展中国家的贸易政策都产生了较大的影响。

9. 当代国际贸易理论用规模经济和产品差异性来解释资源禀赋相似国家之间和同类工业产品之间的双向贸易。这种双向贸易的基础是由企业生产规模不同而产生的成本差异。林德从需求和收入的变化来解释发达国家之间工业制成品贸易的发展。

10. 第二次世界大战以后，国际贸易产生了许多新的倾向，于是出现了规模经济理论、产品生命周期理论、人力资本论、熟练劳动论、研究开发要素论、原料周期论、需求偏好相似论、产业内贸易理论和国家竞争优势论等多种国际贸易新理论。

11. 要素禀赋理论的主要思想是各国应在国际贸易体系中生产和输出本国丰裕要素密集的商品，输入本国稀缺要素密集的商品，商品贸易趋向于导致国际商品价格和要素价格的均等化。

12. 里昂惕夫之谜是对要素禀赋理论应用于实际的挑战，引发了人们从国际贸易理论到实践领域的研究热潮，推动了国际贸易理论的发展。

13. 弗农用产品生产技术的周期变化来解释各国比较优势的变化。产品生产技术发展的不同阶段对生产要素的需求不同，生产该产品的比较优势会逐渐从技术发达国家转移到劳动力充裕的国家。

第三章 国际贸易政策和措施

学习目标

- 掌握国际贸易政策的含义和类型。
- 了解非关税壁垒的含义及特点。
- 理解和掌握关税的征收方法。
- 熟悉非关税壁垒的种类。
- 理解非关税壁垒的影响。

开篇案例

2009 年以来，在扩内需、稳外需的政策作用下，尽管进出口还在下降，但我国主要出口市场份额有所上升。据海关统计，2009 年上半年，我国进出口 9 461.2 亿美元，同比下降 23.5%，其中，出口 5 215.3 亿美元、进口 4 246 亿美元，分别下降 21.8% 和 25.4%。主要呈现以下特点：

一是进出口持续 8 个月低位运行。上半年，月度进出口持续呈两位数负增长，但 6 月当月出口和进口降幅均较上月有所减小，其中出口减少 5 个百分点，进口减少 12 个百分点，进口起步的态势有所显现。

二是我国企业竞争力和国际市场份额总体稳定。在出口退税率上调等政策支持下，我国劳动密集型商品的国际竞争力显现，出口降幅小于总体出口降幅，服装、箱包、鞋类和家具出口额只有总体降幅的 1/3 ~ 1/2。在美、日市场的份额有所上升，前 5 个月同比分别提高 4.1 个百分点和 3.6 个百分点。

三是顺差下降，贸易平衡有所改善。上半年累计贸易顺差 969.3 亿美元，同比下降 0.5%，虽然仍保持一定顺差，但与 2007 年和 2008 年同期比较已呈减少趋势。上半年对欧盟、美国等主要贸易伙伴的顺差分别减少 34.7% 和 17.6%，进一步改善贸易平衡状况，也是近几年我国宏观经济政策追求的重要目标之一，保持进出口贸易的平衡就会改善我国国际收支总体状况，促进货币政策更好的实施，也有利于平衡稳健贸易政策的实施。

四是进出口商品价格出现下跌。价格因素对进出口的影响日益明显，6 月出口价格降幅已经扩大到 8.4%，进口价格降幅有所收窄，但仍达 15%，累计下跌 17.2%，是导致进出口额下降的主要原因。

为稳定外需、扩大出口，各部门采取了一系列政策措施：推进贸易便利化；提高货物通关和检验检疫效率；减免农产品出入境检验检疫费和纺织服装出口检验费；调整了出口收结汇联网核查制度；加大财税支持力度，连续 7 次提高部分产品出口退税率；出台了短期出口信用保险的支持政策，降低费率，扩大覆盖面，上半年短期出口信用的保险规模已经增长了 31%；支持中小企业开拓国际市场，培育出口品牌，建立自主营销网络；改善对进出口的金融服务，鼓励和支持信贷担保机构为中小企业贸易融资提供担保，落实扩大信贷担保覆盖面，降低保险费率政策；营造良好的国际贸易环境，加快自由贸易区建设；积极推动多哈回合谈判，坚决反对贸易保护主义；成功应对多起贸易摩擦大案。[①]

在国际贸易中，由于不同国家政治制度、经济发展水平存在较大差异，进出口贸易活动对一国经济有着不同的影响，各国政府出于各种不同的目的，运用经济、法律和行政手段，对外贸活动的方向、数量、规模、结构等进行一系列有组织的干预和调节，以保护本国经济避免受到外部的不利影响，促进本国经济稳定增长。

第一节 国际贸易政策概述

一、国际贸易政策的含义及类型

（一）国际贸易政策的含义

国际贸易政策是指一个国家或地区在一定时期内对进口贸易和出口贸易所实行的政策。

（二）国际贸易政策的类型

从国际贸易的历史考察，以国家对外贸的干预与否为标准，可以把对外贸易政策归纳为三种基本类型：自由贸易政策、保护贸易政策和管理贸易政策。

1. 自由贸易政策

自由贸易政策是指国家对商品进出口贸易不加任何干预，允许商品自由流通，在国内外市场上自由竞争的一种贸易政策。在这种贸易政策下，国家对进口商品不加限制、不设障碍，对出口商品也不给予特权和优惠，放任自由，使商品在国内外市场上自由竞争。自由贸易政策产生的历史背景是资本主义自由竞争时期（18、19 世纪），主要在英国、荷兰等首先进入资本主义，在经济上和竞争上居优势的国家实行，其主要代表人物是英国的古典经济学家亚当·斯密和大卫·李嘉图。

2. 保护贸易政策

保护贸易政策是指国家对商品进出口积极加以干预，利用各种措施限制商品进口，保护国内市场和国内生产，使之免受国外商品竞争；对本国出口商品给予优待和补贴，鼓励扩大出口的一种贸易政策。保护贸易政策在不同的历史阶段，由于其所保护的对象、目的和手段不同，可以分为重商主义、幼稚工业保护政策、超保护贸易政策、新贸易保护主义。

---

① 刘丁有. 国际贸易理论与实务 [M]. 北京：中国人民大学出版社，2018.

3. 管理贸易政策

管理贸易政策又称为协调贸易政策，是指国家对内制定一系列的贸易政策、法规，加强对外贸易的管理，实现一国对外贸易的有秩序的、健康的发展；对外通过谈判签订双边、区域及多边贸易条约或协定，协调与其他贸易伙伴在经济贸易方面的权利与义务。管理贸易政策是 20 世纪 80 年代以来，在国际经济联系日益加强而新贸易保护主义重新抬头的双重背景下逐步形成的。

在这种背景下，为了既保护本国市场，又不伤害国际贸易秩序，保证世界经济的正常发展，各国政府纷纷加强了对外贸易的管理和协调，从而逐步形成了管理贸易政策或者说协调贸易政策，是一种协调和管理兼顾的国际贸易体制，是各国对外贸易政策发展的方向。

▶▶ 二、国际贸易政策的历史演变

（一）重商主义的对外贸易政策

1. 重商主义的含义

重商主义是资本主义生产方式准备时期，代表欧洲商业资本利益的经济思想和政策体系，它追求的目的就是在国内积累货币财富，把贵重金属留在国内，在对外贸易上采取国家干预的，强制的保护贸易政策。例如，执行重商主义政策的国家在对外贸易上采取强制性贸易保护政策。

重商主义的发展经历两个阶段：早期称为重金主义（约从 15 世纪—16 世纪中叶），即绝对禁止贵重金属外流。为此，当时执行重商主义政策的国家禁止货币出口，由国家垄断全部货币贸易，外国人来本国进行贸易时，必须将其销售货物所得到的全部款项用于购买本国的货物。早期的重商主义学说以英国人威廉·斯塔福为代表。

晚期重商主义（16 世纪下半叶—17 世纪）的政策是奖出限入，采用保护贸易政策，实行外贸管制；制定相关的法律来减少外国制成品的进口，并努力扩大本国农产品和工业品的出口；规定出售本国商品所得必须大于购买外国商品的所得；为实现贸易顺差，发展工场手工业和航运业，并实行殖民扩张纲领。该政策的主要代表人物为托马斯·孟，其认为对外贸易必须做到商品的输出总值大于输入总值（卖给外国人的商品总值应大于购买他们商品的总值），以增加货币流入量。16 世纪下半叶，西欧各国力图通过实施奖励出口，限制进口，即奖出限入的政策措施，保证对外贸易出超，以达到金银流入的目的。

2. 重商主义的历史作用

在西欧，如英、法等国由于实行了重商主义政策，积累了大量货币资本，促进了商品经济和资本主义工场手工业的发展，为资本主义生产方式的成长创造了必要的前提。在今天，重商主义的国家干预经济的思想，称为原始的国家干预主义，成为凯恩斯经济政策思想的先导。重商主义对发展顺差外贸和转口贸易的重视及在外贸中运用保护关税政策以促进本国商品出口的思想，对实行市场经济的国家，仍有很大的借鉴作用，要发展市场经济，无疑应重视对外贸易的作用，以此推动经济向外向型发展。

重商主义的时代虽然还是封建主义时代，但是随着生产的增长，商品货币关系已经得到了相当的发展，商业资本的活动范围已十分广泛。商业发展推动人们去积累货币，因为货币作为一般等价物，可以购买任何一种商品，成了社会财富的一般代表。作为商业资本代言人的重商主义者，不可能超出当时那种对货币和财富看法的粗陋水平，他们坚持交换价值的、坚实的、可以捉摸的和闪闪发光的形式，坚持它同一切特殊商品对立的一般商品的形式。因此，他们宣布金银即货币是唯一的财富。这样，他们就把货币当作商品流通的最终目的，也就是把在流通领域获得交换价值或"抽象财富"当作决定生产的目标和推动生产的动机。

重商主义者关于货币和财富的观点，表明了他们根本不理解货币的起源和本质，从而也不可能理解财富的真正源泉。货币不过是商品生产和商品流通发展的产物，是交换价值发展的必然结果。货币虽然也是商品，但和一般商品不同，它是充当一般等价物的特殊商品。随着商品生产和交换的发展，交换价值就在货币上取得了完成的姿态。这是由于金银具有充当货币材料最合适的属性，一般等价物最后才固定地由金银来充当。

（二）自由竞争资本主义时期的对外贸易政策

英国是最早实行自由贸易政策的国家，它最先完成产业革命，是 19 世纪最强大的工业国家，1850 年其工业产量占世界 30%；同时英国又是最大的殖民帝国，版图占地球陆地面积四分之一，殖民地面积超过本土 10 倍。英国成为世界工厂，商品销向全世界，原料、食品购自全世界，这就决定英国必须冲破国内保护贸易的限制，积极推行自由贸易政策。其主要成果：

1. 改革关税制度

1842 年，英国进口项目共有 1 052 个，1859 年，减至 419 个，1860 年，减至 48 个，以后又减至 43 个，把极复杂的关税则加以简化，绝大部分进口商品不予征税，并基本上废除出口税。

2. 签订自由通商条约

1860 年的英法通商条约以及后来的英意、英荷、英德等通商条约，相互提供最惠国待遇。相互提供最惠国待遇，放弃贸易歧视，意味着英国自由贸易政策在国际上的胜利。

3. 废除谷物条例

该条例是当时重商主义保护贸易的重要立法，为保持国内粮食价格处于较高水平，用征收滑准关税的办法，限制谷物进口。经过工业资产阶级与地主贵族之间的长期斗争，该条例终于在 1846 年废除，工业资产阶级从中获得降低粮价、降低工资的利益，被视为英国自由贸易的最大胜利。

4. 取消对殖民地的贸易垄断

解散特权贸易公司，开放殖民地市场，把殖民地贸易纳入自由贸易体系。法国是当时第二个工业强国，从 19 世纪中叶起也逐渐倾向于自由贸易。1853—1855 年，法国曾降低煤、铁、钢材、羊毛、棉花进口税，1860 年全部取消禁止进口货单，接着又废除出口奖励金，降低原料进口税，并同一些国家签订旨在推进自由通商的商约。德国工业落后，直到 19 世纪 60 年代才逐渐放松以关税为主要工具的保护政策，出现自由贸易倾向。从 1865 年修改关税法开始，1867 年修改关税同盟条约，以后又废除出口税及部分进口税，降低进口税率。关税壁垒政策具有自由色彩，体现在美国南方种植园主用农产品出口换回低价工业品，北方胜利后，就保护贸易方面，美国不断提高工业品进口关税，就工业品贸易来说，美国并未出现自由贸易时代。

自由贸易政策的历史地位：促进了英国经济和对外贸易的迅速发展，使英国经济跃居世界首位；自由贸易理论为自由贸易正常制造了舆论，成为自由贸易政策确定的有力武器。

（三）侵略性保护贸易政策

侵略性保护贸易政策（19 世纪 70 年代—第二次世界大战结束），是指保护国内高度发展或出现衰退的垄断工业，保护和加强对国内外市场的垄断，并在垄断国内市场的基础上向国外市场实施进攻性的扩张。1873 年的世界经济危机，标志着资本主义制度开始由自由竞争阶段向垄断阶段过渡。生产和资本集中达到一定规模必然造成垄断，必然出现由大企业之间协议或联合组成的垄断组织。垄断削弱了自由贸易，国际经济制度发生了巨大的变化，经济危机使市场问题进一步尖锐化。

侵略性保护贸易政策的代表人物是凯恩斯，英国资产阶级经济学家，凯恩斯主义创始人，重商主义的推崇者，曾担任过英国财政大臣顾问，英格兰银行董事和人寿保险公司董事长。凯恩斯先是自由贸易主义的拥护者，经济大危机后成为超保护贸易论的代表人物。

侵略性保护贸易政策的主要观点是：经济危机是由于有效需求不足引起的；有效需求不足是由边际消费倾向递减规律、资本边际斜率递减规律和灵活偏好规律造成的；只有国家干预经济才能解决有效需求不足；政府实行超保护贸易政策，争取外贸顺差。

投资乘数论：$K=1/（1-b）$，其中 b 为边际消费倾向，$b=\Delta c/\Delta Y$，Δc 为消费增量，ΔY 为国民收入增量。可见，边际消费倾向越大，支出的乘数效应也越大；也就是说，在乘数原理的作用下，政府每增加一笔支出 ΔG，经济就相应增加了 K 倍于 ΔG 的国民收入，即 $K \cdot \Delta G$。为了达到增加国民收入，促进经济增长的目的，政府实行扩张性的财政政策，就一定会不断扩大政府支出规模。凯恩斯最后得出结论：市场中不存在一个能把私人利益转化为社会利益的看不见的手，经济危机和失业不可能消除，只有依靠看得见的手，即政府对经济的全面干预，才能摆脱经济萧条和失业问题。为此，凯恩斯主张政府通过收入分配政策刺激有效需求来达到充分就业，为刺激社会投资需求的增加，他主张政府采取扩大公共工程等方面的开支，增加货币供应量，实行赤字预算来刺激国民经济活动，以增加国民收入，实现充分就业。

（四）第二次世界大战后对外贸易政策的变化

第二次世界大战后，发达资本主义国家的对外贸易政策中，先后出现两种主要倾向：贸易自由化和新贸易保护主义。20 世纪 50 年代到 70 年代初期，主要是贸易自由化倾向；从 70 年代中期到 90 年代，贸易保护主义重新抬头，在贸易自由化趋势继续发展的同时，出现新贸易保护主义。90 年代以来，随着世界经济的好转和经济全球化的加速，贸易自由化在已有的基础上，进一步向纵深发展，成为世界各国对外贸易政策的主流。

1. 贸易自由化

贸易自由化是指国家之间通过多边或双边的贸易条约与协定，削减关税壁垒，抑制非关税壁垒，取消国际贸易中的障碍与歧视，促进世界货物和服务的交换与生产。第二次世界大战后贸易自由化的主要特点：美国成为战后贸易自由化的积极推行者，成为世界上最强大的经济和贸易国家；各国经济的恢复与发展为战后贸易自由化建立了物质基础；战后贸易自由化是在国家垄断资本主义日益加强的条件下发展起来的，因而带有浓重的政府干预色彩。各种区域性贸易集团、关税及贸易总协定的建立都是以贸易自由化为宗旨的；战后贸易自由化发展不平衡，发达国家之间贸易自由化超过它们对发展中国家和社会主义国家的贸易自由化，区域经济贸易集团内部的自由化超过集团对外的贸易自由化。不同商品贸易自由化程度也不同：工业制成品的贸易自由化超过农产品的贸易自由化，机械设备的贸易自由化超过工业消费品的贸易自由化；战后贸易自由化促进了世界经济的迅速发展。

2. 新贸易保护主义

新贸易保护主义形成于20世纪70年代中期，是对第二次世界大战后贸易自由化倾向的反省，资本主义国家经历了两次经济危机，经济出现衰退，陷入滞胀的困境，就业压力增大，市场问题日趋严重。尤其是在战后贸易自由化中起领先作用的美国，在世界市场的竞争中，日益面临着日本和欧共体国家的挑战，从20世纪70年代开始，从贸易顺差转为逆差，且差额迅速上升。在这种情况下，美国率先转向贸易保护主义，并引起各国纷纷效尤，致使新贸易保护主义得以蔓延和扩展。

新贸易保护主义之所以称为"新"，是因为与传统的贸易保护主义相比，在保护手段上具有显著的特点：保护措施由过去以关税壁垒和直接贸易限制为主逐渐被间接的贸易限制所取代；政策重点从过去的限制进口转向鼓励出口，双边与多边谈判和协调成为扩展贸易的重要手段；从国家贸易壁垒转向区域贸易壁垒，实行区域内的共同开放和区域外的共同保护。

▶▶ 三、一国对外贸易政策选择的因素

（一）经济力量的强弱

一个国家在经济发展的不同阶段，其国内的生产力水平和发展目标不同，制约着对外贸易政策；一个国家在世界市场上的地位和力量对比制约着对外贸易政策。由于经济发展不平衡规律的作用，各国的对外贸易政策会随着各国的经济实力地位和力量对比的变化而调整变化。

（二）经济发展战略的选择

从资本主义经济发展的规律来看，资本主义各国的经济发展总是呈周期性变化、波浪式前进的。资本主义经济发展的周期性变化，在不同阶段中，其国内经济状况不同，总经济政策不同，必然引起对外贸易政策的调整。

（三）利益集团的影响

一个国家的对外贸易政策是国家意志或统治阶层意愿的外在表现形式。因此，统治集团内部的矛盾和斗争、政权的更迭，也会带来对外贸易政策的变化。一般说来，商品市场主要在国外的一些资产阶级利益集团，主张贸易自由化；相反，商品市场主要在国内的，并受到进口商品激烈竞争的资产阶级利益集团，则主张限制进口，实行保护贸易政策。

▶▶ 四、发展中国家的贸易政策

（一）进口替代发展战略与保护政策

1. 进口替代发展战略的含义

进口替代发展战略也称内向型的经济发展战略，是指通过建立和发展本国的制造业，

实现对进口制成品的替代，以达到加快工业化进程和减少对国外经济依附的目的。最早出现在第一次世界大战开始时拉丁美洲的巴西、阿根廷等几个国家，作为资本主义发达国家的德国，也曾一度加以推崇。第二次世界大战后，获得政治独立的发展中国家面临摆脱外国资本控制，以经济上的独立确保政治上独立的紧迫任务，因而大都把经济多元化和快速增长作为经济发展的重要战略目标，把工业化作为发展的战略重点和实现战略目标的主要途径，因此，许多国家都树立起明确的工业化目标，采取了进口替代的经济发展战略。

拉丁美洲国家实行此种战略的时间较长，从 20 世纪 50 年代直到 20 世纪 80 年代；东亚国家和地区在 20 世纪 50 年代初至 60 年代初，东南亚国家在 20 世纪 50 年代中期至 70 年代初也曾主要实施这种战略；非洲国家独立后，在实施初级产品出口战略的同时，也推进口替代的发展战略，但主要是发展以本国原料为主的加工工业和日用品生产，见表 3-1。

表 3-1 进口替代发展战略的两个阶段

阶段	特点	行业	需求	难度
第一阶段	建立和发展一般消费品工业	收音机、自行车、纺织品，一般家用电器和食品加工	较少的资金和专业的人才需求	容易实施和成功
第二阶段	建立和发展重工业	炼钢轧钢，石油提炼，机械设备制造等工业	资金规模大，较多的资金和专业的人才需求	难度较大，目前仍有相当一部分发展中国家尚未完成这个阶段

2. 进口替代发展战略的主要经济措施

（1）加强进口限制，提高进口关税。

运用贸易壁垒、进口许可证、进口数量限制和信用证押金制度等手段，对国内重点扶持和发展的产品的进口课以高额关税，并在数量上予以严格限制，即使是准许进口类似的物品，各国和地区也有权指定外汇来源、采购地区、货物等级和价格以及进口商等事项；对进口替代工业所需的生产资料，尤其是原料和机器设备等则课以较低关税，在数量上也尽可能放宽。

（2）对替代产业实行减免的税收政策。

（3）高估本国货币对外国货币的汇率。

效果：进口替代发展战略的制定和实施，不仅使第二次世界大战后初期困扰东亚国家和地区经济发展的高通货膨胀率和失业率等日趋得到缓和与抑制，而且增强了各国或地区的经济实力，为以后的经济起飞创造了坚实的物质基础，也有力地促进了拉丁美洲国家商品经济的发展。

3. 进口替代经济发展战略的局限性

首先，它是一种内向型的经济战略，主要依靠内需来带动经济的发展。当发展中国家的国内市场，特别是轻工业品的消费基本都发展到已接近饱和的状态时，经济就难以获得更进一步的发展。

其次，它着眼于当前需要的日用消费品的生产，大多是附加值较低的农产品、水产品和矿产品等初级产品，这些产品对自然条件敏感性大，生产和出口增长率一般都较低，换汇能力也很有限，加上需要进口大量的原材料和机器设备，因此极易导致国际收支的严重失衡。

最后，它要求采取高度的贸易保护政策，在短期内，这些措施有利于国内相关部门免遭外来商品的冲击，得到正常的发展，但是从长期和根本上来说，却削弱了这些企业的国际竞争能力，妨碍了它们改进生产技术、提高经营水平、增强自身适应能力的步伐，从而使事关企业生存的关键因素——劳动生产率，无法得到大幅度的提高和根本性的改观。

（二）出口导向发展战略与扶持政策

1. 出口导向发展战略的含义

出口导向发展战略也称为外向型的经济发展战略，是指以大量的商品出口为导向，把经济活动的重心从以本国或本地区市场为主转向以国际市场为主，进而推动整个国民经济或地区经济的发展。从国内看，时间不等的进口替代战略为它们的战略转换创造了良好的条件，如工业基础较好以及丰富而廉价的劳动力资源等；从国际方面来说，当时出现了极其有利的国际经济环境，科技革命的发生、资本主义技术工业产品生产的周期规律、国际贸易的扩大、能源及原材料的廉价供应等，都为出口导向经济发展战略的实施提供了千载难逢的好时机。

1959—1964 年，亚洲新兴工业化国家和地区先后从进口替代的经济发展战略转向出口导向的经济发展战略，使各自的经济得到了起飞，整个国家或地区的社会经济生活也随之跃上了一个新的台阶。

2. 出口导向发展战略的主要经济措施

（1）政府对商品出口事业高度重视。

建立以出口贸易经济为中心的国民经济体系，各国或地区都成立了相关的专门负责机构，以加强对出口商品的规划、督促和引导工作。

（2）放宽进口限制，降低保护关税。

（3）对出口企业实行税收减免，甚至退还政策。

（4）在金融政策上给予特殊待遇。

如韩国将直接出口补贴改为出口信贷，其种类很多，其中主要有支援出口信贷、支援大型工业品出口信贷、支持非信用证方式出口信贷、卖方信贷、创汇用原材料及设备进口信贷、外汇支付担保制、中长期出口工业设备贷款、扶植中小企业出口信贷和使用国产原材料信贷等。此外还有资金融通方面的若干规定。

（5）促使货币进一步贬值。韩国实行了货币贬值和汇率上调的政策。

3. 出口导向发展战略的影响

积极影响：能为亚洲新兴工业化国家和地区的经济起飞创造条件；通过出口导向战略的实施，亚洲新兴工业化国家和地区的经济运行被纳入整个世界经济的循环体系之中，从而大大提高了它们的国际经济地位和国际竞争能力；产业结构得到明显改善；扩大了贸易，尤其是出口贸易的规模。

消极影响：较高的对外贸易依存度，使施行出口导向经济发展战略的亚洲新兴工业化国家和地区的经济较严重地受到了世界经济，尤其是美国经济的影响，当发达国家经济景气，需求旺盛，推动出口增加时，亚洲四国和地区的经济便随之跃升；而一旦发达国家经济陷入萧条困境，需求锐减，使出口萎缩，亚洲四国和地区的经济则会随之走向衰落。

4. 出口导向发展战略与贫困化增长

贫困化增长是指发展中国家如果过分追求出口，使得出口生产的供给迅速增加，在某些情况下可能产生相反的结果，即这种出口增长不仅会严重恶化其贸易条件，还会导致该国国民福利水平的绝对下降。贫困化增长发生的前提有三个：一是该国的商品出口在世界市场上占有较大的份额；二是该国生产能力的增长主要集中在出口部门；三是国际市场对这种商品的需求弹性较低。显然，对于一个发展中大国的开放经济来说，这三个条件是基本符合的，因而更加需要警惕出现经济的贫困化增长。

判断一国是否出现贫困化增长的最主要依据就是贸易条件，贸易条件又称贸易比价或交换比价，是指一国在对外贸易中，出口一单位商品（价格、购买力、要素）所能换回的进口商品（价格、购买力、要素）之间的比率。贸易条件是一个相对的概念，在一定程度上，贸易条件能反映出该国的价格优势和竞争能力的变化趋势。实际中常用的贸易条件有四种不同形式：价格贸易条件、收入贸易条件、单要素贸易条件以及双要素贸易条件。

第二节 关税政策

一、关税概述

（一）关税的概念

关税是指一国海关根据该国法律规定，对通过其关境的引进出口货物征收的一种税收。关税在各国一般属于国家最高行政单位指定税率的高级税种，对于对外贸易发达的国家而言，关税往往是国家税收乃至国家财政的主要收入。政府对引进出口商品都可征收关税，但进口关税最为重要，是主要的贸易措施。

（二）关税的特点

关税是税收的一种，是国家财政收入的一个重要组成部分。与其他税收一样，其有强制性、无偿性和预定性（固定性）。强制性是指关税由海关凭借国家权力依法强制征收，纳税人必须无条件地履行纳税义务；无偿性是指海关代表国家征收关税后，无须给予纳税人任何补偿；预定性是指国家通过有关法律事先规定征税对象和税率，海关和纳税人不得随意变化和减免。关税又是一种间接税，其征税的对象是进出口货物和物品，税额是由进出口商先行支付，最终在商品纳税时追加到进出口商品上，转嫁给消费者。

（三）关税的作用

关税作为对外贸易政策执行的重要手段，对国民经济会产生极大影响，具体来看，可以起到以下作用：

（1）增加财政收入。海关征收关税后，即上缴国库，成为国家财政收入。随着社会经济的发展及贸易自由化的推进，关税在财政收入中的比重和作用逐渐降低，现在只有少数财政极为困难的发展中国家，仍把关税作为财政收入的重要来源。

（2）保护国内产业和国内市场。进口关税通过增加进口商品的成本，提高进口商品的价格，削弱其在进口国国内市场的竞争力，从而减少进口商品的数量，以达到保护本国同类产业或相关产业的生产和市场的目的。对出口商品征收关税，可以抑制这些商品的输出，防止本国资金的大量流失，保证本国国内市场的供应。目前，关税措施是世贸组织允许各成员方使用的保护国内产业的重要政策工具。

（3）调节进出口商品结构和国内经济。关税税率的高低和减免可以直接影响着一国的对外贸易规模与结构，进出口商品的种类和数量在关税的调解下，可以有效地保持市场供求平衡，稳定国内市场价格，保持国际收支平衡。

（4）关税是进行国际经济斗争和政治斗争的手段。主权国家可以运用关税来调整本国和其他国家的经济贸易，从而影响政治关系。国家通过优惠关税，可以促进友好贸易往来，改善国际关系，通过关税壁垒和差别歧视待遇可以限制对方国家的商品进口，并在与对外谈判中施加压力，迫使对方让步。

▶▶ 二、关税的主要划分

（一）按照征收对象，关税可分为进口税、出口税和过境税

1. 进口税

进口税是指海关在外国货物进口时所课征的关税，进口税通常在外国货物进入关境或国境时征收，或在外国货物从保税仓库提出运往国内市场时征收。现今世界各国的关税，主要是征收进口税，征收进口税的目的在于保护本国市场和增加财政收入。

2. 出口税

出口税是指海关在本国货物出口时所课征的关税。为了降低出口货物的成本，提高本国货物在国际市场上的竞争能力，世界各国一般少征或不征出口税。但为了限制本国某些产品或自然资源的输出，或为了保护本国生产、本国市场供应和增加财政收入，以及某些特定的需要，有些国家也征收出口税。

3. 过境税

过境税又称通过税，是对外国货物通过本国国境或关境时征收的一种关税。过境税最早产生并流行于欧洲各国，主要是为了增加国家财政收入而征收的。后来随着各国的交通事业发展，各国在货运方面竞争激烈，再征收过境税，不仅妨碍国际商品流通，而且还减少了港口、运输、仓储等方面的收入，于是自19世纪后半期起，各国相继废止征收。1921年，资本主义国家在巴塞罗那签订自由过境公约后，便废除了过境税的条款。第二次世界大战后，关贸总协定规定了"自由过境"的原则。目前，大多数国家对过境货物只征收少量的签证费、印花费、登记费和统计费等。

（二）按照征收目的，关税可分为财政关税和保护关税

1. 财政关税

财政关税又称收入关，是以增加国家财政收入为主要目的而课征的关税。财政关税的税率比保护关税低，因为过高就会阻碍进出口贸易的发展，达不到增加财政收入的目的。随着世界经济的发展，财政关税的意义逐渐降低，而被保护关税所代替。

2. 保护关税

保护关税是以保护本国经济发展为主要目的而课征的关税。保护关税主要是进口税，

税率一般较高。通过征收高额进口税，使进口商品成本较高，从而削弱它在进口国市场的竞争能力，甚至阻碍其进口，以达到保护本国经济发展的目的。保护关税是实现一个国家对外贸易政策的重要措施之一。

（三）按照差别待遇和特定的实施情况，关税可分为进口附加税、差价税、特惠税和普遍优惠制

1. 进口附加税

它是指除了征收一般进口税，还根据某种目的再加征额外的关税。征收进口附加税的目的主要是应对国际收支逆差、维持进出口平衡和防止外国商品的低价倾销，对某个国家实行歧视或报复。进口附加税主要有反倾销税、反补贴税、紧急关税、惩罚关税和报复关税。

（1）反倾销税。

反倾销税是对实行倾销的进口货物所征收的一种临时性进口附加税。征收反倾销税的目的在于抵制商品倾销，保护本国产品的国内市场。因此，反倾销税税额一般按倾销幅度征收，由此抵消低价倾销商品价格与其正常价格之间的差额。按《反倾销守则》的规定，对某进口商品征收反倾销税有三个条件：倾销存在；倾销对进口国国内已建立的某项工业造成重大的损害或产生重大的威胁，或者对某一国内工业的新建产生严重阻碍；倾销进口商品与所称损害之间存在因果关系。进口国只有经充分调查，确定某进口商品符合上述征收反倾销税的条件，方可征收反倾销税。反倾销税的纳税人为倾销进口产品的进口经营者。

虽然关贸总协定制定了《反倾销守则》，但其执行主要依赖各签字国的国内立法规定，因而具有很大的随意性。随着关税壁垒作用的削弱，各国越来越趋向于利用反倾销手段，对进口产品进行旷日持久的倾销调查及征收高额反倾销税来限制商品进口。

（2）反补贴税。

反补贴税又称反津贴税、抵消税或补偿税，是指进口国为了抵消某种进口商品在生产、制造、加工、买卖及输出过程中接受的直接或间接奖金或补贴而征收的一种进口附加税。征收反补贴税的目的在于提高进口商品的价格，抵消其所享受的贴补金额，削弱其竞争能力，使其不能在进口国的国内市场上进行低价竞争或倾销。

关贸总协定《补贴与反补贴税守则》规定，征收反补贴税必须证明补贴的存在及这种补贴与损害之间的因果关系。如果出口国对某种出口产品实施补贴的行为对进口国国内某项已建的工业造成重大损害或产生重大威胁，或严重阻碍国内某一工业的新建时，进口国可以对该种产品征收反补贴税。

反补贴税税额一般按奖金或补贴的数额征收，不得超过该产品接受补贴的净额，且征税期限不得超过5年。对于接受补贴的倾销商品，不能同时既征反倾销税又征反补贴税。

（3）紧急关税。

紧急关税是指当某种外国商品在短期内大量涌入进口国市场，对进口国国内同类产品生产造成了重大损害或产生重大损害威胁时，进口国为保护国内生产和市场而对该商品征收的一种进口附加税。由于紧急关税是在紧急情况下征收的，是一种临时性关税，因此当紧急情况缓解后，紧急关税必须撤除，否则会受到别国的关税报复。

关税及贸易总协定第19条规定了"对某些产品进口的紧急措施"，以规范各成员国紧急关税措施的采用；根据世界贸易组织《保障措施协议》的规定，当一缔约方因为履行贸易自由化承诺，导致来自其他成员方的某一产品进口量激增，并对国内同类或相似产品造成严重损害或严重损害威胁时，进口国可以采取限制进口数量或征收临时性进口关税的手段，缓解进口对国内同类产品的竞争压力。

（4）惩罚关税。

惩罚关税是指出口国某商品违反了与进口国之间的协议，或者未按进口国海关规定办理进口手续时，由进口国海关向该进口商品征收的一种临时性的进口附加税。这种特别关税具有惩罚或罚款性质。

（5）报复关税。

报复关税是指一国为报复他国对本国商品、船舶、企业、投资或知识产权等方面的不公正待遇，对从他国进口的商品所课征的进口附加税。通常在对方取消不公正待遇时，报复关税也会相应取消。

2. 差价税

差价税又称差额税，是指当某种本国生产的产品的国内价格高于同类的进口商品价格时，为了削弱进口商品的竞争能力，保护国内生产和国内市场，按国内价格与进口价格之间的差额征收关税。它是一种滑动关税。典型的例子是欧共体国家对农产品进口征收关税。欧共体成立后，为促进本地区农业的发展和保护农场主的利益，实施共同农业政策（CPA），制定了农产品的目标价格作为干预农产品市场的标准，目标市场高于世界市场价格。为了免受外来低价农产品的冲击，欧共体对农产品实行差价税。

3. 特惠税

特惠税又称优惠税，是指对某个国家或地区进口的全部商品或部分商品，给予特别优惠的低关税或免税待遇。但它不适用于从非优惠国家或地区进口的商品。特惠税有的是互惠的，有的是非互惠的。最有影响的是洛美协定国家之间的特惠税，是目前世界上免税程度最大的一种特别优惠的关税，它是欧共体（现欧盟）向参加协定的非洲、加勒比海和太平洋地区的发展中国家单方面提供的特惠关税。按照洛美协定，欧共体在免税、不限量的条件下，接受受惠国的全部工业品和96%的农产品，而不要求受惠国给予反向优惠。

4. 普遍优惠制

普遍优惠制简称普惠制，它是发展中国家在联合国贸易与发展会议上经过长期斗争，在1968年通过建立普惠制决议后取得的。该决议规定，发达国家承诺对从发展中国家或地区输入的商品，特别是制成品和半成品，给予普遍的、非歧视性的和非互惠的优惠关税待遇。普惠制的目的是通过给惠国对受惠国的受惠商品给予减免关税优惠待遇，使发展中的受惠国增加出口收益，促进其工业化水平的提高，加速国民经济的增长。普惠制实施50多年来，确实对发展中国家的出口起了一定的积极作用。但由于各给惠国在提供关税优惠的同时，又制定了种种烦琐的规定和严厉的限制措施，使得建立普惠制的预期目标还没有真正达到。广大发展中国家尚需为此继续斗争。

▶▶ 三、关税的征收

（一）关税征收的依据

各国征收关税的依据是海关税则。海关税则也称关税税则，是一国对海关计征关税的规章和对进出口应税与免税商品加以系统分类的一览表。海关税则一般包括两个部分：一是海关课征关税的规章条例及说明；二是关税税率表。关税税率表是海关税则的主要内容，包括三部分：税号、货物分类目录、税率栏目。海关税则按照不同的分类标准可以进行不同的分类。

（1）按照税率表的栏数，可以分为单式税则和复式税则。单式税则又称一栏税则，指一个税目只定有一个税率，适用于来自任何国家的商品，目前只有少数发展中国家如委内瑞拉、巴拿马、冈比亚等仍实行单式税则；复式税则又称多栏税则，指在一个税目下设有两个或两个以上的税率，分别适用于不同国家或地区。为了发挥关税的综合作用，体现贸易政策的差别，世界上大多数国家都相继实行了复式税则。

（2）按照各国制定税则的权限不同，可分为自主税则和协定税则。自主税则又称国定税则，是指一国立法机构根据关税自主原则单独制定并有权加以变更的关税税率，自主税则可以是一栏的，也可以是多栏的；协定税则是指一国政府通过与其他国家订立贸易条约或协定的方式确定关税税率，这种税则是在本国原有的固定税则基础上，通过关税减让谈判，另行规定一种税率，它通常要比自主税率低。协定税则不仅适用于该条约或协定的签字国，而且某些协定税率也适用于享有最惠国待遇的国家。

（二）关税征收的程序

征收关税的程序，即通关手续，又称报关手续，通常包括申报、查验、征税、放行四个基本环节。具体来讲：是指进出口商在进出口商品时要向海关申报出口或进口，提交进出口货物的报关单以及有关证明，接受海关的监督与检查，履行海关规定的手续；海关按照有关法令和规定，查验审核有关单证和货物，计算进出口税额；进出口商结清应征税额和其他费用，海关在有关单证上签印，以示货物可以通关放行。

通常进口商在货物到达后所规定的工作日内办理通关手续。如果进口商对于某些特定的商品，如水果、蔬菜、鲜鱼等易腐商品，要求货到时立即从海关提出，可在货到前先办理提货手续，并预付一笔进口税，至次日再正式结算进口税。如果进口商想延期提货，在办理存栈报关手续后，可将货物存入保税仓库，暂时不缴纳进口税。在存仓期间，货物可再行出口，就不必付进口税，如打算运往进口国国内市场销售，在提货前必须办理通关手续。

货物到达后，进口商如在规定日期内未办理通关手续，海关有权将货物存入候领货物仓库，期间一切责任和费用均由进口商负责。如果存仓货物在规定期间内仍未办理通关手续，海关有权处理该批货物。

（三）关税征收的方法

关税的征收方法又称征收标准，是各国海关计征进出口商品关税的标准和计算方法，主要有从量税、从价税、混合税、选择税。

1. 从量税

从量税是按照商品的重量、数量、长度、面积和容量等计量单位为标准计征的关税。它的计算公式为：从量税额=商品数量×每单位从量税。各国大多以商品的重量为单位征收从量税，但各国应纳税的商品重量计算方法不同，一般有毛重、净重和半毛重。毛重是按照包括商品内外包装在内的总重量计征税额；净重是按商品总重量扣除内外包装后的重量计征税额；半毛重是按商品总重量扣除外包装后的重量计征税额。

从量税的优点：以货物计量单位作为征税标准，手续简便；对数量众多、价值低廉的商品进口的限制作用较大，因为单位税额固定，不论商品质量和价格如何，征收同样的税额；可以防止外国商品低价倾销或为逃避关税有意压低进口商品价格的情况。

从量税的缺点：税率固定，税赋不合理，同一税目下的商品无论质量好坏、价格高低按统一税率征收，对于质好价高的商品的限制作用较小；不能随着价格的变动而及时调整，当价格上涨时，其保护作用削弱。

从量税的征收对象只适用谷物、棉花等大宗初级产品和标准化产品，对某些商品如艺术品及贵重商品等不适用。

2. 从价税

从价税是以进口商品的价格为标准计征的关税，其税率表现为货物价格的一定百分率，它是世界各国最常采用的征税方法。其计算公式为：从价税额=商品总值×从价税率。

征收从价税时，其重要前提是确定进口商品的完税价格。所谓完税价格是经海关审定的，作为计征关税的货物价格，它是决定税额多少的重要因素。各国对完税价格的确定标准各不相同，大体上有以下三种：一是以装运港船上交货价（FOB）作为征税标准；二是以成本加运费、保险费价格（CIF）作为征税标准；三是以法定价格或进口官方价格作为征税标准。

为了防止各国利用确定完税价格的差异进行贸易壁垒，关贸总协定东京回合达成了《海关估价协议》，规定了具体的海关估价原则和方法：海关对进出口商品的估价应以进口商品或相同商品的实际价格为准，而不得以本国产品的价格或者以武断的、虚构的价格作为计征关税的依据。实际价格是指在进口国立法确定的某一时间和地点，在正常贸易过程中，处于充分竞争条件下，某一商品或相同商品出售或兜售的价格。当实际价格无法按上述规定确定时，应以可确定的最接近实际价格的相应价格作为完税依据。

从价税的优点：税赋合理，从价税与商品的价格成正比，同类商品质高价高的税额也高，在一定程度上对价格高的商品的进口起到了限制作用；当物价上涨时，税款也会相应增加，此时财政收入和保护作用均不受影响；适用性广，基本上所有商品都可采用这种计征方法；税赋明确，特别是在关税水平、关税保护程度上，便于各国进行比较与谈判。

从价税的最主要的缺点就是完税价格的标准不一致，增加了海关的工作量，从而增加了通关进程的速度，也容易因完税价格的确定发生贸易纠纷。

3. 混合税

混合税又称复合税，是对某种进口商品同时采用从量税和从价税相结合的计征关税方法。其计算公式为：混合税额=从量税额±从价税额。混合税常用于耗费原材料较多的工业制成品。计征时有两种形式：一种是以从量税为主加征从价税，另一种是以从价税为主加征从量税。

混合税的优点在于兼有从价税和从量税的优点：当物价上涨时，混合税所征税额比单一从量税多；在物价下跌时，又比单一从价税多。但是，混合税手续复杂，而且从价税和从量税的比例难以掌握。

4. 选择税

选择税就是对同一种进口商品同时规定从量税和从价税两种税率。在征税时，海关一般选择一种税额较高的税率进行计征。但有时为了鼓励进口，也会选择其中税额较低的一种来计征关税。

选择税的最大优点是具有很强的灵活性，其缺点是很难把握，也容易引起其他国家的争议，所以很少采用。

▶▶ 四、关税的效应

（一）关税的价格效应

一个国家对进口商品课征关税的结果立即会表现为对价格的影响。商人在其商品被课以关税后，总是要设法把关税税负转嫁出去，这就会引起进口国国内外市场份额的变化，对进口货品征收关税产生的价格影响，称为关税的价格效应。但进口国为贸易大国或是贸易小国，征收关税产生的价格效应并不完全相同。

贸易小国是指进口数量在整个国际贸易的货品中所占比例很小，因此贸易小国在国际市场上只能是"价格接受者"。当贸易小国对进口货品课征关税，由于其进口数量占国际市场销售总量的比例很小，进口品数量的多少对国际市场的价格影响很小，关税税负完全转由进口国的消费者承担，关税的价格效应完全表现在进口国国内市场价格的提高上。

贸易大国征收关税的情况与贸易小国的情况不同。贸易大国征收关税后，一方面导致进口国国内市场销售价格的提高；另一方面由于贸易大国的进口数量占国际市场销售量的比例很大，就会形成一定程度的市场控制力量。当进口国国内价格的提高引起其进口数量减少时，出口国的生产者或出口商为不过多地削减出口销售数量，获得更大的出口收益，不得不降低其出口货品的价格。所以与贸易小国相比，贸易大国征收关税不仅导致进口国国内价格提高，而且导致国际市场价格下降。当其他条件均相同时，贸易大国国内市场价格提高的幅度小于贸易小国价格提高的幅度。

（二）关税的贸易条件效应

贸易条件又称进出口比价，它是出口商品价格与进口商品价格之间的关系，是反映一个国家在对外贸易中，进出口商品价格是否对该国有利的一个重要指标，最基本的表达方式是出口价格与进口价格之比。贸易条件的改善与恶化，是国际贸易中的一个重要问题，贸易条件对一个国家越有利，说明这个国家出口相同数量的商品所能换回的进口商品越多，贸易利益越大。

对贸易大国来说，对进口货品征收关税后，出口国的生产者或出口商为不过多地削减出口销售数量，获得更大的出口收益，不得不降低其出口货品的价格。这样，在本国出口货品价格不改变时，进口国征收关税后的（国际）贸易条件得到改善，即使减少了贸易量，也可以获得较高的社会福利水平。

但对贸易小国而言，由于进口数量少，不能迫使出口国降低价格，无法改善贸易条件，征收关税使贸易量减少，从而降低其社会福利水平。

（三）关税的消费效应

征收关税后，进口国国内市场的价格提高，理性的消费者因价格提高而减少消费，这一结果称之为消费效应。从积极方面看，利用关税的这一效应，可以引导国民的消费倾向或国民的生活习俗，限制对非必需品或奢侈品的高消费；从消极方面看，减少消费数量将降低进口国社会福利水平。

（四）关税的生产效应

征收关税后，进口产品在进口国国内市场上价格提高，根据市场充分竞争的法则，进口国国内生产的同类、同质产品也可以以相同的进口价格出售。国内生产者因产品国内市场价格提高而增加产品供给数量替代进口产品，称为生产效应。这是关税为国内产业提供保护的结果，因此也称为保护效应。

（五）关税的贸易效应

对进口商品征收关税产生的生产效应和消费效应，使进口国对进口商品的需求数量减少，进而减少该商品的进口数量，减少进口的数量等于增加生产的数量与减少消费的数量之和，称为贸易效应。在理论上，贸易效应的大小等于生产效应和消费效应之和，但由于许多国家在国家贸易中并不是以本国货币结算的，而征收关税通常都是以本国货币计征的，因此，贸易效应还会受到本国货币与外国货币汇率的影响。当本国货币相对外国货币升值时，一方面以本国货币计算的货品的价格会降低，另一方面，虽然关税税率没有改变，但关税完税价格降低，关税税额也会减少。因此，生产效应和消费效应相应减小，贸易效应也会相应减小；反之，当本国货币相对于外国货币贬值时，贸易效应会相应增大。

（六）关税的国际收支效应

进口数量的减少导致外汇支付的缩减，改善了国际收支状况，称之为国际收支效应。利用关税的这种作用，可以调节进出口商品数量，维持国际收支平衡。一个国家进口商品数量过大，无法用出口货物换取足够的外汇，势必造成国际收支的逆差，限制进口数量是其解决的方法之一。例如，1971 年，美国因为外汇收支逆差过大，而对进口货物加征特别关税，以减少进口数量，控制外汇支出，但因各国反对，不久就取消了这种特别关税。

（七）关税的收入效应

对进口商品征收关税，进口国为此取得财政收入，称为关税收入效应，又称为财政收入效应。关税是一种税收，组织财政收入是关税税收的最基本属性，也就是关税最基本的职能。自关税产生以来它就负担着为国家筹集财政资金的职责。

目前，发达国家的财政收入都改成以征收直接税为主。关税是间接税，在当前的国际经济贸易合作和倡导贸易自由化的背景下，关税被认为是阻碍贸易自由化的壁垒，受到国际协定的约束，关税组织财政收入的作用相对降低。通过关税及贸易总协定和世界贸易组织的关税减让谈判，各国关税水平大为降低，关税收入占税收总额的比重在发达国家中已微不足道。如英国目前关税收入占总税额的比重不到 1%，但在一些发展中国家，国民收入很低，国内的其他财源有限，征收关税仍是其财政收入的一个重要来源。

（八）关税的再分配效应

关税的再分配效应包括两个方面：一方面，对进口商品征收关税直接对进口国的生产者和消费者之间的利益形成再分配。进口国征收关税导致进口商品和国内生产的被保护商品在进口国市场上的价格提高，消费者不得不减少购买数量，使得消费者的福利水平降低。而进口国国内市场价格的提高，使生产者因此获得更大的利益。生产者获得的利益来自消费者的福利损失，形成了进口国国内生产者与消费者之间的利益再分配，因此称为再分配效应。

另一方面，关税和其他税收一样，体现着一定的分配关系。国家对进出口商品征收关税，再通过政府财政支出重新分配给国家各部门、单位和个人，从事各种经济活动，从而参与国民收入的再分配。在对日用必需品进口征收低税或免税的同时，对高价的非必需品或奢侈品进口征收高额关税，也就是对使用高价非必需品或奢侈品的富人多征税，可以调节社会上的贫富不均。

（九）关税的社会福利效应

进口国征收关税虽然使本国生产的产品替代了进口商品，但生产的增加是在国内企业高成本、低效率的基础上进行的。生产同样数量的商品，国内生产者比国外生产者消耗了更多的资源，资源的浪费降低了社会福利水平，此外，进口国的消费者因价格提高而不得不减少消费数量，也降低了社会福利水平。

◉第三节　非关税壁垒

▶▶ 一、非关税壁垒的含义、特点和影响

（一）非关税壁垒的含义

非关税壁垒是指一国或地区在限制进口方面采取的，除关税以外的所有措施，它是相对于关税而言的，这种措施可以通过国家法律、法令及各种行政措施的形式来实现。

非关税壁垒在资本主义发展初期就已出现，到 20 世纪 70 年代中期以后，发达资本主义国家之间贸易战日趋激烈，限制进口的措施不断增加，竞相采取非关税壁垒限制货物进口，出现了以非关税壁垒为主，关税壁垒为辅的新贸易保护主义。各国广泛采用非关税壁垒主要有以下几个原因：首先，世界平均关税水平不断下降，这主要是关税及贸易总协定经过八轮贸易谈判，使发达资本主义国家的平均进口关税由原来的40%下降到4.7%，发展中国家也下降到13%~14%。各国通过关税壁垒来限制商品进口，显然与世界贸易组织提倡自由贸易的原则不符，于是纷纷代之以非关税壁垒措施来达到保护本国产业的目的。其次，发展中国家和地区为了更好地保护本国利益和发展本国工业，也采取一些非关税壁垒措施，因为单纯靠征收关税无法使进口量减少到最低限度，非关税壁垒措施的灵活性使得实行的国家能更快、更有效地达到限制进口的目的。

（二）非关税壁垒的特点

非关税壁垒直接限制进口，其主要特点如下：

1. 具有较大的灵活性和针对性

关税税率的制定往往需要一个立法程序，一旦以法律的形式确定下来，便具有相对的稳定性，且受到最惠国待遇条款的约束，进口国往往难以做到有针对性的调整。非关税壁垒的制定和实施，则通常采用行政手段，进口国可根据不同的国家做出调整，因而具有较强的灵活性和针对性。

2．易达到限制进口的目的

关税措施是通过征收高额关税，提高进口商品的成本来削弱其竞争力。若出口国政府对出口商品予以出口补贴或采取倾销的措施销售，则关税措施难以达到预期的效果。非关税措施则能更直接地限制进口。

3．具有隐蔽性和歧视性

一国的关税一旦确定下来之后，往往以法律法规的形式公布于世，进口国只能依法行事。而非关税措施往往不公开，或者规定为烦琐复杂的标准或程序，且经常变化，使出口商难以适应。而且，有些非关税壁垒就是针对某些国家的某些产品设置的。

（三）非关税壁垒对出口国和进口国的影响

1．对出口国的影响

一般说来，进口国加强非关税壁垒，特别是实行直接的进口数量限制，锁定了进口数目，将使出口国的商品出口数量和价格受到严重的影响，造成出口商品增长率下降或出口数量的减少和出口价格下降。

由于各输出国的经济结构和出口商品结构不同，其出口商品受到非关税壁垒措施的影响也各不相同。同时，各种出口商品的供给弹性不同，其价格所受的影响也将不同。一般说来，发达资本主义国家的许多出口商品供给弹性较大，这些商品的价格受到进口国的非关税壁垒的影响所引起的价格下降将较小；反之，许多发展中国家或地区的某些出口商品的供给弹性较小，其所引起的价格下降幅度较大。因此，发展中国家或地区蒙受非关税壁垒限制的损失超过发达资本主义国家。

2．对进口国的影响

非关税壁垒和关税壁垒一样，起到限制进口、引起进口国国内市场价格上涨和保护本国的市场和生产的作用。在保护关税的情况下，国内外价格仍维持着较为密切的关系，进口数量将随着国内外价格的涨落而有所不同。但是如果进口国采取直接的进口数量限制措施，情况就不同了。例如，实行进口数量限制，固定了进口数量，超过绝对进口配额的该种商品不准进口。当国外该种商品价格下降时，对进口国这种商品的进口数量的增长没有影响。在限制进口引起进口国国内价格上涨时，也不增加进口，以减缓价格的上涨。因而两国之间的价格差距将会扩大。

▶▶ 二、非关税壁垒的类型

（一）进口配额制

进口配额制是限制外国商品输入的一种规定。一国对于某种商品在一定期间的进口数量或金额，事先加以限定，对超过部分不准进口，有的国家为了实行差别待遇，除规定总的进口配额外，还对各出口国分别规定不同的国别金额，有的国家还将征收关税与进口配额结合起来。在配额以内征收较低的关税，超过配额部分，征收较高的关税，称为"关税配额"。进口配额制是非关税壁垒的措施之一。进口配额制有两种形式：绝对配额和关税配额。

1．绝对配额

绝对配额是指在一定时期内，对某种商品的进口数量或金额规定一个最高数额，达到这个数额后，便不准进口。这种方式在实施中，又有以下两种形式：

（1）全球配额。

全球配额属于世界范围的绝对配额，对来自任何国家或地区的商品一律适用，按进口商品的申请先后批给一定的额度，至总配额发放完为止，超过总配额就不准进口。全球配额并不限定进口的国别或地区，配额公布后，进口商往往相互争夺配额。邻近的国家或地区因其优越的地理因素，在竞争中居于有利的地位。为了减少这种情况所带来的不足，一些国家采用了国别配额。

（2）国别配额。

国别配额是在总配额内按国别和地区分配给固定的配额，超过规定的配额便不准进口。为了区分来自不同国家或地区的商品，在进口商品时，进口商必须提交原产地证明书。实行国别配额，可使进口国家根据它与有关国家或地区的政治经济关系分配给予不同的配额。例如，1987 年年底，我国与美国就纺织品贸易达成协定，使我国对美纺织品成衣出口年增长率，从 1988 年 1 月 1 日起的 4 年内，由 19%下降到 3%。

2. 关税配额

关税配额是指对商品进口的绝对数额不加限制，而对在一定时期内，在规定的关税配额以内的进口商品，给予低税、减税或免税待遇，对超过配额的进口商品征收高关税、附加税或罚款。这种方式在实施中有以下两种形式：

（1）优惠性关税配额。

优惠性关税配额是对关税配额内进口的商品给予较大幅度的关税减让，甚至免税，超过配额的进口商品征收原来的最惠国税。欧盟在普惠制实施中所采用的关税配额就属此类。

（2）非优惠性关税配额。

非优惠性关税配额是对关税配额内进口的商品征收原来正常的进口税，一般按最惠国税率征收，对超过关税配额的部分征收较高的进口附加税或罚款。例如，1974 年 12 月，澳大利亚曾规定对除男衬衫、睡衣以外的各种服装，凡是超过配额的部分，加征 175%的进口附加税。

另外，进口配额还可分为单边配额和双边配额：单边配额是进口国事先不与有关国家进行磋商而单方面确定的限额；双边配额是进口国和出口国或出口国的出口商通过协商而确定分摊的限额。采取单边配额通常会招致其他国家的不满并引起报复，相比之下，双边配额的方式则较为温和。

进口配额制涉及的商品有纺织品、服装、某些钢材、船舶、汽车、轻工电器制品、部分化工产品、食品以及工艺、土产，其中尤以纺织品、服装最为突出。我国实行进口配额制管理的商品为 47 种。

（二）自动出口限制

自动出口限制是出口国家或地区在进口国的要求或压力下，"自愿"规定某一时期内（一般为 3～5 年）某些商品对该国的出口限制，在限定的配额内自行控制出口，超过配额即禁止出口。它是在第二次世界大战后出现的非关税壁垒措施，自动出口限制实际上是进口配额制的变种，同样起到了限制商品进口的作用。自动出口限制往往是出口国在面临进口国采取报复性贸易措施的威胁时被迫做出的一种选择。

自动出口限制带有明显的强制性。进口国家往往以商品大量进口，使其有关工业部门受到严重损害，造成所谓"市场混乱"为理由，要求有关国家的出口实行"有秩序的增长"，自动限制商品出口，否则就单方面强制限制进口。

自动出口限制与绝对进口制在形式上略有不同。绝对进口制是由进口国直接控制进口配额来限制商品的进口，而自动出口限制则是由出口国直接控制这些配额对指定进口国家的出口，但就进口国来说，自动出口限制和绝对配额制一样，都起到了限制进口的作用。

非协定的自动出口限制不受国际协定的约束，而是出口国迫于进口国的压力，自行单方面规定出口配额，限制商品出口。这种配额有的是由政府有关机构规定配额，并予以公布，出口商必须向有关机构申请配额，领取出口授权书或出口许可证才能出口。有的是由本国大的出口厂商或协会"自动"控制出口。

协定的自动出口限制是进出口双方通过谈判签订"自限协定"或有秩序的销售协定。在协定中规定有效期内的某些商品的出口配额，出口国应根据此配额实行出口许可证或出口配额签证制，自行限制这些商品的出口。进口国则根据海关统计进行检查，"自动"出口配额大多数属于这一种。最大的"自动"出口配额制是《多种纤维协议》。

（三）进口许可证制

进口许可证制度是指一国为加强对外贸易管制，规定某些商品的进口需由进口商向进口国有关当局提出申请，经过审查批准、获得许可证后方可进口的一种制度。进口许可证制度是国际贸易中的数量限制措施，作为一种非关税措施，是各国管制贸易，特别是进口贸易的常用做法。

1947年，关贸总协定第11条在"数量限制的一般取消"的标题下，规定各缔约方不得以进出口许可证来限制或禁止产品的进出口。这一措辞表明：关贸总协定并不绝对禁止和取消进口许可证（事实上也不可能），只是要求不能将进口许可证作为限制或禁止国际贸易的行政手段。国家的进口许可证手续具有两重性：一方面，它的合理、适当使用对于维持一国的对外贸易秩序和经济发展具有积极的意义，如为国家贸易统计和国际收支平衡等目的而规定的许可证手续；另一方面，它的滥用又会阻碍国际贸易正常流向，构成一种非关税壁垒。

各国实施的进口许可证制度通常分为两种：一是自动进口许可证制度，即把进口许可证毫无数量限制地签发给进口商，也就是说，凡是列入许可证项下的商品清单中的货物，进口商只要申请，就可进口。自动进口许可证通常用于统计目的，有时也用于监督目的，为政府提供可能损害国内工业的重要产品的进口情报；二是非自动进口许可证，也称为特种进口许可证，对列入特种进口许可证项下的商品，进口商必须向有关当局提出申请，经逐笔审核批准并发给许可证后，才得以进口。通常情况下，非自动进口许可证是与数量限制结合使用的，即进口国主管当局或按照商品来源的国别和地区，或按进口商申请的先后，在总的进口限额中批准给予一定的额度，取得进口配额的进口商才能取得进口许可证，才得以进口商品。

《进口许可证程序协议》通过规范各成员方适用进口许可证的程序，削弱了进口许可证作为非关税贸易壁垒措施的作用，使成员方承担执行协议的原则和规则的义务，保护了受许可证管理产品的外国供应商的利益，也保护了进口上述产品的生产企业的利益，弱化了贸易障碍，促进了贸易自由化的发展。

关贸总协定乌拉圭回合新修订的《进口许可证程序协议》确定了协议的主要原则：

（1）确保进口许可证程序的运用不违背 1994 年关贸总协定的原则与义务。

协议序言明确指出：各成员方"意欲保证进口许可证手续不以违反 1994 年关贸总协定各项原则和义务的方式予以使用"。协议第 1 条第 2 款进一步规定："各成员方应保证用于实施进口许可证制度的行政手续符合 1994 年关贸总协定的有关条文，包括其附件和议定书。"

（2）为某种目的而使用自动进口许可证时，不得用来限制贸易，尽管前言中指出各成员方"考虑到发展中国家成员方特定的贸易、发展和财政需要"，认识到为某些目的而给予的自动进口许可的用途，但必须同时认识到"不应当用此许可来限制贸易"和"阻碍国际贸易力量"。

（3）非自动进口许可证应以透明和可预见的方式实施。具体地说来，各成员方应公布有关申请许可证的各种手续，如申请者（自然人、公司和机构）的资格，联系的行政机构和需要许可证的产品清单等，以便各国政府和贸易经营者熟悉，应尽可能地在有关规则生效前的 21 天内公布，无论如何不得迟于生效之日。

（4）简化国际贸易中进口许可证使用的管理程序和习惯做法，使之具有透明度，并确保公平合理地应用和实施。首先，申请表格应尽可能简便，有关文件和资料要求应严格限于许可证制度合理操作所必需的程序；其次，申请手续也应尽可能避免烦琐。应允许申请者有合理的期限提交许可证申请。在申请方面，申请者应仅与一个行政机构联系，如果确有必要经过一个以上行政机构，申请者需联系的行政机构不应超过三个。

（5）迅速、有效、公平地解决进口许可证实施中的贸易争端。协议在其前言中指出"希望设立一个磋商机构并为本协议下产生的争端提供迅速、有效和公正的解决"。

（四）外汇管制

外汇管制是指一国政府为平衡国际收支和维持本国货币汇率而对外汇进出实行的限制性措施，是一国政府通过法令对国际结算和外汇买卖进行限制的一种限制进口的国际贸易政策。外汇管制分为数量管制和成本管制：前者是指国家外汇管理机构对外汇买卖的数量直接进行限制和分配，通过控制外汇总量达到限制出口的目的；后者是指国家外汇管理机构对外汇买卖实行复汇率制，利用外汇买卖成本的差异，调节进口商品结构。外汇管制的基本方式有七种：

（1）对出口外汇收入的管制：在出口外汇管制中，最严格的规定是出口商必须把全部外汇收入按官方汇率结售给指定银行。出口商在申请出口许可证时，要写明出口商品的价格、数量、结算货币、支付方式和支付期限，并交验信用证。

（2）对进口外汇的管制：对进口外汇的管制通常表现为进口商只有得到管汇当局的批准，才能在指定银行购买一定数量的外汇。管汇当局根据进口许可证决定是否批准进口商的买汇申请。有些国家将进口批汇手续与进口许可证的颁发同时办理。

（3）对非贸易外汇的管制：非贸易外汇涉及除贸易收支与资本输出、输入以外的各种外汇收支。对非贸易外汇收入的管制类似于对出口外汇收入的管制，即规定有关单位或个人必须把全部或部分外汇收支按官方汇率结售给指定银行。为了鼓励人们获取非贸易外汇收入，各国政府可能实行一些其他措施，如实行外汇留成制度，允许居民将个人劳务收入和携入款项在外汇指定银行开设外汇账户，并免征利息所得税。

（4）对资本输入的外汇管制：发达国家采取限制资本输入的措施，通常是为了稳定金融市场和稳定汇率，避免资本流入造成国际储备过多和通货膨胀。主要采取的措施包括对银行吸收非居民存款规定较高的存款准备金，对非居民存款不付利息或倒数利息，限制非居民购买该国有价证券等。

（5）对资本输出的外汇管制：发达国家一般采取鼓励资本输出的政策，但是它们在特定时期，如面临国际收支严重逆差之时，也采取一些限制资本输出的政策，主要措施包括规定银行对外贷款的最高额度，限制企业对外投资的国别和部门，对居民境外投资征收利息平衡税等。

（6）对黄金、现钞输出、输入的管制：实行外汇管制的国家一般禁止个人和企业携带、托带或邮寄黄金、白金、白银出境，或限制其出境的数量。对于该国现钞的输入，实行外汇管制的国家往往实行登记制度，规定输入的限额并要求用于指定用途。对于该国现钞的输出则由外汇管制机构进行审批，规定相应的限额。不允许货币自由兑换的国家禁止该国现钞输出。

（7）复汇率制：是指一国规章制度和政府行为导致该国货币与其他国家的货币存在两种或两种以上的汇率。对外汇进行价格管制必然形成事实上的各种各样的复汇率制。

（五）歧视性政府采购政策

歧视性政府采购政策又称为"购买国货政策"，是指一些国家通过法令或虽无法令明文规定，但实际上要求本国政府机构在招标采购时，必须优先购买本国产品，从而导致对国外产品歧视与限制的做法。

主要发达国家都有相应的歧视性政府采购政策规定。例如，英国规定政府机构使用的通信设备和电子计算机必须是英国产品；日本也规定，政府机构需要用的办公设备、汽车、计算机、电缆、导线、机床等不得采购外国产品；美国实行的"购买美国货法案"则规定，凡是美国联邦政府所要采购的货物，应该是美国制造的，或是用美国原料制造的。只有在美国自己生产的数量不够，或者国内价格过高，或者不买外国货就会损害美国利益的情况下，才可以购买外国货。为了达到限制进口的目的，美国国防部和财政部甚至往往采购比进口货贵 50%的美国货。由于发达国家政府采购的数量非常庞大，因此，这是一种相当有效的，限制进口的非关税壁垒措施。

为限制各成员运用歧视性政府采购政策限制进口，关贸总协定在东京回合多边贸易谈判中制定了《政府采购协议》，该协议现已成为世界贸易组织框架下的多边协议之一。

（六）进出口的国家垄断

进出口国家垄断是指为巩固垄断资本的统治和推行非关税壁垒，对某些商品的进出口实行国家垄断经营，是国家资本在对外贸易方面的一种表现，是为垄断资产阶级的政治和经济利益服务的，其经营形式包括国家直接经营和把商品的进出口权正式委托给某个垄断组织经营。

具体做法是：由国营贸易公司或专设机构在国外购买某些产品，然后低价出售给本国垄断组织；在国内向垄断组织高价收购某些产品，然后以低价在国外市场倾销；或为了保证军需原料供应，然后输出到"受援"国家。

世界各国对进出口商品垄断的情况不尽相同，但归纳起来，主要集中于以下四类商品：烟、酒是非生活必需品，可获得巨大的财政收入；农产品是敏感性商品，但却是消费者众多、消费量很大的商品，国家对其实行垄断，又可将其进口控制在一定的数量之内，武器直接关系国防和社会安定，几乎世界上所有的国家都直接垄断武器的进出口，或委托一些大的跨国公司、进出口国家垄断国有公司来负责，以有效控制武器的进出口；在现代化工业经济中，石油已成为一国的经济命脉，故不仅出口国，而且主要的石油进口国都设立国有石油公司对石油贸易进行垄断经营。

（七）专断的海关估价制和商品归类

海关估价制是指海关根据国家有关规定，确定进口商品完税价格，并以估定的完税价格作为计初征税的一种制度。有些国家根据某些特殊规定，提高某些进口商品的海关估价，来增加进口商品的关税负担，阻碍商品的进口，就成为专断的海关估价。例如，美国海关当局曾经对煤焦油产品、胶底鞋类、蛤肉罐头、毛手套等商品，依"美国售价制"这种特殊估价标准进行征税。这四种商品都是国内售价很高的商品，按照这种征税标准，这些商品的进口税率被大幅度地提高。例如，某种煤焦油产品的进口税率为 20%，它的进口价格为每磅 0.50 美元，应缴进口税每磅 0.10 美元。而这种商品的"美国售价"每磅为 1.00 美元，按同样税率，每磅应缴进口税为 0.20 美元，其结果是实际的进口税率不是 20%，而是 40%，即增加了一倍，这就有效地限制了外国商品的进口。"美国售价制"引起了其他国家的强烈反对，直到"东京回合"制定了《海关估价守则》后，美国才不得不废除这种制度。

进口商品的税额取决于进口商品的价格与税率高低，在海关税率一定的情况下，税额大小除取决于海关估价外，还取决于征税产品的归类。海关将进口商品归在哪一税号下征收关税，具有一定的灵活性。进口商品的具体税号必须在海关现场决定。在税率上一般就高不就低。这就增加了进口商品的税收负担和不确定性，从而起到限制进口的作用。例如，美国对一般打字机进口不征收关税，但如归为玩具打字机，则要征收 35%的进口关税。

（八）进口最低限价制

进口最低限价制就是一国政府规定某种进口商品的最低价格，凡进口货价低于规定的最低价格则征收进口附加税或禁止进口，以达到限制低价商品进口的目的。美国为了抵制欧洲国家和日本等国的低价钢材和钢制品进口，对这些产品进口实行所谓"启动价格制"。主要包括：

（1）对进口到美国的所有钢材和部分钢制品制定最低限价，这种价格又称启动价格。启动价格是以当时世界上效率最高的钢生产者的生产成本为基础计算出来的最低限价。

（2）对所有进口钢材和部分钢制品的进口，进口商必须向海关提交由国外出口商填写的"钢制品特别摘要发票"。如果发票上的价格低于启动价格，则进口商必须对价格进行调整，否则就要接受调查，并有可能被裁决为倾销，征收反倾销税。

（3）继续收集和分析对美国出口的主要外国生产者的国内钢材和部分钢制品的价格和生产成本的资料，以及美国国内钢铁工业的有关资料，以便随时调整最低价格。

禁止进口是指当一些国家感到实行进口数量限制已不能走出经济与贸易困境时，往往颁布法令，公布禁止进口的商品名单，禁止这些商品的进口。例如，世界各国在发现疯牛病病毒之后，均禁止进口病毒发现地的出口牛肉。

（九）进口押金制

进口押金制又称进口存款制，是指为防止投机、限制进口，维持国际收支平衡而采取的一种经济措施，是一些国家规定进口商在进口时，必须预先按进口金额的一定比例和规定的时间，在指定的银行无息存放一笔现金，方能获准报关进口的措施。这种制度无疑增加了进口商的资金负担，影响了资金的正常周转，同时，由于是无息存款，利息的损失等于征收了附加税。所以，进口押金制度能够起到限制进口的作用。

意大利政府从 1974 年 5 月 7 日到 1975 年 3 月 24 日，曾对 400 多种进口商品实行进口押金制度。它规定，凡项下商品进口，无论来自哪一个国家，进口商必须先向中央银行交纳相当于进口货值半数的现款押金，无息冻结 6 个月。据估计，这项措施相当于征收 5%以上的进口附加税。

第四节　绿色壁垒措施

一、绿色壁垒措施的概念及特点

（一）绿色壁垒措施的概念

绿色壁垒是指进口国或地区以保护生态环境、有限资源以及人类和动植物的健康为由，以保护本国市场和贸易为根本目的，通过制定、颁布、实施严格的环境保护法规和苛刻的环境保护技术标准，以限制国外产品或服务进口的贸易保护措施。

随着乌拉圭回合谈判的结束和 WTO 的成立，贸易自由化的发展使国际贸易竞争更加激烈，贸易保护主义思潮开始抬头。由于传统的贸易保护措施既不合理又不合法，西方国家采用一些新的合理合法的贸易保护措施来保护本国利益。其中环保措施具有更大的隐蔽性和灵活性，容易受到公众和世界各国的认同，成为贸易保护最有影响力的措施。发达国家以环境保护和保障人身安全及健康为由，通过立法或制定严格的技术标准，使得外国产品无法进口或进口时受到一定限制，成为国际贸易活动中的"绿色贸易壁垒"。

（二）绿色壁垒的特点

1. 虚假性

绿色壁垒一般都打着保护地球生态环境与人类健康的幌子，貌似合理，实则是限制进口的不合理的贸易保护主义行为。

2. 不平衡性

发达国家与发展中国家的发展状况已呈现极大的不平衡性，西方发达国家无视发展中国家的现实情况，以其先进的技术和雄厚的资金提出过高标准，把发展的不平衡导入国际贸易领域，引致更多的不平衡。

3. 隐蔽性

绿色壁垒借环境保护之名，隐蔽于具体的贸易法规规定、国际公约的执行过程中，成为进口国拒绝外国产品的"核武器"。

4. 广泛性

绿色保护的内容极其广泛，不仅涉及资源与人类健康有关商品的生产和销售，而且对那些需要达到一定安全、卫生、防污等标准的制成品产生巨大的压力。这些绿色保护措施，具有不确定性和可塑性，在具体实施时容易受到发达国家的刁难和抵制，这对生产技术水平较低的发展中国家来说，涉及面更大、更深。

5. 坚固性

绿色壁垒抓住人们关注生态环境的心理，根据本国市场和消费者的情况制定超高的标准，先入为主，制造进口商品的消费障碍，具有坚固的限制进口的堡垒作用。

▶▶ 二、绿色壁垒的表现形式

1. 绿色关税和市场准入

发达国家以保护环境为名，对一些污染环境，影响生态环境的进口产品课以进口附加税，或者限制、禁止其进口，甚至实行贸易制裁。例如，美国食品与药品管理局规定，所有在美国出售的鱼类都须来自经美方证明未受污染的水域。

2. 绿色技术标准

发达国家的科技水平较高，处于技术垄断的地位。它们在保护环境的名义下，通过立法手段，制定严格的强制性环保技术标准，限制国外商品进口。这些标准都是根据发达国家生产和技术水平制定的，对于发达国家来说，是可以达到的，但对于发展中国家来说，是很难达到的。因而势必导致发展中国家的产品被排斥在发达国家市场之外。欧盟启动的 ISO14000 环境管理系统，要求进入欧盟国家的产品从生产准备到制造、销售、使用，以及最后的处理阶段都要达到规定的技术标准。ISO14000 系列标准提供了以预防为主，减少和消除环境污染的管理办法，是解决经济与环境协调发展的有效途径，为世界各国在统一的环境管理标准下平等竞争提供了条件，但同时也为发达国家设置环境壁垒提供了依据。

3. 绿色环境标志

环境标志也称绿色标志、生态标志，它由政府管理部门或民间团体按照严格的程序和环境标准颁发给厂商，附印于产品及包装上，以向消费者表明该产品从研制、开发、生产、使用直至回收利用的整个过程均符合生态和环境保护要求。绿色标志产生的时间不长，但发展十分迅速，发展中国家的产品只有得到绿色环境标志才能进入发达国家的市场，因而绿色标志又有"绿色通行证"之称。从 1978 年德国率先推出"蓝色天使"计划以来，许多发达国家纷纷效仿，如北欧四国的"白天鹅制度"、欧洲联盟的"EU 制度"、加拿大的"环境选择制度"、日本的"生态标志制度"等。环境标志制度对环境保护的独特作用是毋庸置疑的，但其也为构成贸易壁垒提供了可能。

4．绿色包装制度

绿色包装是节约资源，减少废弃物，用后易于回收再用或再生，易于自然分解，又不污染环境的包装。它在发达国家广泛流行。目前，世界各国在环保包装方面采取的措施主要有：以立法形式规定啤酒、软性饮料和矿泉水一律使用可循环使用的容器；制定强制包装再循环或利用的法律，如日本的《再利用法》《新废弃物处理法》等；税收优惠或处罚，即对使用可再循环包装材料的厂商征收较低的税赋，以鼓励使用可回收再生的材料。

5．绿色卫生检疫制度

基于保护环境和生态资源，确保人类和动植物免受污染物、毒素、微生物、添加剂等的影响，许多发达国家制定了严格的环境与技术标准。由于各国环境与技术标准的指标水平和检测方法不同，以及对检验指标设计的任意性，而使环境和技术标准可能成为绿色贸易壁垒。例如，中国一向以"陶瓷王国"而著称，但在美国陶瓷市场的占有份额仅及日本同期同类产品的 1/10，致使我国输美产品大幅下跌的主要原因就是，美国认为我国产品中对人体有害的重金属铅，含量严重超标。

6．绿色补贴

为了保护环境和资源，有必要将环境和资源费用计算在成本之内，使环境和资源成本内在化。发达国家将严重污染环境的产业转移到发展中国家，以降低环境成本，使发展中国家的环境成本提高。更为严重的是，发展中国家绝大部分企业本身无力承担治理环境污染的费用，政府有时只能为此给予一定的环境补贴。发达国家又以这种"补贴"违反关贸总协定和世界贸易组织的规定为由，限制发展中国家向发达国家出口。

▶▶ 三、发展中国家绿色贸易壁垒的发展趋势

1．发展中国家间的内部合作会加强

社会的进步和观念的更新都使发展中国家的人们越来越重视健康，发展中国家越来越意识到，加强国家间合作的必要性和重要性，发展中国家间展开的合作，取得了良好的效果，更加坚定其继续加强合作的信心。例如，在部分南美洲国家间建立的南方共同市场，设立技术规则、一致性评估小组和技术合作委员会等机构，消除影响它们之间正常经贸关系的技术性贸易壁垒。

2．发展中国家与发达国家间的外部合作会加强

发展中国家和发达国家都意识到，不论在双边还是多边上，都有必要在绿色贸易壁垒问题上进行合作。现实中，在一定程序、一定范围内，发展中国家和发达国家已经展开了合作，并收到了很好的效果，同时出于对自身利益的考虑，发达国家也积极与发展中国家展开区域合作，并向它们提供帮助。

3．积极争取国际组织的援助

世贸组织争端解决机制的权威性逐渐得到发展中国家的认可，很多发展中国家通过利用 WTO 的争端解决机制，很好地处理了自己与发达国家在绿色贸易壁垒问题上的争议，给其他发展中国家以很大的启示和鼓舞，使越来越多的发展中国家为维护自身权益，通过努力争取到了相关国际组织的很多援助。如部分发展中国家获得世界银行对有关卫生与检疫措施项目的资助。这些项目分为四类：与食品加工和检疫设施有关的项目、与动物有关

的项目、与农作物生产有关的项目和一般农业项目。俄罗斯、土耳其、波兰、巴西、马达加斯加、越南、阿尔及利亚和阿根廷等国都曾获得世界银行的资助。国际组织在这方面的诚意和对发展中国家的帮助受到了发展中国家的欢迎，让发展中国家看到了相关国际组织能带给它们的利益，发展中国家将会更加积极争取获得国际组织的更多援助。

发展中国家通过不断扩展本国绿色贸易壁垒所涉及的范围和方式，开始加强和完善自己的绿色贸易壁垒。绿色贸易壁垒不断扩宽：从生产和货物贸易领域扩大到服务贸易、投资、知识产权和环保等领域；从具体产品向生产经营的全过程延伸，涵盖了研究、开发、生产、加工、认证、包装、销售和消费等各个环节；从初级产品到所有的中间产品和制成品。

📝 本章小结

1. 对外贸易政策有三种基本类型：自由贸易政策、保护贸易政策和管理贸易政策。

2. 关税是指一国海关根据该国法律规定，对通过其关境的引进出口货物征收的一种税收。关税的作用有增加财政收入、保护国内产业和国内市场、调节进出口商品结构和国内经济、进行国际经济斗争和政治斗争的手段。

3. 关税按照征收对象，分为进口税、出口税和过境税；按照征收目的，分为财政关税和保护关税；按照差别待遇和特定的实施情况，分为进口附加税、差价税、特惠税和普遍优惠制。

4. 各国征收关税的依据是海关税则。海关税则是一国对海关计征关税的规章和对进出口应税与免税商品加以系统分类的一览表。

5. 关税的征收方法又称征收标准，是各国海关计征进出口商品关税的标准和计算方法，主要有从量税、从价税、混合税、选择税。

6. 非关税壁垒是指一国或地区在限制进口方面采取的除关税以外的所有措施，它是相对于关税而言的，这种措施可以通过国家法律、法令及各种行政措施的形式来实现，其主要特点具有：较大的灵活性和针对性；易达到限制进口的目的；具有隐蔽性和歧视性。

7. 非关税壁垒的类型主要包括进口配额制、自动出口限制、进口许可证制、外汇管制、歧视性政府采购政策、进出口的国家垄断、专断的海关估价制和商品归类、进口最低限价制、进口押金制。

8. 绿色壁垒是指进口国或地区以保护生态环境、有限资源以及人类和动植物的健康为由，以保护本国市场和贸易为根本目的，通过制定、颁布、实施严格的环境保护法规和苛刻的环境保护技术标准，以限制国外产品或服务进口的贸易保护措施。绿色壁垒的特点有虚假性、不平衡性、隐蔽性、广泛性、坚固性。

9. 绿色壁垒的表现形式有绿色关税和市场准入、绿色技术标准、绿色环境标志、绿色包装制度、绿色卫生检疫制度、绿色补贴。

第四章　商品的名称、品质、数量和包装

学习目标

- 了解在国际买卖合同中列明商品品名及其品质、数量与包装的重要意义。
- 明确商品的数量与包装条款的具体内容及其规定办法。
- 理解和掌握表示商品品质的方法和条款。
- 熟练运用货物品质的表达方式、通常使用的计算单位及数量计量的各种方法。
- 掌握外贸合同中包装条款的基本内容。

开篇案例

某年，某粮油食品进出口公司出口一批驴肉到日本，共 25 吨，合同规定，该批货物应装 1 500 箱，每箱净重 16.6 千克。如按规定装货，则总重量应为 24.9 吨，余下 100 千克可以不再补交。当货物运抵日本港口后，日本海关人员在抽查该批货物时发现，每箱净重不是 16.6 千克而是 20 千克，即每箱多装了 3.4 千克。因此，此批货物实际装了 30 吨，但在所有单据上都注明装了 24.9 吨。议付货款时亦按 24.9 吨计算，等于是白送 5 100 千克驴肉给客户。此外，由于货物单据上的净重与实际重量不符，日本海关还认为，我方少写重量的行为有帮助客户偷税嫌疑，向我方提出意见。经我方解释，才未予深究。但多装的 510 千克驴肉，不再退还，也不补付货款，造成我方损失。

在国际贸易中，买卖双方所交易的每一种具体商品都有自己的名称，并表现为一定的品质；每一笔交易都离不开一定的数量，同时每一种产品都需要与之相适应的特定包装。因此，商品的品名、品质、数量和包装是买卖双方在交易中必须首先明确的问题。正确地选择和确定商品的品质和数量，更是买卖双方在磋商和签订买卖合同过程中必须解决的重要问题之一。

第一节　商品的名称

一、商品品名概述

（一）商品品名的概念

商品品名就是商品的品牌与名称。商品品名是国际贸易商品买卖中首先要明确的交易

对象，也是国际商品买卖合同中的主要条款。国际贸易同国内贸易有很大差异，在国际贸易中，看货成交的情况较少，交易双方商订合同时，往往很少见到具体商品，通常只是凭借对买卖的商品做必要的描述来确定交易的标的。因此，在合同中列明商品的名称就成为不可缺少的主要贸易条件。

按照有关的法律和惯例，对交易标的物的描述，是构成商品说明的主要组成部分，也是买卖双方交接货物的一项基本依据，它关系到买卖双方的权利和义务。若卖方交付的货物不符合约定的品名或说明，买方有权提出损害赔偿要求，甚至可以拒收货物或撤销合同。由此可见，列明合同中的商品具体名称，具有重要的法律和实践意义。

（二）商品品名条款的内容

商品品名并无统一格式，可由交易双方酌情商定。合同中的品名条款通常比较简单，一般只是在商品名称或品名的标题下，列明交易双方成交商品的名称。有时为了省略起见，也可不加标题，只在合同的开头部分，列明交易双方同意买卖某种商品的文句。我国某一进出口公司出口苹果酒到中东地区，货物名称为"Apple Wine"，不料，货到国外后遭遇海关扣留罚款，因为中东地区不允许任何酒类进口。

品名条款的内容还取决于成交商品的品种和特点。就一般商品来说，有时只要列明商品的名称即可。但有的商品往往具有不同的品种、等级和型号。因此，为了明确起见，也有条款把有关具体品种、等级或型号的概括性描述包括进去，做进一步的限定。此外，有的品名条款甚至包括商品的品质规格。在此情况下，它就不仅仅是品名条款，而是品名条款与质量条款的合并。如泰顺公司合同中的品名条款，见图4-1。

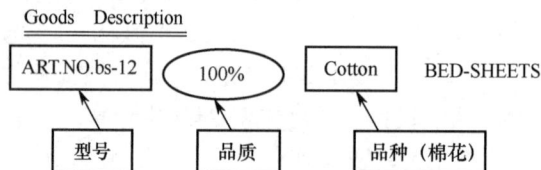

图4-1 泰顺公司合同的品名条款

（三）商品品名条款的注意事项

国际货物买卖合同中的品名条款是合同中的主要条件。因此，在规定此项条款时，应注意下列事项：

（1）品名条款必须明确，表达具体，能确切反映交易标的物的特点，避免空泛、笼统的规定，以利于合同的履行。

（2）品名条款中规定的品名必须是卖方能够供应的买方所需要的商品，凡做不到的内容或不必要的描述性词句，都不应列入，以免给履行带来困难。

（3）尽量使用国际通用名称。有些商品，各地的称谓不同，为了避免误解，应尽可能使用国际上通用的名称。若使用地方性的名称，交易双方应事先就其含义取得共识。对于某些新商品的定名及其译名，应力求准确、易懂，并符合国际上的习惯称呼。

（4）注意选用合适的品名。某些商品具有不同的名称，在确定合同中的商品品名时，应从降低关税、节省运费和方便进出口的角度出发，选用对己方有利的名称。

▶▶ 二、商品品名的命名方法

商品命名的根本目的是使商品的名称与消费者的心理相吻合，对消费者产生积极的影响。所以在命名时，应注意符合下列心理要求：名实相符。这是指商品名称要与商品的实体特征相适应，使消费者能够通过名称迅速了解商品的基本效用和主要特征，便于记忆。商品的名称主要用来吸引消费者，加深消费者对商品的印象，所以商品的名称应易读易记，以便减轻记忆难度，引人注意。这是商品命名最主要的目的，也是最重要的要求，好的商品命名应能在众多同类商品名称中脱颖而出，迅速引起消费者的注意，激发联想。激发联想是商品命名的一项潜在功能，通过名称的文字和发音使消费者产生恰当、良好的联想，可以引发其良好的心理感受，激发购买欲望，避免禁忌。由于不同国家、民族的社会文化传统不同，消费者的习惯、偏好、禁忌也有所不同。此外，语言文字的差异也会造成对产品理解的差异。

命名商品的方法主要有以下几种。

1. 以商品的主要效用命名

以商品的主要效用命名的命名方法可以直接反映商品的主要性能和用途，使消费者能迅速了解商品的功效，加快对商品的认知过程，多用于日用工业品、化妆品和医药品。比如，"气滞胃痛冲剂"，一看便知是治疗胃病的药物；"金鱼洗涤灵"，是洗涤餐具或水果的洗涤剂；还有"玉兰油防晒霜""美加净护手霜"等均可让人直接从名称上了解商品的用途和功效。这种开门见山的命名方法迎合了消费者追求商品实用价值的心理。

2. 以商品的主要成分命名

以商品的主要成分命名的命名方法可使消费者从名称上直接了解商品的原料构成，以便根据自己的实际情况选择商品。例如，"螺旋藻麦片"可以体现出麦片中加入了螺旋藻；"复方甘草合剂"的主要成分是止咳的甘草；"靓妃珍珠面膜"原料里有养颜增白的珍珠。这些商品名称或强调货真价实，或突出原料名贵，都起到了吸引消费者的作用。

3. 以商品的外形命名

以商品的外形命名的命名方法多用于食品、工艺品类的商品命名。它的特点是形象化，能突出商品造型新奇、优美的特点，引起消费者的注意和兴趣。比如，有的首饰用"繁星满天"命名，有的食品命名为"佛手酥""猫耳朵"等。不过采用这种方法，应注意名称和形象的统一，否则会弄巧成拙，达不到让消费者从名称联想到商品实体，从而加深对商品印象和记忆的目的。

4. 以制作工艺或制造过程命名

以制作工艺或制造过程命名的命名方法多用于具有独特制作工艺或有纪念意义的研制过程的商品，这是一种经常被采用的方法。如"二锅头"酒在制作过程中要经过两次换水蒸酒，且只取第二锅酒液的中段，酒质纯正、醇厚。以此命名能使消费者了解该酒不同寻常的酿制工艺，从而提高商品声望。

5. 以商品的产地命名

以商品的产地命名主要是由于产品具有悠久的历史，产地的商品极具特色，享誉盛名，冠以产地名称可以突出该商品的地方风情、特点，使其独具魅力。如"金华火腿""云南白药""汾酒""北京醇""青岛啤酒"等。这种命名方法符合消费者求名、求特、求新的心理，可以增加商品的名贵感和知名度，从而产生亲切感和偏好。

6. 以人名命名

以人名命名，即以发明者、制造者和历史人物等名字给商品命名的方法。这种方法将特定的商品和特定的人联系起来，使消费者睹物思人，引起丰富的联想、追忆和敬慕之情，从而使商品在消费者心目中留下深刻的印象。如"范思哲""皮尔·卡丹""圣罗兰""章光 101 毛发再生精""李宁"牌运动服等。以人名命名还可以体现商品悠久的历史和文化，表明商品系出名门、正宗独特，以此诱发消费者的购买欲望。

7. 以外来词命名

以外来词命名的命名方法在进口商品的命名时常见，主要是满足消费者的求新、求奇、求异的心理，还可以克服翻译上的困难。但这要求读起来朗朗上口、寓意良好。最好的例子就是"Coca Cola"，其中文译名选定为"可口可乐"，让人们联想到可口的饮料带来的舒畅感觉，以及由此产生的愉悦心情。

8. 以吉祥物或美好事物命名

以吉祥物或美好事物命名是指有些商品为迎合人们图吉利、盼发财的心理，起名为"百合"被、"熊猫"电视机、"吉利"汽车等。而我国的一些中药，由于其成分原来的名字会使消费者感到畏惧，所以常用能使人产生良好联想的名称来代替原有的名称，如"地龙"原指蚯蚓，"天龙"原指壁虎。

9. 以色彩命名

以色彩命名的方法适用于食品类商品。例如，"黑巧克力"原料中的巧克力的成分比较高，黑色突出了纯度，"白玉豆腐"突出豆腐形态白嫩细腻，"白加黑感冒片"则突出了白片与黑片的不同效果。以色彩命名突出了消费者的视觉感受，使之对商品留下深刻印象。

第二节　商品的品质

一、商品品质概述

（一）商品品质的概念

商品品质就是商品的内在素质（包括物理的、化学的、生物的构造、成分和性能等）和外表形态（包括外形、色泽、款式和透明度等）的综合反映，是决定商品使用效能的重要因素。就国际贸易而言，还包括包装和市场适应性等社会属性。商品品质的优劣对商品价格高低起重要作用。在交易磋商中，买卖双方都要针对一定的商品按质论价。目前，世界各国都将提高商品品质作为提高商品竞争能力的一种手段。随着市场竞争的加剧，品质问题在国际贸易中的地位日趋重要。

（二）提高商品的品质的意义

提高商品的品质具有十分重要的意义，因为品质的优劣直接影响商品的使用价值和价值，它是决定商品使用效能和影响商品价格的重要因素。在当今国际竞争空前激烈的条件下，许多国家都把提高商品的品质，力争以质取胜，作为非价格竞争的一个主要的组成部分，它是加强对外竞争的重要手段之一。因此，在出口贸易中，不断改进和提高出口商品的品质，不仅可以增强出口竞争能力，扩大销路，提高销售价格，为国家和企业创造更多的外汇收入，而且还可以提高出口商品在国际市场的声誉，并反映出口国的科学技术和经济发展水平。在进口贸易中，严格把好进口商品质量关，使进口商品适应国内生产建设、科学研究和消费上的需要，是维护国家和人民利益，并确保提高企业经济效益的关键。

▶▶ 二、对进出口商品品质的要求

（一）对出口商品品质的要求

（1）针对不同市场和不同消费者的需求来确定出口商品质量。

由于世界各国经济发展不平衡，各国生产技术水平、生活习惯、消费结构、购买力和各民族的爱好互有差异，因此，我们要从国外市场的实际需要出发，搞好产销结合，使出口商品的品质、规格、花色、式样等适应有关市场的消费水平和消费习惯。

（2）不断更新换代和精益求精。

凡质量不稳定或质量不过关的商品，不宜轻易出口，以免败坏声誉。即使质量较好的商品，也不能满足现状，要本着精益求精的精神不断改进，提高出口商品质，加速更新换代，以赶上和影响世界的消费潮流，增强商品在国际市场上的竞争能力。

（3）适应进口国的有关法令规定和要求。

各国对进口商品的质量都有某些法令规定和要求，凡质量不符合法令规定和要求的商品，一律不准进口，有的还要就地销毁，并由货主承担由此引起的各种费用。因此，要充分了解各国对进口商品的法令规定和管理制度，以便使商品能顺利地进入外国市场。

（4）适应国外的自然条件、季节变化和销售方式。

由于各国自然条件和季节变化不同，销售方式各异，商品在运输、装卸、存储和销售过程中，其质量可能起某种变化。因此，注意自然条件、季节变化和销售方式的差异，掌握商品在流通过程中的变化规律，使出口商品的质量适应这些方面的不同要求也有利于增强出口商品的竞争能力。

（二）对进口商品品质的要求

（1）进口商品质量优劣，直接关系到国内用户和消费者的切身利益，凡品质、规格不符合要求的商品，不应进口。对于国内生产建设、科学研究和人民生活急需的商品，进口时要货比三家，切实把好质量关，使其品质、规格不低于国内的实际需要，以免影响国家的生产建设和人民的消费与使用。

（2）不应超越国内的实际需要，任意提高对进口商品品质、规格的要求，以免造成不应有的浪费。

为了使进出口商品的品质适应国内外市场的需要，在出口商品的生产、运输、存储、销售过程中，必须加强对品质的全面管理，在进口商品的订货、运输、销售等环节中，应当切实把好质量关。由于国际贸易的商品种类众多，即使是同一种商品，在品质方面也可能因自然条件、技术和工艺水平以及原材料的使用等因素的影响而存在着种种差别。这就要求买卖双方在商订合同时，首先就品质条件做出明确规定。合同中的品质条件，是构成商品说明的重要组成部分，是买卖双方交接货物的依据。英国货物买卖法把品质条件作为合同的要件，《联合国国际货物销售合同公约》规定卖方交货必须符合约定的质量，如卖方交货不符合约定的品质条件，买方有权要求损害赔偿，也可要求修理或交付替代货物，甚至拒收货物和撤销合同，这就进一步说明了品质的重要性。

▶▶ 三、商品品质的表示方法

鉴于品质对商品的效用、市场价格和销路有重大影响，买卖双方为了保证交易商品符合一定的质量要求，都要在协商一致的基础上，在买卖合同中订立品质条款，就商品的品质及双方当事人的权利和义务做出具体规定，作为卖方交货和买方验收的依据。由于国际贸易大多是大宗的期货交易，买卖双方又地处两国，在洽谈交易时，往往没有看到全部商品，因此，需要有某种说明品质的方法，作为洽谈和履行合同的依据。当前，进入国际贸易的商品种类繁多，特点各异，用以说明品质的方法也就不可能一致。概括起来，国际贸易中常用的表示商品品质的方法基本上有两大类。

（一）用实物表示

1. 看货成交

看货成交即由卖方在货物存放地点向买方展示准备出售的货物，经买方现场检试满意后达成交易。以这种方式达成的交易，货物的品质以检试时的状态为准。卖方只要交付经检试的货物，买方就不得对其品质提出任何异议。一般而言，看货成交是在卖方掌握现货，并且货物数量不太大，买方能够亲临现场的条件下进行的。所以，通常只适用于一些首饰或工艺品等贵重货物，以及其他现货的交易。

2. 凭样品买卖

样品通常是从一批商品中抽取出来的，或由生产、使用部门加工、设计出来的足以反映该批商品平均质量的少量实物。凭样品买卖是指买卖双方约定，凭样品作为交货的品质依据的交易。而用来作为衡量交货品质的样品，即称为标准样品。在凭样品进行交易时，一般要在合同中明确规定："该样品应视为本合同不可分割的部分，所交货物的品质不得低于样品。"

凭样品买卖有两项基本要求：一是以样品作为交货品质的唯一依据；二是卖方所交货物必须与样品完全一致。标准样品一般多由卖方提供，但有时也可以由买方提供。前者称为"质量以卖方样品为准"，后者称为"质量以买方样品为准"。不论样品由谁提出，一旦达成交易，卖方所交货物的品质均须与样品相符，这是一项必须遵守的基本原则，也是卖方的一项主要义务。如两者不符，除合同另有规定外，买方可以提出索赔，甚至可以拒收货物，撤销合同。因此，在凭样品买卖时，必须注意以下几点：

（1）凡凭卖方样品买卖的，在出口对外寄送样品时，必须注意选择有代表性的样品，又称原样。样品的质量既不能偏高，也不能偏低。偏高，会给日后交货造成困难；偏低，会使卖方在价格上吃亏。在我国外贸业务中，为选好样品，各出口企业应与有关生产、商检部门共同研究后再选送国外。同时在寄送样品时应留存复样，以便作为日后交货或处理品质争议时的依据。在凭卖方样品进口成交时，应在合同中规定买方对整批到货有复验权的条款，否则，如实际到货的品质低于样品，买方无复验权就会影响对外索赔的权利。

（2）凡凭买方样品买卖的，即来样成交，如己方出口，则在接到国外买方的来样时，必须慎重处理。首先，应考虑对方来样是否符合本国对外贸易的原则。其次，要考虑本国的原料和生产、加工能力等方面的条件，如可以做到的，应予接受；如对方来样的要求超过本国目前的生产、加工条件，就暂不宜接受。在凭买方样品成交时，则卖方所交货物的质量，必须以买方样品为准。当买方寄给卖方样品，要求按样品成交时，卖方也可以根据买方样品进行复制或提出与之相似的样品作为对等样品，寄交对方确认，作为交货时的品质依据，以免在交货时引起争端。如果买方接受了卖方提出的对等样品，则交易的性质即由凭买方样品的买卖变为凭卖方样品的买卖，这样，卖方就能主动控制交货的品质。

由于凭样品买卖的商品多属品质难以规格化、标准化的商品，要求其交货品质与样品完全相符，有时是难以做到的。因此，在出口业务中，如采用凭样品买卖的做法时，一般应争取以己方提出的样品成交，并在合同中做相应的规定"交货品质与样品大体相符"，或其他类似条款。

在凭样品销售交易中，为防止履行合同时发生不必要的纠纷，必要时可使用封样，即由公证机构（如商品检验局）在一批商品中抽取同样品质的样品若干份，在每份样品上烫上火漆或铅封，供交易当事人使用。封样也可由发样人自封或由买卖双方会同加封。此外，凭对方样品成交，一般还应声明，如发生涉及国外工业产权等第三者权利问题，概由对方负责，必要时还应要求对方书面确认。

总之，在采取凭样品买卖时，往往容易引起纠纷。因此，在当前国际贸易中，除一些不宜用科学方法表示品质的商品（如工艺美术品、服装、某些土特产品、少数轻工产品和个别矿产品）外，一般较少采用这种方式。

日常业务中，买卖双方为了建立和发展贸易关系，增进对彼此经营商品的了解，促进交易，互相寄送样品的现象是十分普遍的。如果寄送样品的一方只是为介绍商品的一般品质状态，在成交时将另订规格作为品质依据，那么，这种样品就不具备标准样品的作用，而只是促成交易的媒介。用这种方式达成的交易，就不是凭样品交易。也就是说，卖方交货时，并不受样品的约束。但为了明确起见，在寄送这种样品时，最好是明确标明该样品仅供参考，或直截了当地写明"参考样品"，以免与标准样品混淆。

（二）用说明表示

在国际贸易中，除用样品外，凡是运用文字或图样表示商品品质的方法，均属凭说明表示品质方法，具体又分为下列几种。

1. 凭规格、等级或标准买卖

在国际贸易中，有很大一部分商品是按一定的规格、等级或标准进行买卖的。商品不同，表示商品品质的指标和方法也不同。商品的规格是指用来反映商品品质的一些主要技术指标，如成分、含量、纯度。由于商品特性不同，规格的内容也不同。凭规格买卖比较方便、准确，所以应用较广。

商品的等级是指同类商品按其规格上的差异，用文字、数码或符号将品质分为各不相同的若干等级，如大、中、小，重、轻，甲、乙、丙，一级、二级、三级……凭等级买卖时，如果对方已熟悉每个级别的具体规格，就可以只列明等级，无须赘述其具体内容。

品质条款示例："特级鲜鸡蛋，蛋壳浅黄色，清洁，品质新鲜，大小均匀，每枚鸡蛋净重 60～65 克。"

品质条款示例："川牛膝规格等级标准。一等：呈曲直不一的单一长圆柱形，上中部直径 1.5 厘米以上。表面灰黄色或灰褐色，质柔韧。断面棕色或黄白色，有筋脉点，味甘微苦。二等：上中部直径 1.0 厘米以上，余同一等。三等：上中部直径 1.0 厘米以下，但不小于 0.4 厘米，长短不限。余同二等。"

商品的标准是将商品的规格和等级予以标准化。在我国，商品的标准是由国家或有关政府部门规定的。在发达国家，商品的标准有的由国家规定，有的由同业公会、交易所或国际性的工商业组织制定。这些标准，有的有约束性，即不符合标准规定的品质的商品，不准出口或进口；有的没有约束性，由买卖双方根据需要决定采用或另订规格。

凡我国已规定有标准的商品，在磋商交易和签订合同时，为了方便生产，节约原材料，降低成本，一般应以我国有关部门所公布的标准为依据。但有时为了把生意做活，国外规定的品质标准和检验方法合理可行，也可根据需要和可能，采用国外规定的品质标准。但是，应当注意的是，由于各国制定的标准经常进行修改和变动，同一种商品的标准可能有不同年份的版本。版本不同，品质标准往往也各异。因此，在援引国外标准时，必须注明所援引标准的年份和版本，以免引起争议。例如，在凭药典确定品质时，须明确规定以哪国的药典为依据，并同时注明该药典的出版年份。

在国际贸易中，除部分商品能以科学方法确定其品质规格外，还有一些农副产品，由于其品质变化较大，难以规定统一的标准。因此，有时采用"良好平均品质"（Fair Average Quality，FAQ）表示品质。按照一些国家的解释，所谓"良好平均品质"是指装运地在某一时期运销的货物的平均品质水平，一般就是指合同约定的生产年份的中等货，俗称"大路货"。

我国在出口农副产品时，有时也采用 FAQ 来表示商品的品质。由于 FAQ 含义非常笼统，我国采用 FAQ，一般都同时在合同中规定具体的规格要求。例如，"2008 年花生，大路货，规格：水分不超过 13%，不完善粒最高 5%，含油量最低 44%"。交货时以合同规定的具体规格作为品质的依据。在凭规格、等级、标准进行买卖时，卖方所交货物必须与合同规定的规格、等级或标准相符，否则，买方有权要求降价，甚至可以拒收货物，并要求赔偿损失。

2. 凭牌号或商标买卖

在国际贸易中，对于某些品质稳定并树立了良好信誉的商品，交易时仅凭牌号或商标即可说明其品质，可凭牌号或商标买卖。这种表示商品品质的方法已被各国广泛使用。凭牌号或商标的买卖主要包括以下两种情况：凭牌号或商标进行买卖，如红双喜牌乒乓球、凤凰牌自行车或美加净牙膏等；凭产地名称进行买卖，如天津红小豆、祁门红茶、嘉定蒜头等。对某些农副产品，除规定产地外，还要订明具体的规格或等级要求。

凭牌号或商标的买卖，从表面上看，卖方只要在商品上贴上合同规定的商标，就可以履行交货义务，似乎很容易做到，但实际上并没有这么简单，因为这类商品所使用的商标，一般都是经过卖方长期努力，在国际市场上打开了销路的名牌，商标或牌号本身就代表着一定的质量水平。如果把质量不好的商品贴上名牌商标出售，有名无实，就会使消费者失去信心，归根到底对卖方不利。因此，在出口贸易中，对于采用牌号、商标或产地名称成交的商品，一定要保证按传统的质量交货。凡是不够条件或质量不稳定的商品，一般不要卖牌号货或产地货。为了使牌号货或产地货的质量有保证，除保持和不断提高名牌商品的质量外，最好能制定统一的规格或标准，内部掌握，严格把好质量关，凡是不符合标准的，一律不予出口，以免影响出口商品的声誉。

3. 凭说明书和图样买卖

有些商品、如机械、电器、仪表产品等，由于其结构和性能十分复杂，无法用几个简单的具体指标来反映其品质的全貌，因此，必须凭说明书以及图样来具体说明其构造、用材、性能及使用方法等，必要时，甚至还需辅以设计、照片、分析表等解释。按这种办法进行的买卖，称为凭说明书的买卖。

有些凭说明书买卖的机、电、仪产品，除在合同中订有品质检验条款外，还订有品质保证条款和技术服务条款。明确规定卖方需在一定期限内保证其所出售的商品质量符合说明书上所规定的指标，如在保证期限内，发现品质低于规定的指标，或部件的工艺质量不良，或材料内部有隐患而产生缺陷时，买方有权提出索赔，卖方有义务消除缺陷或更换有缺陷的商品或材料，并承担由此引起的各项费用。

▶▶ 四、商品品质机动幅度的规定

（一）品质机动幅度

品质机动幅度是指对某些初级产品，由于卖方所交货物品质难以完全与合同规定的品质相符，为便于卖方交货，往往在规定的品质指标外，加上一定的允许幅度，卖方所交货物品质只要在允许的幅度内，买方就无权拒收，但可根据合同规定调整价格，这就是在进出口业务中所谓的"品质增减价条款"。例如，合同中规定："货物到达目的地时，如发现与样品不符，但货未发现质变，或货物仍可销售，买方仍应照常提货，但合同价将酌减，其数额由双方协定。未得卖方同意，不得退货。"

（1）规定范围，即对某项商品的品质指标规定允许有一定的差异范围。例如，规定漂布，幅阔 35/36 英寸，卖方交付漂布，只要在此范围内，均算合格。

（2）规定极限，即对有些商品的品质规格规定上下极限。规定极限的表示方法，常用的有最大、最高、最多和最小、最低、最少。例如，羊毛最少 98%（wool 98% minimum）。

（3）规定上下差异。例如，羽绒含绒量 16%±1%（1% more or less）。

（二）品质条款的内容

在买卖合同中，品质条款的内容有繁有简，一般视不同商品和不同表示品质的方法而定，包括商品的品名、规格、等级、品牌、标准以及交付货物的品质依据等。订立品质条款应注意下列问题：

（1）应根据不同的商品特点，正确使用表示商品品质的方法。在国际贸易中，表示商品品质的各种方法（或品质依据）都有其特殊的含义和范围，哪些商品适于凭样品买卖，哪些商品适于凭规格、等级、标准等买卖，都有行业习惯可循。另外，还应防止把品质指标订得过于烦琐，以免顾此失彼，难以兼备，而影响合同的正常履行。

（2）要从国内的生产实际出发，实事求是地规定适当的品质指标。确定品质条款时，既要考虑国外客户的具体要求，又要考虑我国生产的实际情况，恰如其分地确定商品的品质。如果品质定得过高，把不可能达到或者很难达到的指标贸然列为品质条件，则势必会给生产和履行合同带来困难。当然，如果品质指标定得过低，则会影响成交商品的售价、销路及商品的声誉，甚至降低出口商品的信誉，使对方产生疑虑而不敢成交。

（3）品质条件应明确、具体。为了便于检验和明确责任，在规定品质条件时，应力求明确、具体，不宜采用诸如"大约""左右""合理误差"之类的笼统含糊字眼，以免在交货品质问题上引起争议。然而，也不宜把品质条件订得过死，要有一定的灵活性，以利于合同的履行。

➡ 第三节　商品的数量

在国际贸易中，买卖双方必须以约定的货物数量作为履行合同的依据，商品数量是买卖合同中不可缺少的主要条件之一。按照《联合国国际货物销售合同公约》的规定，卖方所交货物的数量必须与合同规定相符。如卖方所交货物的数量小于合同规定的数量，卖方应在规定的交货期届满前补交，但不得使买方遭受不合理的不便或承担不合理的开支。即使如此，买方也有保留要求损害赔偿的权利。反之，卖方所交货物的数量如大于合同规定的数量，买方除可以拒收多出的部分外，也可以收取多交部分中的一部分或全部，但应按合同价格付款。

在进出口业务中，正确掌握进出口商品的数量，合理订立合同中的数量条件，不仅有利于多、快、好、省地完成对外贸易任务，而且有利于体现我方经营意图和贯彻对外政策。

▶▶ 一、商品数量的计算单位和计量方法

（一）商品数量的计算单位

货物的数量，是指以一定的度量衡单位表示的货物重量、个数、长度、面积、容积等。货物数量的多少不仅关系到一笔交易规模的大小，也会影响消费者的使用和市场的变化。

在国际贸易中，由于商品的种类、特性不同，以及各国度量衡制度不同、计算数量的单位也不相同，因此了解与熟悉相互之间的换算方法是很重要的。

1. 国际贸易中常用的度量衡制度

国际贸易中运用的度量衡制度有公制、英制、美制和国际单位制。公制又称为米制，以十进位制为基础，"度量"和"衡"之间有内在的联系，换算比较方便，使用范围较广；英制，不采用十进制，换算不方便，"度量"和"衡"之间缺乏内在的联系，使用范围较小；美制，以英制为基础，多数计量单位的名称与英制相间，但含义有差别，主要体现在重量单位和容量单位中；国际单位制，于1960年由国际标准计量组织大会通过，是在公制的基础上发展起来的，已为越来越多的国家所采用。目前我国使用以国际单位制为基础的法定计量单位。

不同的度量衡制度导致同一计量单位所表示的数量会不同。例如，就表示重量的吨而言，实行公制的国家一般采用公吨，每公吨为 1 000 千克；实行英制的国家一般采用长吨，1 长吨=2 240 磅=1 016.1 千克；实行美制的国家一般采用短吨，1 短吨=2 000 磅=907.2 千克。就表示容积的加仑而言，1 美制加仑=3.785 升，1 英制加仑=4.546 升，差异较大。另

外，英制和美制不采用十进制，如 1 打=12 件，1 罗=12 打，1 大罗=12 罗，1 英尺=12 英寸等，换算时要格外注意。

我国的法定计量单位为国际单位制，但为了适应国外市场习惯，在对外成交时，也有采用对方习惯的计量单位的。因此，在洽谈交易和签订合同时，必须明确规定使用哪一种度量衡制度，以免造成误会和纠纷。同时，还要掌握各国度量衡制度之间的换算方法。

2. 计算数量的单位

在国际贸易中，使用的计量单位很多，在与国外供应商、客户交易的过程中，往往会涉及不同的计量单位概念，只要我们清楚其不同含义，就能在报价或谈判的时候有一个准确的把握，避免造成不必要的经济损失。

（1）重量单位。

重量单位主要有公吨、长吨、短吨、千克、公担、磅、盎司等，适用于棉花、谷物、矿产品、药品等农矿产品和部分工业制成品的计量。

（2）个数单位。

个数单位主要有只、件、双、台、套、架、打、罗、大罗、令、卷、辆、头、箱、桶、袋等，适用于日用品、车辆、活牲畜、机械产品及部分农产品的计量。

（3）长度单位。

长度单位主要有码、米、英尺、厘米，适用于纺织品匹头、绳索、电线电缆等的计量。

（4）面积单位。

面积单位主要有平方米、平方码、平方英尺、平方英寸，适用于玻璃板、皮革、塑料布、丝网等的计量。

（5）容积单位。

容积单位主要有公升、加仑、蒲式耳、品脱等，适用于谷物和流体等的计量。

（6）体积单位。

体积单位主要有立方米、立方码、立方英尺、立方英寸，适用于木材、化学气体等的计量。

（二）商品数量的计量方法

在国际贸易中，按重量计量的商品较多，根据一般的商业习惯，通常计算重量的方法主要有下列几种：

1. 按毛重

毛重是指商品本身的重量加包装物的重量，这种计重办法一般适用于低值商品。计算公式如下：

$$毛重=净重+皮重（包装的重量）$$

2. 按净重

净重是指商品毛重减去皮重后的重量，即货物的实际重量（净重=毛重－皮重）。净重是国际贸易中最常见的计重办法，对一些低值的农产品或其他商品，有时也采用"以毛作净"的办法计重。例如，"黄豆 5 000 公吨，单层麻袋包装以毛作净"。所谓"以毛作净"，实际上就是按毛重计算重量。在国际贸易中去除皮重的方法有：实际皮重，是指包装的实际重量，即将整批商品的包装逐一过秤，算出每件包装的重量和总重量；平均皮重，从全部商品中抽取几件，称量其包装的重量，除以抽取的件数，得出平均数，再以平均每件的皮重乘以总件数，算出全部包装重量；习惯皮重，对某些商品所使用的包装材料和规格已比较定型，在计算其皮重时，按习惯上公认皮重乘以总件数，即可算出全部包装重量；约定皮重，买卖双方以事先约定的单件包装重量，约定皮重乘以商品的总件数，即可求得该批商品的总皮重。

3. 按公量

公量是指在计算货物重量时，用科学仪器抽去商品中所含的水分，再加上标准含水量所求得的重量。有些商品，如棉花、羊毛、生丝等有比较强的吸湿性，所含的水分受客观环境的影响较大，其重量也就很不稳定，为了准确计算这类商品的重量，国际上通常采用按公量计算的方法，其计算公式如下：

公量=［商品实际重量÷（1+实际回潮率）］×（1+公定回潮率）

其中：

实际回潮率=实际含水量÷商品干净重×100%

公定回潮率=公定含水量÷商品干净重×100%

计算实例：某公司出口羊毛 10 公吨，买卖双方约定的标准回潮率为 11%，其实际回潮率则从 10 公吨货物中抽取部分样品进行测算。假设抽取 10 千克，然后用科学方法去掉 10 千克羊毛中的水分，若净剩 8 千克干羊毛，则实际回潮率为 25%。将两种不同的回潮率代入上述公式，则公量为：10÷（1+25%）×（1+11%）=8.88（公吨）。

4. 理论重量

理论重量是指对某些固定规格、固定尺寸、重量大致相等的货物，以其单个重量乘以件数（或张数）而推算出的重量，适用于马口铁、钢板等商品。

5. 法定重量

法定重量是指货物和销售包装加在一起的重量。按照一些国家海关法的规定，在征收从量税时，货物重量必须包括直接接触产品的包装材料（如小瓶、小金属盒、纸盒等）在内。计算公式如下：

法定重量=纯商品的重量+内包装的重量

在国际贸易实践中，如果货物是按重量计量和计价的，而买卖双方没有明确采用何种方法计算重量和价格时，应按净重计量和计价。

▶▶ 二、合同中的数量条款

（一）数量条款的含义

1. 数量条款的基本内容

合同中的数量条款是买卖双方交接货物和处理争议的根据，因此，买卖双方签订合同时，必须对数量条款做出明确合理的规定。买卖合同中的数量条款主要包括成交商品的数量和计量单位，以重量计量的还须明确计量的方法。但有时在某些合同中，还要规定交货数量的机动幅度和作价办法。

2. 有关机动幅度的约定

在实际进出口业务中，有时由于产品的特性、成交的数量、生产能力、包装方式、装卸能力及运输工具等多种因素的限制，卖方难以准确地按合同规定的数量交货。尤其是粮食、化肥、矿砂、食糖等大宗商品，一般都用整船装运。由于船舶结构、积载因数和装载技术上的差异，在实际装船时，往往会出现多装或少装的情况。为使合同能顺利履行，避免日后因交货数量而发生争议，在签订合同时，对于某些成交数量大、计算不易精确的货物，买卖双方一般要规定交货数量的机动幅度，即卖方可以按买卖双方约定的某一具体数量多交或少交若干的幅度。数量机动幅度包括溢短装条款和约数两种规定办法。

（1）溢短装条款。

溢短装条款即在规定具体数量的同时，再在合同中规定允许多装或少装一定的百分比。

卖方交货数量只要在允许增减的范围内，即为符合合同的有关交货数量的规定。例如，合同规定："澳大利亚铁矿石 10 万公吨，卖方可溢交或短交 3%（Australian iron ore，100，000 M/T with 3% more or less at Sellers' option）。"

溢短装的选择权一般由卖方决定，但在以 FOB 术语出口时，也可以由买方决定，最好在合同中明确规定下来。在合同数量大、商品价格波动激烈的情况下，为了防止卖方或买方利用溢短装条款，故意多装或少装，有的合同在规定溢短装条款时，还在合同中约定多装或少装部分不按合同价计价，而采用装船时或货到时的市价计算。在合同中没有规定溢短装部分的计价办法时，通常按合同价格计算。

如果合同中未明确规定数量机动幅度，则卖方应严格按照合同中规定的数量交货。但是，若买方采用信用证方式付款，根据《跟单信用证统一惯例》（UCP600）的规定，除非信用证中规定货物数量不得增减，在支取金额不超过信用证金额的情况下，卖方所交货物数量允许有 5%的机动幅度。但当信用证规定数量以单位或个数计数时，此项增减幅度则不适用。

（2）约数。

约数是指在交易数量前面加上"大约""近似"等字样。对于"约"的含义在国际上解释不一，为防止引起纠纷，双方当事人应事先明确约数的幅度。在采用信用证付款方式时，根据 UCP600 的解释，凡此类词语用于信用证金额或信用证所列的数量或单价时，应理解为在所支付款项不超过信用证总金额的条件下，允许对有关金额、数量或单价有不超过 10%的增减幅度。

（二）签订合同数量条款应注意的问题

（1）必须正确掌握进出口商品的数量。在出口商品数量的掌握上，既要考虑国外市场的需求量、市场趋势、季节因素，保证及时和合理的供应，以便巩固和扩大销售市场，使出口商品卖出合适的价格，又要考虑货源情况和适应国内的生产能力，以免造成交货困难。同时，还要根据国外商人的资信情况及其经营能力来确定成交的数量，以防发生货款落空的风险。在进口商品数量的掌握上，主要应服从国内建设和调剂市场的需要，同时应考虑外汇支付能力与运输能力。

（2）在规定成交商品数量时，应一并规定该商品的计量单位。对按重量计算的商品，应规定计算重量的具体方法。有些商品还需规定数量机动幅度等，都应在条款中具体订明。一般不宜采用 "大约""近似""左右"等带伸缩性的字眼来说明成交数量。

（3）对于一些数量难以严格限定的商品，如大宗的农副产品、矿产品、煤炭及一些工业制成品，通常在合同中规定溢短装条款，交货数量允许有一定范围的机动幅度，并列明溢短装部分由谁选择和作价原则。

第四节 商品的包装

一、商品包装的含义

商品的包装是指为了有效保护商品品质的完好和数量的完整，采用一定的方法将商品置于合适容器中的一种措施。在国际贸易中，除少数商品（如粮食、石油、煤炭、钢材、车辆等）采用散装或裸装外，绝大多数商品都需要有适当的包装，以便于存储、装卸、运输、计数和销售。

商品包装是保护商品在流通过程中品质完好和数量完整的重要措施。由于国际贸易中的商品一般都需要经过长距离辗转运输。因此，国际贸易商品的包装比国内销售商品的包装更为重要。在国际贸易中，商品经过适当的包装：有利于储存、保管、运输、装卸、计数、销售和防止盗窃等工作的进行；有利于消费者的挑选和携带；包装良好的商品还有利于吸引顾客，扩大销路，提高售价，多创外汇。此外，商品的包装还在一定程度上反映出一个国家的生产水平、科学技术和文化艺术水平。

在当前市场竞争空前激烈的情况下，各国出口商更是千方百计地变换包装方式，不断翻新包装花样，以保持和扩大其商品的销路，排挤和打击竞争对手。因此，包装的作用不仅限于保护商品的品质和数量，而且已发展成为增强商品竞争能力，扩大销路、增加外汇收入的重要手段之一。

在我国，出口商品的包装是对外贸易工作的一个重要组成部分，做好这项工作有着重要的政治经济意义。同时，由于出口商品要同世界各国广大消费者见面，而且大部分消费品在国外是通过综合性的或专业的百货商店和超级市场出售的，这就对包装条件提出了更高的要求。出口商品的良好包装，有利于我国商品直接进入国外大百货商店和超级市场，供当地广大消费者选购；有利于提高出口商品的声誉和售价，增加外汇收入。

二、商品包装的基本要求及种类

（一）商品包装的基本要求

为了适应我国对外贸易发展的需要，使我国出口商品的包装达到科学、经济、牢固、美观、适销和多创外汇的要求，应做到以下几点：

（1）包装的用料和设计必须科学、牢固，既符合商品的特性，又适应对外贸易长途运输、各种不同的运输方式和沿途气候条件变化的要求，以保护商品的品质安全和数量完整。

（2）包装的用料和设计力求适应国外市场的销售习惯和消费习惯，适应进口国家对于包装、装潢方面的合理规定，以利于扩大我国出口商品的销路，提高售价，提高我国的对外贸易信誉。各种商品不同，对包装的要求也不同。原料商品和直接进入零售市场的制成品，对包装装潢的要求就有很大的差别。直接进入零售市场的商品，如食品、轻工产品、小五金、手工艺品、土特产、药品、纺织品、服装等，都要求既便于批发和零售，又适合消费者的使用、消费、购买力水平和携带。

有些国家对包装物料或商品说明有一定的要求和限制。如有的国家为防止虫害、霉变，禁止采用稻草、米糠等作为包装垫衬材料；有的国家为保证消费者身体健康，要求对食品要附有成分说明等。商品的包装、说明如不符合规定，即不能进口。

（3）包装的用料和设计要符合节约的原则，做到既能保护商品，又贯彻增产节约的精神。因此，在选用材料与改进包装等方面，都要从节约物料、降低成本及节约运费的角度考虑。选用材料方面，要在保证质量的前提下，贯彻自力更生的精神，尽可能使用国产包装材料，这不但可以为国家节省外汇，也可以促进国内生产的发展。

（4）良好的包装装潢对于扩大我国商品的影响，完成出口任务，维护和提高我国对外贸易的信誉有很大作用。因此，在我国出口商品的包装装潢设计方面，一定要反映我国产品的特点，科学地向国外介绍我国的产品，使购买者了解我们的产品。

包装装潢的设计应考虑艺术性，力求外形美观，以吸引顾客。因此，在我国出口商品包装装潢设计方面，要积极创新，不断提高包装装潢的艺术水平。新颖、美观的包装装潢对扩大销路和提高售价有很大的影响。

（5）努力实现出口商品包装机械化和标准化。为了适应我国对外贸易发展和国际市场的需要，我们必须积极创造条件，加速实现出口商品包装的包装机械化，这是一项具有重要意义的工作。实现包装机械化，以机械包装代替手工包装，可以更有效地提高劳动生产率，节约劳动力，改善劳动条件，降低劳动强度，节约包装用科和运输装印费用，提高包装质量，从而有助于发展出口贸易。实现包装标准化，主要是指对出口商品的包装要求统一材料、统一规格、统一容量、统一标记和统一封装方法。实现出口商品包装标准化，可以简化包装容器规格，易于识别，易于计量，便于统一对外，同时还能节约包装用料，合理压缩体积，节省运费，并便于装卸运输，为集合包装和成组运输创造有利的条件。

（二）商品包装的种类

1. 商品按包装方式可以分为裸装货和散装货

裸装适用于一些品质比较稳定、自成件数、难以包装或不需要包装的商品，如钢材、铝锭、木材、橡胶等，裸装一般没有任何包装，但有时也略加包扎，如钢材有时也用铁丝捆扎成堆。

散装适用于一些数量较大、颗粒成堆或液态的商品，这些商品多是不易碰坏的货物，如矿砂、煤、粮食、石油等。许多散装的商品也可以包装。散装货物需要具备一定的装卸条件和运输设备。近年来，随着码头装卸、仓储和散装运输设备的发展，各国商人大量地采用散装方式进行交易。因为散装运输可以加快装卸速度，节省包装费用、仓容和运费。不过，在采用散装运输时要考虑码头装卸设备和仓库条件，否则，会造成装卸、运输、储存上的困难和品质、数量方面的损失。

2. 商品包装按其在流通过程中作用的不同，可以分为运输包装和销售包装

（1）运输包装。

运输包装又称大包装或外包装，它的作用主要在于保护商品的品质和数量，以便于运输、储存、检验、计数、分拨，有利于节省运输成本。运输包装的方式和造型多种多样，

包装材料和质地各不相同，包装程度也有差异，这就导致运输包装具有多样性。

按包装方式，运输包装可分为单件运输包装和集合运输包装：前者是指货物在运输过程中作为一个计件单位的包装；后者则指将若干个单件运输包装组合成一件大包装，可以提高港口装卸速度，便利货运，减轻搬运的劳动强度，降低运输成本和节省运杂费用，更好地保护商品的质量和数量，并促进包装的标准化。在国际贸易中，常见的集合运输包装有集装包和集装袋。

按照包装外形来分，常用的有包、箱、桶、袋等。

按照包装的质地来分，有软性包装、半硬性包装和硬性包装。软性包装比较容易变形，有利于节约仓容；半硬性包装不易变形，同时经堆储后可略有压缩；硬性包装不能压缩，包装本身硬实。

按照制作包装所采用的材料来分，常用的有纸制包装、金属包装、木制包装、塑料包装、棉麻制品包装、玻璃制品包装、陶瓷包装，以及竹（柳、草）制品包装等。

按包装程度不同，可分为全部包装和局部包装。

（2）销售包装。

销售包装又称小包装或内包装，是指直接接触商品，随着商品进入零售环节和消费者直接见面的包装，实际上是零售包装。销售包装除要求具备保护商品的条件外，更重要的是要美化商品，宣传商品，便于销售和使用。在销售包装的造型结构、装潢画面和文字说明等方面都有较高的要求。国际上对销售包装的质量和数量要求越来越高，不断研究改进销售包装的式样，提高销售包装的质量，扩大带销售包装的商品出口，是包装工作中的重要任务之一。

在销售包装上，除附有装潢画面和文字说明外，还印有条形码的标志。由于，许多国家的超级市场都使用条形码技术进行自动扫描结算，如商品包装上没有条形码，即使是名优产品，也不能进入超级市场。有的国家甚至对没有条形码标志的商品不予进口。国际物品编码协会分配给我国的国别号为"690"和前缀码"691"，凡标有"690""691"条形码的商品，即表示为中国产品。销售包装的造型结构、装潢画面和文字说明应根据不同商品、不同包装材料、不同销售地区和销售对象等因素来决定。

为了适应国际市场的需要、保护商品安全、降低商品流通费用和促进出口销售，销售包装应做到：便于陈列展销，吸引顾客和方便消费者选购；便于识别商品，以便消费者了解、看货成交；便于携带和使用，为消费者提供方便；要有艺术吸引力，以便吸引顾客、提高售价和扩大销路。如中高档烟酒、化妆品通过别致考究的包装，彰显品牌独特而华贵的形象；而低档的文具、日用品，如灯泡仅仅用不厚的纸套环绕灯泡，通过简单、实用的包装传递物美价廉的信息。

在出口商品的销售包装上，通常都要有关于商品名称、数量、规格、成分、产地、用途、使用方法等的文字说明。在撰写文字说明时，要求做到准确、统一、明晰、协调，文字布局应适合展销的要求。文字说明的内容既要严谨，又要简明扼要，同时还应根据各种商品的特性和销售习惯，各有所侧重。

3. 中性包装

中性包装是指既不标明生产国别、地名和厂商名称，也不标明商标或品牌的包装，即在出口商品包装的内外都没有产地和厂商的标记。中性包装的做法是国际贸易中常见的方式。采用中性包装，其目的是避开某些进口国家与地区的关税和非关税壁垒，以及适应交易的特殊需要（如转口销售等），它是出口国家厂商加强对外竞销和扩大出口的一种手段。

值得注意的是，采用中性包装的出口商品，如因故转为内销时，必须重新拆开包装，分别在产品及包装上依照我国有关产品质量方面的法律要求，附上产品的质量检验合格证、中文书写的产品名称、规格型号、生产厂家、厂址、生产日期等。

4. 定牌

定牌是指在商品包装上，卖方采用买方指定的商标或牌号。一般对于国外大量的、长期稳定的订货，可以接受买方指定的商标。在我国出口业务中，我方同意使用定牌，是为了利用买方的经营能力及其企业商誉或名牌声誉，以提高商品售价和扩大销售数量。接受买方的定牌下面，可以标明，也可以不标明"中国制造"或"中华人民共和国制造"字样。定牌有三种做法：

（1）接受买方指定的商标或牌号，不注明生产国别标志，即定牌中性包装。对于某些国外大量的、长期稳定的订货客户，可以接受这种做法。

（2）接受买方指定的商标、牌号，注明卖方的国别。

（3）接受买方指定的商标、牌号，在商标或牌号下注明卖方工厂制造，即定牌定产地。

定牌业务要注意的问题就是买方指定的商标是否存在侵权行为。为了避免定牌业务中造成被动，可以在合同中规定："买方指定的商标，当发生被第三者控告侵权时，应由买方与控告者交涉，与卖方无关，由此给卖方造成的损失应由买方负责赔偿。"

▶▶ 三、商品条形码

商品包装上的条形码是一组按特定编码规则排列起来的、粗细不等的、黑白相间的平行线条，可以利用专用的光电扫描读码装置将其转换为一定的脉冲信号，并解读为一定的数字或字母，标示生产国、制造商、商品名称、生产日期、图书分类号、邮件起止地点、类别、日期等各种信息的特殊代码语言，见图4-2。

条形码技术产生于美国，自1949年问世后，被广泛应用于各种生产和流通领域，通过零售渠道直接销售给最终用户的商品几乎都适合采用条码。此外，条码还广泛应用于储运包装上，以实现运输、仓储、发货、收货等业务的自动化管理。最常见的条形码是零售店中印制在各种商品销售包装上的条码，是由反射率相差很大的黑条（简称条）和白条（简称空）组成的，条码的宽度和排列顺序遵循一定的规则。

图4-2　条形码

条形码是迄今为止最经济、实用的一种自动识别技术，其主要优点是：

（1）信息采集速度快。与键盘输入相比，条形码输入的速度是键盘输入的5倍，并且能实现即时数据输入。

（2）可靠性高。键盘输入数据出错率为三百分之一，利用光学字符识别技术，出错率为万分之一，而采用条形码技术误码率低于百万分之一。

（3）采集信息量大。利用传统的一维条形码一次可采集几十位字符的信息，二维条形码更可以携带数千个字符的信息，并有一定的自动纠错能力。

（4）灵活、实用。条形码标识既可以作为一种识别手段单独使用，也可以和有关识别设备组成一个系统，实现自动化识别，还可以和其他控制设备连接起来，实现自动化管理。另外，条形码标签易于制作，对设备和材料没有特殊要求，识别设备操作容易，不需要特殊培训，且设备也相对便宜。

（5）自由度大。识别装置与条形码标签相对位置的自由度要比 OCR（光学字符识别）大得多。条形码通常只在一维方向上表达信息，而同一条形码上所表示的信息完全相同，并且连续，这样即使标签有部分欠缺，仍可以从正常部分输入正确的信息。

目前，世界许多国家都在商品包装上使用条形码，只要将条形码对准光电扫描器，计算机就能自动地识别条形码的信息，确定品名、品种、数量、生产日期、制造厂商、产地等，并据此在数据库中查询其单价，进行货款结算，打出购货清单，这就有效地提高了结算的效率和准确性，也方便了顾客。采用条形码技术，还有利于提高国际贸易信息传递的准确性，并使交易双方能及时了解对方商品的有关资料和本国商品在对方的销售情况。

▶▶ 四、商品运输包装的标志

运输包装标志就是在商品包装的外部印制、粘贴或书写的图形、文字和数字等标识，内容包括商品的名称、品牌、规格、等级、数量、体积等。它是识别商品的重要依据，其中销售包装的标志主要是为销售服务，运输包装的标志则与物流运作息息相关。

（一）销售包装标志

在销售包装上，一般都附有装潢画面和文字说明的标志。在设计和制作销售包装标志时，应做好以下方面的工作：

1. 包装的装潢画面

销售包装的装潢画面要美观大方，富有艺术上的吸引力，并突出商品的特点，其图案和色彩要适应有关国家的民族习惯和爱好，以利于扩大出口。装潢画面的图案禁忌：仙鹤在日本被看作长寿的象征，在法国是蠢汉和淫妇的代称；孔雀在缅甸是喜庆和吉祥的标志，在英国是淫鸟、祸鸟，开屏是自我炫耀；大象在泰国和印度象征智慧和忠诚，在英国象征蠢笨；熊猫在中国是国宝，在中东、西亚和南亚各国因其外形似猪，被禁止当作图案用。

装潢画面的颜色禁忌：红色，在日本象征吉祥、幸福，在德国、瑞典及西欧一些国家表示凶兆；蓝色，在比利时是不吉利的标志，在伊拉克被视为恶魔，但在叙利亚、荷兰、挪威、瑞士等国，则是人们喜爱的标志；在巴基斯坦忌用黄色，因为那是僧侣的专用服色，叙利亚和其他伊斯兰教国家认为，它如同树上落下来的黄叶而意味着死亡，埃及、巴西、新加坡、马来西亚、土耳其、埃塞俄比亚人均厌之，但委内瑞拉人却非常爱好黄色。

2. 包装上的文字说明

销售包装上应有必要的文字说明，如商标、品牌、品名、产地、数量、规格、成分、用途和使用方法等，文字说明应同装潢画面紧密配合、互相衬托、彼此补充，以达到宣传和促销的目的，使用的文字还须简明扼要，并能让销售市场的顾客看懂，必要时也可以中外文同时并用。

3. 包装上的标签

标签是指附在商品或包装上，用以简介生产国别、制造厂商、货物名称、商品成分、品质特点、使用方法等内容的标志。在销售包装上制作标签时，应注意有关国家的标签管理条例的规定。一些发达国家常以这些规章制度作为限制国外进口的一种手段，对此应引起足够的重视。以欧盟为例，欧盟在商品标签方面有一系列的规定，基本内容就是商品本身或外包装上必须带有内容全面、可读、可理解、正确的标签。

（二）运输包装标志

运输包装标志的作用是为了便于运输、仓储、商检和验关工作的进行，以及发货人与承运人和承运人与收货人之间的货物交接，避免错发错运。根据其作用、用途的不同，分为以下几种：

1. 运输标志

运输标志又称"唛头"，是区别一批货物同其他同类货物的依据。它的主要内容包括目的地信息、收货人信息、件数批号等，有的还包含货物的名称、规格、型号、毛重、装箱尺码、出厂时间等。按照贸易惯例，运输标志可以由卖方提供，而且不是必须在合同中做具体规定。若买方要求由其指定唛头时，卖方也可接受，但必须在合同中规定，提出唛头后通知卖方的日期，以免影响备货、出运和结汇等工作，现举例说明运输包装标志，见图4-3。

鉴于运输标志的内容比较多，加之各个国家和各种运输方式之间对运输标志的要求差异较大，不利于电子计算机在运输和单证流转方面的应用。为此，联合国欧洲经济委员会简化国际贸易程序工作组在国际标准化组织和国际货物装卸协调协会的支持下，制定了标准运输标志，向各国推荐使用。

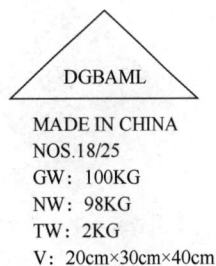

DGBAML

MADE IN CHINA
NOS.18/25
GW: 100KG
NW: 98KG
TW: 2KG
V: 20cm×30cm×40cm

图4-3 运输包装标志

标准化的运输标志完全由数字和字母信息组成，不包括几何图形，也不加任何广告性宣传及图形，主要内容包括：收货人或买方的英文名称缩写或简称，如 A，B，C，D；参照号，如运单号、合同号或发票号，如 1，2，3，4；目的地，如 NEW YORK；件数号码，如 1/25。

2. 指示性标志

指示性标志是提示人们在装卸、运输和保管过程中需要注意的事项，一般都是以简单、醒目的图形和文字在包装上标出，故又称其为注意标志。2008年5月，中华人民共和国国家质量监督检验检疫总局和中国国家标准化管理委员会发布了《包装储运图示标志》强制性国家标准，并于2008年5月1日开始实施，见图4-4。

3. 警告性标志

警告性标志又称危险货物包装标志，凡在运输包装内装有爆炸品、易燃物品、有毒物品、腐蚀物品、氧化剂和放射性物质等危险货物时，都必须在运输包装上标明用于各种危险品的标志，以示警告，使装卸、运输和保管人员按货物特性采取相应的防护措施，以保护物资和人身安全。2009年，中华人民共和国国家质量监督检验检疫总局和国家标准化管理委员

商标

商品名称

生产国别

运输包装的标志

识别标志

指示性标志

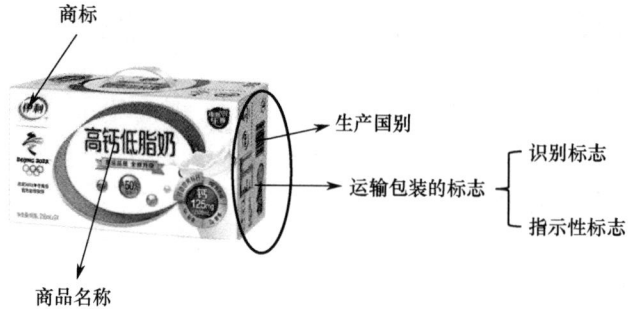

图 4-4　运输包装指示性标志图例

会发布了《危险货物包装标志》，并于 2010 年 5 月 1 日正式实施。本标准规定了危险货物包装图示标志（以下简称"标志"）的分类图形、尺寸、颜色及使用方法等。该标准中，标志分为标记和标签，标记 4 个，标签 26 个，其图形分别标示了 9 类危险货物的主要特性。

此外，联合国政府间海事协商组织也规定了一套《国际海运危险品标志》，这套规定已被许多国家采用，有的国家进口危险品时，要求在运输包装上标出该组织规定的危险品标志，否则不准靠岸卸货。因此，在我国出口危险货物的运输包装上，要标出我国和国际海运所规定的两套危险品标志。部分警告性标志图例如图 4-5 所示。

爆炸品符号（爆炸的炸弹）：黑色 底色：橙黄色	易燃气体符号（火焰）：黑色或白色 底色：红色	不燃气体符号（气瓶）：黑色或白色 底色：绿色
易燃液体符号（火焰）：黑色或白色 底色：红色	易燃固体符号（火焰）：黑色 底色：白色加竖直红条带	氧化剂和过氧化物符号（圆圈上带火焰）：黑色 底色：黄色
剧毒品符号（骷髅和交叉的骨头棒）：黑色 底色：白色	放射性物品符号（三叶形）：黑色 底色：白色	腐蚀性物品符号（液体侵蚀手和金属）：黑色 底色：白色和黑色

图 4-5　部分警告性标志图例

（三）合同中的包装条款

包装是货物说明的重要组成部分，包装条件是买卖合同中的一项主要条件。在国际贸易中，凡是需要包装的货物，买卖双方都应当在合同中签订包装条款。

1. 国际货物买卖合同中包装条款的基本内容

（1）包装材料和包装方式。

买卖合同中对包装材料和包装方式通常有两种规定方法：一种是做出具体规定，如："单层新麻袋装，每袋 45 千克（packing：in new single gunny bags of 45 kg each）。"另一种是使用含义笼统的术语，如"适合海运包装""习惯包装"等，这些包装条款很容易产生争议，应尽量避免采用。

（2）包装费用。

按照国际惯例，包装费用一般已包含在商品货价之内，不再另算价格。但在一些特殊情况下，如果买方提出了对包装的特殊要求，致使包装费用增加的，合同应规定，增加的包装费用由何方承担。如由买方负担，则还应该规定这部分费用的支付时间和方法，以利于合同的履行。

（3）装箱细数及其配比。

装箱细数是指每个包装单位内所装的商品个数。如果整批货物只有一个规格或尺码，则按要求的数量装箱即可；如果所装商品有多个规格尺码或多种颜色，则还应注明每件包装的搭配。例如"运动鞋 200 打，尺码有 23、24、25、26、27，每个尺码 40 打，分别装 5 箱"。混码包装会给销售带来很大的方便，因此，对混色、混码包装的货物一定要明确装箱配比。

（4）唛头。按国际贸易惯例，唛头一般由卖方决定，无须在合同中做具体规定。但有时买方对唛头有特殊要求，可在合同中列明买方通知有关唛头的期限，以便卖方据以刷制唛头，并订明"若到时未收到有关唛头的通知，卖方可自行决定"。

2. 各国对产品的包装使用规定

- 希腊政府正式公布，凡出口到希腊的产品，包装上必须要用希腊文字，写明公司名称、代理商名称和商品名称、产品重量、数量等项目。
- 输往法国的产品装箱单及商业发票，强制使用法文。包装的标志说明，如未以法文书写，应附上法文译注。
- 销往爱尔兰的木材或主要用木材制成的家具及物件，必须用爱尔兰文和英文标明原产国的持久标记。陶瓷器皿、餐具以及家用卫生陶瓷制品、搪瓷、铝锅、铸锅、男子和青少年外衣、袜子、地毯、针织品、首饰、电壶等，也必须用爱尔兰文和英文标明原产国的持久标记。
- 澳大利亚的产品包装标签，必须用英文标明。食品包装的标签上的所有文字一律应采用标准的英文字体，文字应鲜明易认，色彩与背景色具有反差。
- 销往香港已包装的食品标签，必须用中文或英文，但食品名称及成分，须同时用中英文注明。
- 销往阿拉伯地区的食品、饮料，必须用阿拉伯文说明。
- 销往加拿大的商品，必须英法文对照。加拿大的联邦消费包装及标签法规定：在加拿大任何地方销售的所有预先包装的产品标签，须用英文和法文表示。所有"强制性"的产品标签说明，也必须用英文和法文表示，只有制造商的名称和地址可用其中一种文字表示。对于非食品类产品，只有产品名称和数量是强制性说明的项目，所以这两项必须用上述两种文字来表示。

- 销往巴西的食品，要附加葡萄牙译文。
- 销往泰国的药品，不使用泰文的，不准进口。
- 出口到日本的食品和药品，必须用日文标明其内容和用法。所有进口食品，包括糖果和口香糖，必须用日文说明是否含有人工颜料或者防腐剂，并标明进口商的姓名和地址。

本章小结

1. 商品的品名是构成商品说明的一个主要的组成部分，也是买卖双方交接货物的一项基本依据。

2. 商品品质是商品的内在素质和外表形态的综合反映。合同中的品质条款是构成商品说明的重要组成部分，是买卖双方交接货物的依据。

3. 在国际贸易中，表示商品品质的方法有两大类，分别是：用实物表示法和用说明表示法。

4. 常见的货物的品质表示方法主要有两类：一是以实物样品表示（主要是凭样品买卖）；二是以文字说明表示。在凭样品买卖时，按样品提供者的不同，可分为卖方样品、买方样品和对等样品，要注意加以区别；而凭文字说明买卖又分为凭规格、等级、标准、品牌或商标、产地名称或地理标志及说明书和图样买卖等。品质条款是买卖合同中的一项主要条款，在约定具体品质指标时，有时加订品质机动幅度或品质公差条款，以保证交易的顺利开展。

5. 由于各国度量衡制度不同，所以货物数量的计量单位存在差异，目前常用的度量衡制度有公制（或米制）、英制、美制及国际单位制。常用的计量单位有：重量单位、数量单位、长度单位、面积单位、容积单位等。其中，按重量计量的方法又分为毛重、净重、公量、理论重量、法定重量等。

6. 数量条款是国际货物买卖合同中的主要条款之一，也是双方在交割货、单和处理数量纠纷时的依据。有些货物不易计量精确，或者受运输、包装等条件的限制，实际装货往往出现多装或少装的现象。可以在合同中规定数量的机动幅度条款，以减少发生争议的可能性。

7. 货物包装根据其在流通过程中所起作用的不同，分为运输包装和销售包装。选用包装应结合客户的需求、商品的特性及国外的有关规定，达到科学、经济、牢固、美观、适销的要求。包装标志主要包括运输标志、指示性标志和警告性标志三种。

8. 商品包装是保护商品在流通过程中，品质完好和数量完整的重要措施。商品包装分为运输包装和销售包装。运输包装上应该有相应的运输标志。在商品上和内外包装上不注明生产国别、地名和生产厂名，也不注明原有商标和牌号，甚至没有任何文字的包装是中性包装，包括无牌中性包装和定牌中性包装。买卖双方签订合同时，对商品的包装方式，运输标志及包装费用的负担等，一般都要做出具体规定。

第五章　国际贸易术语和商品的价格

学习目标

- 了解国际贸易中贸易术语的含义和作用。
- 掌握关于贸易术语的国际惯例。
- 掌握 FOB。
- 了解我国进出口商品的作价原则。
- 掌握进出口业务中汇率的风险。
- 掌握出口商品盈亏核算。

开篇案例

买卖双方签订一份 FOB 合同，买方向保险公司投保"仓至仓条款的一切险"。当货物在从卖方仓库运往装运码头途中，出现了意外事故并造成 10%的货物受损（属于承保范围内的风险损失），事后卖方以保险单含"仓至仓条款"为由，要求保险公司赔偿，但遭到保险公司的拒绝。卖方于是请买方出面以买方的名义向保险公司索要赔偿，同样又遭拒绝。

第一节　国际贸易术语的含义及作用

在国内商业活动中，商品的单价通常是指每计量单位商品的价钱。但是，在国际贸易中，商品的单价的内涵要丰富得多。USD 500 per set CIF San Francisco，是一份国际货物买卖合同中对商品单价的规定：其中 USD 为计价货币美元的国际代码；500 是单位计价金额；per set 为商品计量单位；CIF San Francisco 是贸易术语。在国际贸易中，商品的单价由计价货币、单位金额、计量单位、贸易术语四个部分组成。何为贸易术语，它起什么作用？

一、贸易术语的含义和作用

（一）贸易术语的含义

国际货物买卖业务是依据合同进行的，买卖双方在享受合同赋予的权利的同时，又要履行相应的义务。对于国际贸易中的卖方而言，其基本义务是按照合同规定，交付货物，移交一切与货物有关的单据，并转移货物所有权；而对于买方而言，其基本义务则是接受货物和支付货款。在国际贸易货物运输交接过程中，有关责任、费用和风险的划分问题，是交易双方在谈判和签约时需要加以明确的一个重要内容，因为它们将直接影响商品的价格。

在实际业务中，对于上述的这些问题，一般要通过交易中所使用的贸易术语来加以确定。例如，国际贸易的商品单价都表示为这样的形式："每公吨 1 000 美元 FOB 上海（USD 1000 per M/T FOB Shanghai）""每打 100 美元 CIF 纽约（USD 100 per dozen CIF New York）"。这样，大家就会发现，与国内贸易商品的单价表示方法相比，除计量单位、货币符号和单位金额外，还加上了几个大写的英文字母并附上地点名称，这部分内容就是贸易术语。

贸易术语是在国际贸易的长期实践中产生的，随着国际贸易的发展变化，贸易术语也在不断地向前发展。总体来说，每一个贸易术语都包含了以下三方面的内容：

1. 责任划分问题

责任划分问题包括：买卖双方如何交货、收货；从卖方交货到买方收货过程中涉及的一些相关工作（如申领进出口许可证、商检、报关、投保、租船订舱、装卸货物等）由谁负责；买卖双方需要交接哪些有关的单据等。

2. 费用负担问题

费用负担问题是指买卖双方在交接货物过程中需要支付的相关费用（如进出口关税、仓储费、滞期费、运费、装卸费、保险费等）由谁负担。

3. 风险划分问题

风险划分问题是指买卖双方在交接货物过程中，尤其是长途运输过程中，货物可能遇到的风险由谁来承担的问题。

因此，每种贸易术语都有其特定的含义，不同的贸易术语意味着买卖双方承担的责任、费用和风险不同。一般而言，卖方承担的责任、费用和风险小，商品售价就低；反之，售价就高。为此，贸易术语又称价格术语（应当明确，贸易术语不等于价格，只是价格的一个重要组成部分）。

（二）贸易术语的作用

第一，简化了交易磋商的内容和交易手续，缩短了谈判时间，节省了业务费用，促进交易尽快达成。国际贸易与国内贸易相比，具有线长、面广、环节多、风险大的特点，所交易的商品往往需要经过长途运输，需要涉及银行、商检、海关、保险等方方面面的工作，在这个过程中所涉及的工作由谁去办，相关的费用由谁负担，发生的风险由谁来承担等问题，如果贸易双方都需要逐条进行磋商，并在合同中予以明确规定，不仅费时、费力，而且增大了贸易支出。

第二，反映了商品的价格构成，有利于买卖双方对进出口商品进行成本核算与比价。

第三，明确了买卖双方的权利与义务，有助于贸易纠纷的处理，对国际贸易的发展起着积极的作用。

国际贸易中的买卖双方分处两国，远隔两地，在卖方交货和买方接货的过程中，将会涉及以下诸多问题：

第一，卖方在什么地点、以什么方式交货？

第二，谁负责安排运输并承担运费及有关费用？

第三，谁负责为货物进行投保并支付保险费？

第四，谁负责办理货物在出口国的出口手续并支付必要的出口税费？

第五，谁负责办理货物在进口国的进口手续并支付必要的进口税费？

第六，货物在运输途中可能发生的损坏或灭失的风险由谁承担？

上述问题是每笔交易都必须明确的，但如果每笔交易中买卖双方都要对上述问题逐项进行磋商，将耗费大量的时间和费用，并将影响交易的达成。在国际贸易的长期实践中，逐渐形成了各种不同的贸易术语。通过使用贸易术语，就可解答上述问题，既可节省交易磋商的时间和费用，又可简化交易磋商和买卖合同的内容，有利于交易的达成和贸易的发展。贸易术语的内涵非常丰富，一方面，它确定了交货的各项条件，说明了在交接货物、费用负担、风险划分等方面，买卖双方各自承担的责任、义务；另一方面，贸易术语也表示了商品交易价格的构成因素，因此按不同的贸易术语成交时，交易的价格会因构成因素的差别而有所不同。贸易术语（Trade Terms），又称贸易条件、价格术语（Price Terms），是指用一个简短的概念或几个字母的英文缩写来表示商品的价格构成，说明交货地点，明确在货物交接过程中，买卖双方的有关费用、风险和责任的划分的专门用语。

▶▶ 二、关于贸易术语的国际惯例

贸易术语在实际业务中得到了广泛的使用，但由于不同国家和地区在法律制度、贸易惯例和习惯做法上的不同，存在对同一贸易术语的不同解释和做法，反而在一定程度上阻碍了国际贸易的发展。为了避免理解上的分歧和争议，某些国际组织、商业团体、学术机构试图对贸易术语做统一的解释。于是，陆续出现了一些有关贸易术语的解释和规则。这些解释和规则为较多国家的法律界和工商界所熟悉、承认和接受，就成为有关贸易术语的国际贸易惯例。其中在国际贸易业务实践中影响较大的主要有三个：国际法协会《1932 年华沙-牛津规则》，美国一些商业团体制定的《1941 年美国对外贸易定义修订本》，国际商会制定的《国际贸易术语解释通则》简称为 INCOTERMS。本节关于贸易术语的介绍将以对我国国际贸易实践影响最大的《国际贸易术语解释通则》为基础来进行。

（一）《1932 年华沙-牛津规则》

1928 年国际法协会在波兰华沙举行会议，以英国贸易习惯及判例为基础，制定了关于CIF 买卖合同的统一规则，共 22 条，称为《1928 年华沙规则》。后经 1930 年纽约会议、1931 年巴黎会议和 1932 年华沙会议，将前"华沙规则"修订为 21 条，定名为《1932 年华沙-牛津规则》，并沿用至今。该规则对 CIF 买卖合同的性质做了说明，并具体规定了在CIF 合同中买卖双方所承担的费用、责任和风险。

（二）《1941 年美国对外贸易定义修订本》

1919 年，美国九个大商业团体制定了《美国出口报价及其缩写》。后来因国际贸易习惯的变化，在 1940 年举行的美国第 27 届全国对外贸易会议上，对该定义做了修订，并于1941 年 7 月 31 日经美国商会、美国进口商协会和美国全国对外贸易协会所组成的联合委员会通过，称为《1941 年美国对外贸易定义修订本》。

该修订本对六种贸易术语做了解释：Ex（Point of Origin）——原产地交货；FOB（Free on Board）——在运输工具上交货；FAS（Free along Side）——船边交货；CFR（Cost and Freight）——成本加运费；CIF（Cost, Insurance and Freight）——成本加保险费、运费；Ex Dock（Named Port of Importation）——目的港码头交货。

《1941 年美国对外贸易定义修订本》在美洲国家有较大影响。由于它对贸易术语的解释，特别是对 FOB 术语的解释与其他国际惯例的解释有所不同，因此，我国外贸企业在与美洲国家进出口商进行交易时，应予特别注意。

（三）《2000 年国际贸易术语解释通则》

自 20 世纪 20 年代初，国际商会即开始对重要的贸易术语做统一解释的研究，1936年提出了一套解释贸易术语的具有国际性的统一规则。随后，国际商会为适应国际贸易实践的不断发展，于 1953 年、1967 年、1976 年、1980 年和 1990 年对 INCOTERMS做了五次修订和补充。1999 年 9 月，国际商会又公布了对 INCOTERMS 1990 做了修订的新版本《2000 年国际贸易术语解释通则》（以下简称《2000 年通则》），成为国际商会第 560 号出版物（INCOTERMS 2000，ICC Publication No. 560），并于 2000 年 1 月 1日起生效。

《2000 年通则》共对 13 种贸易术语做了解释，并按其共同特性归纳为 E、F、C、D四组。E 组只有 EXW 一种术语。F 组包括 FCA、FAS 和 FOB 三种术语。C 组包括 CFR、CIF、CPT 和 CIP 四种术语。D 组包括 DAF、DES、DEQ、DDU 和 DDP 五种术语。以"A"表示卖方、"B"表示买方，分别从十个方面一一对应地阐述了买卖双方的主要责任、义务。

第二节　主要贸易术语

目前，FOB、CIF 和 CFR 是国际贸易中，也是我国在对外贸易中广泛使用的三种传统的贸易术语。同时，随着集装箱运输和国际多式联运业务等运输技术的发展，在这三种传统贸易术语基础上发展起来的 FCA、CPT 和 CIP 三种术语也是国际贸易中适用面很广的贸易术语。本节将以《2000 年国际贸易术语解释通则》为依据，对这六种常用的贸易术语分别进行介绍。

一、FOB（...named part of shipment）——装运港船上交货（指定装运港）

（一）FOB 的含义

FOB 是 Free on Board 的缩写，采用这一贸易术语时，须在 FOB 后面注明装运港的名称，例如，装运港为秦皇岛，即 FOB 秦皇岛。该术语仅适用于湖运或内河运输。该术语是指卖方负责在合同规定的期限内，在指定的装运港将货物装上买方指定的船，并及时通知买方，并负担货物装上船为止的一切费用和风险，当货物越过船舷后，风险即由卖方转移至买方，卖方即履行完交货义务。

（二）FOB 下双方的义务

根据国际商会制定的 INCOTERMS 2000，在 FOB 术语下，买卖双方应承担的主要义务：

1. 卖方义务

第一，在合同规定的装运期内，在指定的装运港将货物装上买方指定的船只，并及时通知买方。

第二，办理货物出口清关手续，承担货物越过装运港船舷为止的一切费用和风险。

第三，负责提供商业发票、清晰的装船单据以及合同规定的其他单据或具有同等效力的电子信息。

2. 买方义务

第一，负责租船订舱，支付运费，并将船名、装船地点和装船时间通知卖方。

第二，承担货物在装运港越过船舷时起的一切费用和风险。

第三，按照合同规定支付货款，并收取符合合同规定的货物和单据。

第四，获得进口许可证或其他官方证件，办理进口报关手续，以及若要途经另一国的过境海关手续，并支付上述有关费用。

（三）在使用 FOB 时注意的几个问题

1. 装船概念及风险划分界限

依国际商会的规定，以 FOB 术语成交的合同，卖方须"按照港口惯常办法，把货物装上买方指定的船只"，而买卖双方风险划分的界限是以"货物越过船舷"为界，即货物装船前的风险，包括货物在装船过程中落入海中所造成的损失，均由卖方承担；货物装船后，包括货物不慎跌落海中所造成的全部或部分损失，以及在运输过程中所发生的损失，由买方承担。这就涉及"装船"概念的问题，是以货物"越过船舷"与否为标准，还是以将货物"装上船只"为标准来判断是否完成装船？在具体的业务中，装船过程是一个连续的过程，它包括货物从岸上起吊，越过船舷，装入船舱。如果卖方承担了装船义务，就要完成上述全部作业，而不可能与买方在船舷处办理交接。所以，严格地说，"以船舷为界"只是说明买卖双方风险划分的界限。至于费用的负担问题，依 INCOTERMS 2000 中的规定，"卖方必须支付有关货物的一切费用，直至货物在指定装运港已越过船舷为止"。在通常情况下，这是指作为卖方要承担装船的主要费用，不包括货物上船后的整理费用，即平舱费、理舱费，有附加条件的除外。

2. 船货衔接问题

在以 FOB 术语成交的合同中，买方负责租船或订舱，并将船名、装船地点和时间通知卖方；卖方负责在合同规定的时间和地点，将货物装上买方指定的船只。这就涉及一个船货衔接的问题：

按照相关的法律和惯例，第一，如果船只按时到达装运港，而卖方货未备妥，则卖方应承担由此而造成的空舱费或滞期费及相应损失；第二，如果买方延迟派船或未经双方同意提前派船到装运港，卖方有权拒绝交货，由此而导致的卖方仓储费用的增加、空舱费以及因迟收货款而造成的利息损失等，均由买方负责。

因此，在以 FOB 术语签订合同进行贸易时，买卖双方在合同签订后，仍然要注意加强联系，密切配合，防止船货脱节。另外，采用 FOB 术语时，买卖双方可以协商，由买方委托卖方安排运输，办理租船或订舱，这是代办性质，买方仍要负担运费。

3. 有关装船费用的负担问题

有关装船费用是指在完成装船作业的过程中涉及的各项具体费用，主要包括将货物运到船边的费用、理舱费、平舱费。目前，世界各个国家和地区对于"装船"的概念没有统一明确的规定，同时各国的港口惯例或习惯做法也不一致，因而买卖双方往往会对一些相关的装船费用由谁负担的问题发生争议。第一，若采用班轮运输，船方负责装卸，装卸费、平舱费、理舱费等都已包括在运费内。由于 FOB 合同的运费由买方支付，所以上述费用实际上由买方负担。第二，若采用租船运输，船方一般不负担装卸费用，因此，在合同中就必须明确说明各种有关装船费用由谁来负担。

为了明确租船运输时，有关装船费用的划分，买卖双方往往在 FOB 术语后设附加条件，来表明具体的有关装船费用到底由谁来负担，从而形成了 FOB 术语的变形。常见的主要有以下五种：

（1）FOB 班轮条件。

它是指装船费用按照班轮的做法来办，即卖方不负担装船的有关费用，有关装船费用由买方负担。

（2）FOB 吊钩下交货。

它是指卖方将货物交到买方指定船只的吊钩所及之处，即吊装入舱以及以后其他各项费用一概由买方负担。

（3）FOB 理舱费在内。

它是指卖方负担将货物装入船舱，并承担包括理舱费在内的装船费用。该变形通常用于大宗的打包货物或以件数计量的货物。

（4）FOB 平舱费在内。

它是指卖方负责将货物装入船舱，并承担包括平舱费在内的装船费用。该变形主要用于大宗的散装货物。

（5）FOB 理舱费和平仓费在内。

它是指卖方负责将货物装入船舱，并支付包括平舱费和理舱费在内的装船费用。

需要强调的是，上述五种 FOB 术语的变形，仅表明装船费用由谁负担，并不改变 FOB 术语的交货地点和风险转移的界限。

4. 个别惯例对 FOB 的不同解释

第一，在 INCOTERMS 2000 中，FOB 只有一种形式，是一个完整并且有确切内涵的贸易术语，即船上交货。买卖双方的责任、费用、风险的划分是以装运港的船舷为界，又称"离岸价"。

第二，在《1941 年美国对外贸易定义修订本》中，FOB 共有六种形式，仅有 FOB 是不完整的，必须在 FOB 后附加说明。在这六种形式中，只有第五种是装运港船上交货，与 INCOTERMS 2000 中的 FOB 相近，但也存在不同。所以，我国在与美国、加拿大等国家进行贸易使用 FOB 方式成交时，要特别注意，除在 FOB 后注明 Vessel 外，还应在合同中明确由对方（卖方）负责办理出口清关手续，并且给予买方关于货物已交至船上的充分通知。

▶▶ 二、CIF（...named port of destination）——成本加保险费与运费

（一）CIF 的含义

CIF 是 Cost, Insurance and Freight 的缩写，采用这一贸易术语时，应在 CIF 后面注明目的港名称，例如，目的港为纽约，则表示为 CIF 纽约。该术语仅适用于海运或内河航

运。该术语是指卖方负责租船订舱、办理运输保险，并支付到目的港的运费、保险费，承担货物越过船舷之前的一切费用和风险，在装运港，当货物越过船舷时卖方即完成交货义务。

（二）CIF 下双方的义务

根据国际商会制定的 INCOTERMS 2000，在 CIF 术语下，买卖双方应承担的主要义务：

1. 卖方义务

第一，签订从指定装运港承运货物的合同。在合同规定的时间和港口，将合同要求的货物装上船并支付至目的港的运费。装船后须及时通知买方。

第二，承担货物在装运港越过船舷前的一切费用和风险。

第三，按照买卖合同的约定，自负费用办理水上运输保险。

第四，自负风险，自负费用，取得出口许可证或其他官方批准证件，并办理货物出口所需的一切海关手续。

第五，提交商业发票和在目的港提货所用的运输单据，或具有同等效力的电子信息，并且自费向买方提供保险单据。

2. 买方义务

第一，接受卖方提供的有关单据，受领货物，并按合同规定支付货款。

第二，承担货物在装运港越过船舷之后的一切风险和费用。

第三，自负风险和费用，取得进口许可证或其他官方证件，并且办理货物进口所需的海关手续，支付相应的进口税。

（三）使用 CIF 时应注意的几个问题

1. 保险问题

在 CIF 术语下，卖方必须自费办理货物运输保险，但应投保何种险别，不同惯例所做规定不同。一般的做法是，在签订买卖合同时，在合同的保险条款中，明确规定保险险别、保险金额等内容，这样卖方就应按合同的规定办理投保。但如果合同中未能就保险险别等问题做出具体规定，那就要根据有关惯例来处理：

第一，根据 INCOTERMS 2000 的规定，卖方只需要投保保险公司责任范围最小的一种险别，而最低投保金额应为合同规定的价款加乘 10%，同时须以合同货币投保。但在买方要求下，卖方可加保战争、罢工、暴乱等险别，但费用需要买方自行承担，卖方虽负责投保，却具有代办性质。第二，按《1932 年华沙–牛津规则》规定，卖方应"按照特定行业惯例或在规定航线上应投保的一切风险"办理投保手续。投保金额应"按照特定行业惯例来定"，如无此惯例，则按 CIF 发票金额再加乘 10%。第三，依《1941 年美国对外贸易定义修订本》的规定，双方明确投保水渍险或平安险以及属于特定行业应保的其他险别。

2. CIF 属于装运港交货术语

CIF 属于装运港交货术语，不是目的港交货术语。按 CIF 条件成交，虽然卖方负责装运和投保，但并不承担保证把货物安全送达目的港的义务，因为货物在装运港越过船舷后，风险即转移给了买方。运输途中的风险及其产生的额外费用应由买方承担，因此，将CIF 说成是"到岸价"是不确切的。

3. 关于核算运费的问题

由于以 CIF 签订合同时，货物单价中包括运费，故卖方对外报价时，要认真核算运费，把运费考虑到货价中去，卖方核算运费时，考虑的主要因素有：第一，运输距离的远近；第二，运价变动的趋势；第三，是否需要转船；第四，海洋运输经营的方式，等等。

4. 关于租船订舱的问题

以 CIF 术语签订合同，卖方的基本义务之一是租船订舱，办理从装运港到目的港的运输事项。

根据 INCOTERMS 2000 规定，卖方必须按照通常条件及惯驶航线，用通常类型可供运输货物之用的海轮，装运货物至指定目的港。《1932 年华沙–牛津规则》也规定，"如果买卖合同未规定装运船只的种类，或者合同内使用'船只'这样笼统的名词，除依照特定行业惯例外，卖方有权使用通常在此航线上装运类似货物的船只来装运"。所以，除非买卖双方在合同中有明确约定，对于买方事后提出的关于限制装运船舶的国籍、船型、船龄、船级以及指定装载某班轮公会的船只等要求，卖方都有权拒绝接受。但在实际业务中，如买方提出了上述有关规定，在卖方能够办到且不增加额外费用的情况下，卖方也可以考虑接受。

5. 关于卸货费用负担问题

按照 CIF 条件成交，卖方负担的费用只是在 FOB 基础上增加负担运费和保险费。这里的运费是指正常的运费，不包括在运输途中可能发生的额外费用。在租船运输中，在装运港的装船费用必须由卖方负担，至于目的港的卸货费用究竟由谁来负担的问题，仍然存在较大分歧。按 INCOTERMS 2000 规定，通常要求买方支付卸货费。为了明确在使用租船运输方式中，卸货费用到底由谁来负担，在国际贸易实践中，产生了 CIF 的几种变形，主要有：

第一，CIF 班轮条件，指卸货要按班轮条件办理，即由卖方负担卸货费。

第二，CIF 卸到岸上，指由卖方负担卸货费，包括驳船费和码头费。

第三，CIF 吊钩交货，指卖方负责将货物从船舱吊起，卸离吊钩。如果船舶靠不上码头，那么应由买方自费租用驳船，卖方只负责将货卸到驳船上。

第四，CIF 舱底交货，指货物运抵目的港后，自船舱起吊直到卸到码头的卸货费用由买方负担。

CIF 的变形只是说明了卸货费用的负担问题，并不改变 CIF 术语交货地点和风险划分的界限。

6. 关于象征性交货问题

国际贸易的交货方式一共有两种：一种是象征性交货；另一种是实际交货。象征性交货是相对于实际交货而言的，它是指卖方只要按期在约定地点完成装运，并向买方提交合同规定的，包括物权凭证在内的有关单据，就算完成了交货义务，而不需要保证到货。实际交货则是指卖方要在规定的时间和地点将符合合同规定的货物提交给买方或者指定人，而不能以交单代替交货。在 CIF 条件下，卖方只要按期在约定地点完成装船并向买方提交符合合同规定的合格单据，就算完成了交货义务。买方则对卖方负有凭装运单据付款的义务，并非以卖方实际到达目的港交货作为付款的前提条件。也就是 CIF 实行的是交单与付款对流的原则，若货物在运输途中发生丢失或损坏，但只要卖方提交了符合合同要求的单据，买方就必须履行付款义务。然后可凭卖方提供的有关单据向船方或保险公司提出索赔。可见，CIF 实际上是一种单据买卖。所以装运单据在 CIF 条件下的贸易中具有特别重要的意义。

当然，买方凭单付款后，对抵运目的港的货物，仍保留复验权，如检验结果发现货物不符合合同规定，仍有依合同向卖方索赔或拒收货物的权利。

▶▶ 三、CFR（…named port of destination）——成本加运费（指定目的港）

（一）CFR 的含义

CFR 是 Cost and Freight 的缩写。使用该术语时，应在其后面加注目的港名称。例如，目的港为伦敦，则为 CFR 伦敦。该术语仅适用于海运和内河运输。该术语是指卖方负责租船订舱，在合同规定的装运日期或期间内将货物装上运往指定目的港的船舶，负担货物装上船前的一切费用和风险，支付运费。该术语中的成本是指 FOB 价格。

（二）CFR 下双方的义务

根据国际商会制定的 INCOTERMS 2000，在 CFR 术语下，买卖双方应承担的主要义务：

1. 卖方义务

第一，负责租船订舱和支付运费，在约定期限内在装运港装船，并及时向买方发出已装船通知。

第二，承担货物在装运港越过船舷之前的一切费用和风险，办理货物出口清关手续。

第三，按合同规定向买方提供运输单据等有关单证或具有同等效力的电子信息。

2. 买方义务

第一，承担货物在装运港越过船舷之后的一切费用和风险。

第二，在指定目的港接受承运人所交货物并办理进口清关手续和缴纳的进口关税。

第三，接受卖方提供的各种单证，按合同规定支付货款。由此可见，CFR 术语与 CIF 术语十分类似，不同之处仅在于：CFR 合同卖方不负责办理保险手续和支付保险费，不提供保单。

（三）使用 CFR 术语时应注意的几个问题

1. 关于卸货费用

前述的关于 CIF 术语为解决卸货费用负担而产生的变形，完全适用于 CFR 术语。

2. 特别注意装船通知问题

虽然按照国际惯例，不论是 FOB、CIF 还是 CFR 合同，卖方都必须在货物装船后及时向买方发出装船通知。但是在 CFR 合同中，卖方在装船时发出及时通知尤为重要，因为这关系到买方能否及时为进口货物办理保险的问题。所以作为 CFR 合同的卖方，一般应以电传、传真等快速通信方法，在装船后立即发出装船通知。

3. 关于船舶和相关凭证

鉴于 CFR 条件下，货运与投保责任分别由卖方与买方各自承担，买方应注意选择比较好的客户成交，并可对船舶提出适当要求，防止不法商人与船方勾结，出具假提单，租用不适航的船舶，或伪造品质证书与产地证明。

以上三种贸易术语为装运港交货常用的三种传统的贸易术语。按 INCOTERMS 2000 解释，在这三种贸易术语下，买卖双方的风险划分都是以装运港载货轮的船舷为界，它们的区别主要在于买卖双方在所承担的手续和费用方面的责任有所不同。

▶▶ 四、FCA（...named place）——货交承运人（指定地点）

（一）FCA 的含义

FCA 是 Free Carrier 的缩写。在使用该术语时，要在 FCA 后面加上指定地点。例如，指定地点为长春，则表示为 FCA 长春。该术语可用于各种运输方式，包括多式联运。该术语是指卖方只要将货物在指定的地点交给买方指定的承运人，并办理出口清关手续，就算完成交货义务。

（二）FCA 下双方的义务

根据国际商会制定的 INCOTERMS 2000，在 FCA 术语下，买卖双方应承担的主要义务：

1. 卖方义务

第一，办理出口清关手续，是指在指定地点按约定日期将货物交给买方指定的承运人，并给予买方已交付的充分通知。

第二，承担货物交给承运人以前的一切费用和风险。

第三，向买方提供约定的单据或具有同等效力的电子信息。

2. 买方义务

第一，自负费用，订立自指定地点承运货物的合同，并将承运人名称及时通知卖方。

第二，从卖方交付货物时起，承担货物丢失或损坏的一切风险。

第三，按合同规定受领交货凭证或具有同等效力的电子信息。

（三）使用 FCA 时应注意的事项

1. 关于交货地点的问题

根据 INCOTERMS 2000 的规定，卖方必须在指定的交货地点，在约定的交货日期或期限内，将货物交给买方指定的承运人或其他人，或由卖方选定的承运人或其他人。而交货在下列情况下才算完成：

第一，若指定的地点是卖方所在地，则当货物被装上买方指定的承运人或代表买方的其他人提供的运输工具时。

第二，若指定的地点不是卖方所在地，而是其他任何地点，则当货物在卖方的运输工具上，尚未卸货而交给买方指定的承运人或其他人，或者由卖方选定的承运人或其他人处置时。

第三，若在指定地点没有约定具体交货地点，且有几个交货点可供选择时，卖方可以在指定的地点选择最适合其目的的交货点。

2. 关于指定承运人的问题

根据 INCOTERMS 2000 的规定，该术语一般是由买方自行订立从指定地点承运货物的合同，但是，如果买方有要求，并由买方承担风险和费用的情况下，卖方也可以代替买方指定承运人，并订立运输合同。当然，卖方可以拒绝订立运输合同，如果拒绝，应立即通知买方，以便买方及时安排。

3．货物集合化的费用负担

按 INCOTERMS 2000 的规定，在 FCA 术语中，卖方要承担在完成交货义务之前所发生的一切费用。鉴于在采用 FCA 术语时，货物大都做了集合化或成组化，如装入集装箱或装上托盘，因此，卖方应考虑将货物集合化所需要的费用也计算在价格之内。

FCA 这一术语和 FOB 术语的基本原则是一样的，其主要区别是风险划分不在装运港载货轮船的船舷，而是在货交承运人。

▶▶ 五、CIP（… named place of destination）——运费和保险费付至（指定地点）

（一）CIP 的含义

CIP 是 Carriage and Insurance Paid to 的缩写。该术语可适用于各种运输方式，包括多式联运。该术语是指卖方向其指定的承运人交货，并须支付将货物运至目的地的运费，办理买方货物在运输途中丢失或损坏风险的保险和支付保险费，而买方承担卖方交货之后的一切风险和额外费用。

（二）CIP 下双方的义务

根据国际商会制定的 INCOTERMS 2000，在 CIP 术语下，买卖双方应承担的主要义务：

1．卖方义务

第一，办理出口清关手续，自费订立运输合同和保险合同，按期将货物交给承运人，以运至指定目的地，并向买方发出货物已交付的充分通知。

第二，承担货物交付承运人以前的一切费用和货物丢失与损坏的一切风险。

第三，向买方提交约定的单证或具有同等效力的电子信息。

2．买方义务

第一，从卖方交付货物时起，承担货物丢失和损坏的一切风险。

第二，支付除通常运费之外的有关货物在运输途中所产生的各项费用和卸货费。

第三，在目的地从承运人那里受领货物，并据合同规定受领单据和支付货款。

CIP 与 CIF 这两种贸易术语十分相似，主要的不同之处是二者的适用范围不同。

▶▶ 六、CPT（…named place of destination）——运费付至（指定目的地）

（一）CPT 的含义

CPT 是 Carriage Paid to 的缩写。该术语可适用于各种运输方式，包括多式联运。该术语是指卖方向其指定的承运人交货，并须支付将货物运至目的地的运费，而买方承担交货之后的一切风险和其他费用。

（二）CPT 下双方的义务

根据国际商会制定的 INCOTERMS 2000，在 CPT 术语下，买卖双方应承担的主要义务：

1. 卖方义务

第一，办理出口清关手续，自费订立运输合同，按期将货物交给承运人，运至指定目的地，并向买方发出货物已交付的充分通知。

第二，承担货物交付承运人以前的一切费用和货物丢失与损坏的一切风险，以及从装运地至目的地的通常运费。

第三，向买方提交约定的单据或具有同等效力的电子信息。

2. 买方义务

第一，从卖方交付货物时起，承担货物丢失和损坏的一切风险。

第二，支付除通常运费之外的有关货物在运输途中产生的各种费用和卸货费。

第三，在目的地从承运人那里受领货物，并按合同规定受领单据和支付货款。

从以上可以看出，CPT 和 CFR 有许多相似之处，主要的不同之处是二者适用的运输方式不同。此外，在交货的具体地点、费用和风险划分的具体界限以及运用的单据等方面也存在着差异，如风险的划分不是在船舷，而是在货交第一承运人。

▶▶ 七、FCA、CPT、CIP 与传统术语的比较

FCA、CPT、CIP 与传统的 FOB、CFR、CIF 相比，有以下三个共同点：第一，都是象征性交货，相应的买卖合同为装运合同。第二，均由出口方负责出口报关，进口方负责进口报关。第三，买卖双方所承担的运输、保险责任互相对应，即 FCA 和 FOB 一样，由买方办理运输；CPT 和 CFR 一样，由卖方办理运输，而 CIP 和 CIF 一样，由卖方承担办理运输和保险的责任。由此而产生的操作注意事项也是类似的。

这两类贸易术语的主要不同点在于：

（一）适合的运输方式不同

在 FCA、CPT、CIP 适合各种运输方式；而 FOB、CFR、CIF 只适用于海运和内河运输。

（二）风险划分点不同

在 FCA、CPT、CIP 方式中，买卖双方风险和费用的责任划分以"货交承运人"为界，而传统的贸易术语则以"船舷"为界。

（三）装卸费用负担不同

FCA、CPT、CIP 一般由承运人负责装卸，因而不存在使用贸易术语变形的问题。

（四）运输单据性质不同

海运提单具有物权凭证的性质，而航空运单和铁路运单等，不具有这一性质。所以，除风险点不同外，可以把 FCA、CPT、CIP 看成 FOB、CFR、CIF 方式从海运向各种运输方式的延伸。

◆ 第三节 进出口商品价格的掌握

在国际货物买卖中，如何确定进出口商品价格和规定合同中的价格条款，是交易双方最为关心的一个重要问题。因为，成交价格的高低直接关系到交易双方的经济利益。卖方

希望能高价出售商品，而买方则希望能廉价购进商品。所以，讨价还价往往成为买卖双方交易磋商的焦点，价格条款便成为买卖合同中的核心条款。在进出口业务中，有些交易洽谈失败，也往往是由于在价格问题上，买卖双方难以达成共识，例如，在定价办法方面的分歧以及在计价货币选择方面的分歧等，因为这些都涉及双方所承担的风险问题。加之，价格条款与贸易术语和合同中的其他交易条件密切相关，有着不可分割的内在联系。因此，买卖双方在磋商成交价格时，往往会涉及合同中的其他交易条件，即价格条款的内容会对其他条款产生影响。反过来，买卖双方在其他条款上的利害与得失，一般又会在商品价格上反映出来。这就表明，价格条款在买卖合同中占有十分重要的地位，是合同中的核心条款。

在国际贸易的实际业务中，正确掌握进出口商品的价格，选择合理的作价办法和合适的计价货币，适当地应用佣金和折扣，可以避免交易风险，促进对外贸易的发展，保证和提高对外贸易的经济效益。

如何对进出口的商品进行定价是一项非常复杂的工作。以出口商品的定价为例：如果我们将价格定高了，会影响我国出口商品在国际市场上的竞争力，同时，还会刺激其他国家发展生产，或增加代用品来同我们的产品进行竞争，对我国出口产生不利影响；反之，如果我们不计成本低价销售，不仅会影响我国出口的经济效益，还会破坏我国商品的出口秩序，甚至还会使一些国家以此为借口对我的出口产品采取限制措施。例如，进口国进行反倾销起诉。因此，为了做好进出口商品的定价，我们必须正确地贯彻我国进出口商品的作价原则，切实掌握国际市场同类商品价格的变动趋势，充分考虑影响价格高低的各种因素，认真核算交易的各项成本，在此基础上来确定适当的成交价格。

▶▶ 一、我国进出口商品的作价原则

我国进出口商品的作价原则是：在贯彻平等互利的原则下，根据国际市场价格水平，并考虑我们的购销意图来确定适当的进出口价格。

商品的国际市场价格是商品国际价值的表现，是在国际市场竞争中形成的，它是容易被买卖双方所接受的价格，也是我们确定进出口商品价格的根本依据。如果其他条件没有差异，而想以高于国际市场的价格出口或以低于国际市场的价格进口，就会很困难或不容易实现。所以，国际市场价格是我们制定成交价格的客观依据和参照标准。同时还要结合我们的营销策略，合理地确定进出口商品的成交价格。企业开展国际贸易不应该是一种单纯地做一笔算一笔的进出口交易，而应该有长期的经营发展规划。因此，企业的每一笔具体交易都应贯彻既定的经营战略。而成交价格也是贯彻经营战略的一个重要方面。例如，出口企业有时为了在销售市场上击败竞争对手、扩大市场占有率，往往会用低价策略。如果为了树立商品的高品质或高档次形象，往往会用到高价策略。

▶▶ 二、影响成交价格的各种因素

在国际贸易中，商品价格的确定是受多种因素影响的，例如，交货条件、支付方式、成交量的大小、商品质量的高低等。在进出口业务中，除要遵循我国的基本作价原则外，还要考虑影响价格的各种具体因素。

（一）商品的质量和档次

商品质量和档次的高低对成交的价格有一定的影响。通常是商品的质量和档次高，成交的价格也高，而劣质商品的成交价格自然就低。高质量和高档次的商品其附加值高、技术含量高、式样新、商标和品牌的知名度高，在国际市场上受客户的青睐，成交的价格必然较高。

（二）运输状况

在国际货物买卖中，成交的货物都要经过长途运输才能完成空间位置上的转移，实现货物的跨国交易。运输距离的远近、运输方式的不同都会影响到运费和保险费的高低，从而影响到买卖双方的成交价格。特别是当卖方以 C 字母开头和 D 字母开头与买方达成交易时，运费的多少对双方的成交价格产生重要的影响，运费是成交价格的主要组成部分。

（三）成交数量情况

按照通常的贸易习惯，成交量大时，卖方会在价格上给予买方适当的优惠，即将成交价格下调，薄利多销；如果成交量过少，则会适当地将成交价格上调。针对不同的成交量对价格进行适当的调整，可以促进成交量的增加，保证一定的收益。

（四）买卖双方所选用的贸易术语

买卖双方在交易中选用的贸易术语不同，双方达成交易的价格也不同，买卖双方承担的风险、费用、责任划分以及货物的交接地点都不相同，这些因素都会影响双方的成交价格。例如，在 CIF 条件下和 DAP 条件下，卖方的报价中都考虑了货物的运费和保险费，但是，由于这两种术语在交货地点、风险划分的界限、交货的方式等方面是完全不同的，因而，按这两种术语成交时，价格应该是不同的，DAP 条件下的成交价格应高于 CIF 条件下的成交价格。

（五）季节性需求的变化

在国际市场上，许多商品会随着季节的变化而影响到该商品供求平衡的变化。特别是一些供应特定节日的专用商品和一些针对特定季节的商品，如果赶在节日前到货或在特定季节中投放到市场中，往往就可以以较高的价格达成交易；但是，一旦错过了时机，商品的价格会明显地下跌。因此，我们应注意抓住最有利的交易时机，争取使成交的价格对我方有利，以获得更多的经济效益。

（六）支付条件

在国际贸易中，买卖双方对货款的结算所选用的货币种类不同、结算方式不同，双方承担的风险也不相同。如果双方选择"硬币"作为结算货币则对卖方有利，如果双方选择"软币"则对买方有利，在此情况下，卖方为了避免汇率变动带来的风险，往往会适当地提高价格以达到对货款的保值效果。货款结算方式的不同也会引起成交价格的变化，如果选择收汇时间短、收汇比较安全的结算方式，卖方往往会考虑给买方更优惠的价格成交；反之，卖方会适当地提高售价。

▶▶ 三、合同中计价货币的选择

在国际贸易中，买卖双方在合同中选择哪种货币作为成交价格中的货币，其结果会直接影响到交易双方的经济利益。因此，交易双方都倾向于选择对自己有利的货币作为成交价格中的货币。

计价货币是指买卖双方在合同中规定用来计算商品价格的某种货币。如果在合同中没有规定用另一种货币来结算货款，则合同中的计价货币也是双方用来结算货款的支付货币；如果在合同中，除了规定了计价货币（如美元），还规定了另一种货币（如欧元）用来结算货款，则欧元就是支付货币。在一般的国际货物买卖合同中，通常只规定一种货币，即计价货币和支付货币用同一种货币。

在国际贸易中，对于现汇交易，买卖双方在选择计价货币时通常选用可兑换货币，即所选择的货币要能自由地兑换成其他货币。目前，在进出口业务中使用的主要可兑换货币有美元、欧元（自2002年1月1日起，原欧盟15个国家中除英国、瑞典和丹麦三国外，其他12个国家的货币被统一货币欧元取代，欧元正式进入流通领域）、日元、英镑等。在我国进出口业务中，大多使用美元作为计价货币。可兑换货币的价值，会因汇率的变动而变动，故而买卖双方均应密切注意各种可兑换货币汇率的升降趋势，选择合适的货币，以减少由于汇率波动而带来的风险。

通常，买卖双方愿意选择汇率稳定的货币作为计价货币。但在汇率不稳定的情况下，卖方倾向于选择"硬币"，即币值坚挺，汇率看涨的货币；而买方则倾向于选择"软币"，即币值疲软，汇率看跌的货币。合同中采用何种货币要由买卖双方协商决定。若采用的货币对其中一方不利，这一方应采取合适的措施，把所承担的汇率风险考虑到货价中去，比如相应地调整成交价格，或在合同中订立保值条款，也可以进行外汇保值业务。

在买卖合同中，如果计价货币和支付货币不是同一种货币，这两种货币按什么时候的汇率进行结算，也是关系买卖双方利益得失的一个重要问题。第一种情况是，货款的结算是按付款时的汇率计算。对卖方来说，如果计价货币是硬币，支付货币是软币，卖方基本上不会受到损失，可起到保值的作用；如果计价货币是软币而支付货币是硬币，则卖方收入的硬币就会减少，对卖方不利，而对买方有利。第二种情况是，按买卖双方签约时约定的汇率计算。如果计价货币是硬币，支付货币是软币，卖方在结算时收入的软币往往会减少，对卖方不利，而对买方有利。反之，如果计价货币是软币而支付货币是硬币，则对卖方有利，对买方不利。

另外，需要注意的是，如果交易双方的国家之间签订有贸易协定和支付协定，而双方的交易又属于协定适用的范围，在此情况下，双方在签约时就必须使用协定中指定的货币。

▶▶ 四、进出口业务中汇率的风险

外汇的汇率风险是进出口业务中必须考虑的一项风险。汇率风险是由于汇率的变动而给企业的进出口经营活动所造成的额外损失，或带来的额外机会。一般来讲，汇率风险按其作用对象（会计报表、交易结算和业务经营）可以分为三大类：交易风险、会计风险和经营风险。

交易风险是指在进出口业务中，从合同签订到货款结算这段时期内由于汇率变化而造成的损益。国际货物买卖所涉及的环节多，流通渠道长，因此，从买卖双方签约到最后结算货款，这之间的时间较长，一般要经过几个月甚至更长的时间，在这段时期内，汇率可能会发生变化，这样会使以本币计算的成交价与结算价不一致，产生这一差异的可能即是交易风险。

会计风险是指在海外有分公司的企业在编制合并会计报表时，由于汇率变化而造成海外分公司资产负债值在母公司会计报表上的损益变化。会计风险与交易风险的根本区别是它不引起实际的资金流动变化，所造成的只是一种会计报表上的账面损益，海外分公司的实际资产、负债值并没有发生变化，只有当将海外分公司转手时，会计损益才转变为实际上的资金损益。

经营风险是指汇率变动对企业经营、创利能力的影响。对经营风险的衡量不能像对交易风险和会计风险那样精确测算，经营风险是对企业在没有汇率变化情况下的未来经营状态和有汇率变化情况下经营状态两者之间企业价值的差距的一种大概估计。对于企业价值，从财会分析的角度就是企业所拥有的各种有形资产和无形资产的市场价值总和。如果从经济分析的角度看，企业的价值就是该企业未来创利能力的总和的折现值，很显然，企业今后是否能创利以及创利多少都会受到汇率水平和走向的影响。

▶ 第四节　进出口商品的价格计算

在国际贸易中，商品种类成千上万，不同的商品各有自己的特性，在国际市场上行情的变化也各不相同。有的商品价格比较稳定，而有的商品价格却变化剧烈。因此，可以根据交易商品的不同，分别采取不同的作价办法，采用不同的价格术语。掌握不同作价办法的具体运作以及不同价格术语之间的换算关系，对于定好合同的价格条款，具有重要意义。

▶▶ 一、作价方法

进出口商品的作价方法主要有以下几种：

（一）固定价格

我国的进出口合同，绝大多数都是在买卖双方协商一致的基础上，在合同中明确地规定具体价格，这也是国际上常见的做法。按照各国法律的规定，合同价格一经确定，就必须严格执行，即使市场价格有了很大的变化，合同的价格也不能变动。除非合同另有约定，或经买卖双方当事人一致同意，任何一方都不得擅自更改。

在合同中规定固定价格是一种常规做法，按此作价办法签订的合同，也称为"死价"合同。固定价格具有明确、具体、肯定和便于核算的特点。不过，由于国际商品市场行情的多变性，商品的价格涨落不定。因此，在国际货物买卖合同中规定固定价格，就意味着买卖双方要承担从订约到交货付款以至转售时价格变动带来的风险。况且，如果行市变动过于剧烈，这种做法还可能影响合同的顺利执行。一些资信较差的商人很可能为逃避由于国际市场上该商品价格的变动所带来的巨额损失，而寻找各种借口撕毁合同。为了减少因价格变动带来的风险，在采用固定价格时，首先，必须对影响商品供需的各种因素进行认真的研究，并在此基础上，对成交商品价格的前景做出判断，以此作为决定合同价格的依据；其次，对客户的资信情况进行认真的了解和研究，慎重选择订约的对象。但是，国际商品市场的变化往往受各种临时性因素的影响，变化莫测。特别是从 20 世纪 60 年代末以来，由于各种货币汇价波动不定，商品市场价格变动频繁，剧涨暴跌的现象时有发生。在此情况下，固定价格给买卖双方带来的风险比过去更大，尤其是在价格前景捉摸不定的情况下，更容易使客户裹足不前。因此，为了减少风险，促成交易，提高合同的履约率，在合同价格的规定方面，也日益采取一些变通的做法。

固定价格法比较适合于客户的资信好、成交的商品行情较稳定、交货期较短的交易合同。

（二）非固定价格

非固定价格，即一般业务上所说的"活价"，适用于行情频繁变动、价格涨落不定且成交量较大、交货期较长的合同。在进出口业务中，非固定价格大体上可分为下述几种。

1. 具体价格待定

这种定价方法又可分为：

第一，在买卖合同中对成交价格不做明确、具体的规定，只在价格条款中明确规定定价时间和定价方法。例如"在装船月份前 45 天，参照当地及国际市场价格水平，协商议定正式价格"，或"按提单日期的国际市场价格计算"。

第二，只规定作价时间。如"由双方在××年×月×日协商确定价格"。这种方式由于未就作价方式做出规定，容易给合同带来较大的不稳定性，双方可能因缺乏明确的作价标准，而在商订价格时各执己见，相持不下，导致合同无法执行。因此，这种方式一般只应用于双方有长期交往，已形成比较固定的交易习惯的合同。

2. 暂定价格

在合同中先订立一个初步价格，作为开立信用证和初步付款的依据，待双方确定最后价格后再进行最后清算，多退少补。例如，"单价暂定为每公吨 1 000 美元 CIF 纽约，作价方法：以××交易所 3 个月期货，按照装船月份月平均价加 8 美元计算，买方按本合同规定的暂定价开立信用证"。

3. 部分固定价格和部分非固定价格

为了照顾到买卖双方的利益，解决双方在采用固定价格或非固定价格方面的分歧，也可采用部分固定价格，部分非固定价格的做法，或是采用分批作价的办法，对近期交货的商品，其价格在订约时可以固定下来，对交货期较远的商品，其价格在交货前一定期限内作价。非固定价格是一种变通做法，在行情变动剧烈或双方未能就价格取得一致意见时，采用这种做法有一定的好处。表现在：

第一，有助于暂时解决双方在价格方面的分歧，先就其他条款达成协议，早日签约。

第二，解除客户对价格风险的顾虑，使之敢于签订交货期长的合同。数量、交货期的早日确定，不但有利于巩固和扩大出口市场，也有利于生产、收购和出口计划的安排。

第三，对进出口双方，虽不能完全排除价格风险，但对出口方来说，可以不失时机地做成生意；对进口方来说，可以保证一定的转售利润。

非固定价格的做法，是先订约后作价。这种作价方法有上述几条优点，但是它也有不足之处。因为合同的关键条款价格是在订约之后由双方按一定的方式来确定的，这就不可避免地给合同带来较大的不稳定性，存在着双方在作价时不能取得一致意见，而使合同无法执行的可能；或由于合同作价条款规定不当，而使合同失去法律效力的危险。

采用非固定价格订立合同时应注意：第一，是明确规定作价标准。如有些在商品期货交易所买卖的商品，应选择有代表性的期货交易所公布的期货价格作为定价的标准。第二，是要慎重选择作价时间。对于大宗商品的出口，为了避免价格波动风险，一般应采用装船前或装船时的市价，不宜轻易采用装船后作价办法。此外，还应充分考虑采用非固定价格对合同成立的影响。由于各国对价格确定的标准不统一，因此，虽然许多国家法律规定，具体价格可以不确定，只规定作价原则或办法即可，这样还是容易引起争议。所以，应对个别商品采用国际市场通行的非固定价格的做法。

（三）价格调整条款

价格调整条款，又称为滑动价格。在国际货物贸易中，有些货物的买卖合同除规定具体的成交价格外，还规定有各种不同的价格调整条款。例如"卖方对其他客户的成交价高于或低于合同价格的5%，对本合同未执行的数量，双方协商调整价格"。这种做法的目的是把价格变动的风险规定在一定范围之内，以提高客户经营的信心。

值得注意的是，在国际上，随着一些国家通货膨胀的加剧，这些国家的一些商品买卖合同，特别是加工周期较长的机器设备合同以及大宗初级产品交易合同，从合同签订到合同履行完毕需要较长时间，可能因原材料、工资等变动而影响生产成本，导致价格的波动幅度较大。为避免承担过大的价格风险，保证合同的顺利履行，都普遍采用所谓"价格调整条款"，即在订约时只约定初步价格，同时规定，如日后原材料价格、工资指数发生变化，双方再据此相应地调整价格。

如果买卖双方在合同中规定，按上述公式计算出来的最后价格与约定的初步价格相比，其差额不超过约定的范围（如百分之若干），初步价格可不予调整，合同原定的价格对双方当事人仍有约束力，双方必须严格执行。

上述"价格调整条款"的基本内容，是按原材料价格和工资的变动来计算合同的最后价格。在存在通货膨胀的条件下，它实质上是出口厂商转嫁国内通货膨胀、确保利润的一种手段。但值得注意的是，这种做法已被联合国欧洲经济委员会纳入其制定的一些"标准合同"之中，而且其应用范围已从原来的机械设备交易扩展到一些初级产品交易，因而具有一定的普遍性。

合同中的价格调整条款规定方法如下：以上基础价格按合同中的调整公式根据××（机构）公布的20××年××月的工资指数和物价指数予以调整。由于这类条款以工资和原料价格的变动作为调整价格的依据，因此，在使用这类条款时，就必须注意工资指数和原材料价格指数的选择，并在合同中予以明确。

此外，在国际贸易中，人们有时也应用物价指数作为调整价格的依据。如合同期间的物价指数发生的变动超出一定的范围，价格即做相应调整。

总之，在使用价格调整条款时，合同价格的调整是有条件的。如用来调整价格的各个因素在合同期间发生变化，可约定这种变化必须超过一定的范围才予以调整，未超过限度的，则不予调整。

▶▶ 二、价格换算方法

在国际贸易中，不同的贸易术语表示其价格构成因素不同，即包括不同的从属费用，例如：FOB 术语中不包括从装运港至目的港的运费和保险费；CFR 术语中则包括从装运港至目的港的通常运费；CIF 术语中除包括从装运港至目的港的通常运费外，还包括保险费。在对外洽商交易过程中，有时一方按某种贸易术语报价，希望以此报价来达成交易，对方则可能要求改报其他贸易术语所表示的价格。例如，一方按 FOB 条件报价，对方要求改按 CIF 或 CFR 条件报价，这就涉及价格的换算问题。了解贸易术语的价格构成及其换算方法，是从事国际贸易业务人员所必须掌握的基本知识和技能。

（一）最常用的 FOB、CFR 及 CIF 三种术语的价格构成

FOB＝进货成本（或生产费用）＋国内费用＋净利润

CFR＝进货成本（或生产费用）＋国内费用＋国外运费＋净利润

CIF＝进货成本（或生产费用）＋国内费用＋国外运费＋国外保险费＋净利润

另外三种贸易术语：FCA、CPT、CIP 的价格构成与以上三种术语类似，只是因采用的运输方式不同，所包含的费用也有所不同。

（二）主要贸易术语的价格换算方法及公式介绍

1. FOB 价换算为其他价

CFR 价＝FOB 价＋运费

CIF 价＝（FOB＋运费）/（1－保险费费率×投保加成）

2. CFR 价换算为其他价

FOB 价＝CFR 价－运费

CIF 价＝CFR 价/（1－投保加成×保险费费率）

3. CIF 价换算为其他价

FOB 价＝CIF 价×（1－投保加成×保险费费率）－运费

CFR 价＝CIF 价×（1－投保加成×保险费费率）

其中，投保加成＝1＋投保加成率。

在国际保险市场上，按惯例做法，国际货物运输保险的投保金额通常是按 CIF 或 CIP 价值的 110%来计算，即在 CIF 或 CIP 金额上再加一成（110%）投保，这 10%就称为"保险加成率"，主要作为买方的预期利润。而公式中所谓的"投保加成"就是 110%。

FCA、CPT、CIP 三种术语之间的价格换算公式与以上公式类似，这里不再列出。

▶▶ 三、出口商品盈亏核算

在我国现行的外贸体制下，外贸企业是独立的经济实体，其特点是自主经营、独立核算和自负盈亏。因此，为了实现企业的经济效益，避免单纯追求成交数量而不计盈亏的倾向，在确定进出口的商品价格时，要注意加强盈亏核算。盈亏核算的指标主要有：出口商品盈亏率、出口商品换汇成本和出口创汇率。

（一）盈亏核算涉及的基本概念

1. 出口总成本

出口总成本是指外贸企业为出口商品支付的国内总成本，包括进货成本和国内费用两

部分，它不涉及任何国外费用。

出口总成本=进货成本（含增值税）+国内费用−出口退税收入

出口退税收入=［进货成本（含增值税）+（1 +增值税率）]×退税率

进货成本是指从商品生产厂家购买出口商品时的费用，其中包含增值税。如果是企业自营出口，则进货成本改为生产费用。

国内费用主要包括有：加工整理，包装费，管理费（包括仓租、火险等），国内运输费用（仓至码头、车站、空港、集装箱货运站、集装箱堆场），装船费（装船、起吊费和驳船费等）和拼箱费，证件费（包括商品检验费、公证费、领事签证费、产地证费、许可证费、报关单费等），预计的损耗（耗损、短损、漏损、破损、变质等），邮电费（电报、电传、电话、邮件等费用），银行费用（贴现利息、手续费等）等。

为了便于核算，国内费用通常由出口企业按进货成本的 5%～10%的费用定额率来核定。

2. 增值税

增值税是以商品生产流通和劳务服务各个环节的增值额为课税对象征收的一种流转税。

3. 出口销售外汇净收入

出口销售外汇净收入是指出口外汇总收入中扣除运费、保险费、佣金等非贸易外汇后的外汇收入。出口商在出口商品时无论是按 FOB、CFR 或 CIF 中哪种术语成交，出口销售外汇净收入都是指将实际报价换算到 FOB 价所对应的外汇收入部分。

4. 出口销售人民币净收入

出口销售人民币净收入是出口销售外汇净收入按当时的外汇牌价中外汇的买入价折成人民币的数额。

（二）盈亏核算

1. 出口商品盈亏率

出口所得人民币净收入扣除出口所花费的总成本，即为出口盈亏额。出口盈亏率是出口盈亏额与出口总成本的比值，用百分比表示。它是衡量出口盈亏程度的重要指标。

2. 出口商品换汇成本

出口商品换汇成本是出口商品每取得一个单位的外汇净收入所花费的人民币成本。在我国通常用换取一美元的外汇净收入所需要的人民币成本来计算。出口换汇成本是衡量外贸企业盈亏的重要指标，与外汇牌价相比能直接地反映商品出口是否盈利。换汇成本如高于银行的外汇牌价，说明出口为亏损；换汇成本如低于银行的外汇牌价，则说明出口有盈利。

3. 出口创汇率

出口创汇率也称外汇增值率，主要用来衡量加工贸易中进料加工业务经济效益的重要指标，用加工后的成品出口所取得的外汇净收入与进口的原材料所支出的外汇成本的比率来表示。如果原材料是国产的，则原材料的外汇成本可按该原料的 FOB 出口价计算；如果原材料是进口的，则按该原材料的 CIF 进口价计算外汇成本。通过计算这一指标，可以看出成品出口的创汇情况，也反映出从原材料的进口到加工成成品出口这一整个加工过程中的增值情况。

本章小结

1. 国际货物买卖业务都是依据合同进行的，买卖双方在享受合同赋予的权利的同时，又要履行其相应的义务。

2. 贸易术语在实际业务中得到了广泛的使用，但由于不同国家和地区在法律制度、贸易惯例和习惯做法上的不同，存在对同一贸易术语的不同解释和做法，反而在一定程度上阻碍了国际贸易的发展。

3. 国际商会自20世纪20年代初即开始对重要的贸易术语做统一解释的研究，1936年提出了一套解释贸易术语的具有国际性的统一规则。

4. 国际贸易的交货方式一共有两种：一种是象征性交货；另一种是实际交货。象征性交货是相对于实际交货而言的，它是指卖方只要按期在约定地点完成装运，并向买方提交合同规定的，包括物权凭证在内的有关单据，就算完成了交货义务，而无须保证到货。

5. 海运提单具有物权凭证的性质，而航空运单和铁路运单等，不具有这一性质。

6. 在国际货物买卖中，如何确定进出口商品价格和规定合同中的价格条款，是交易双方最为关心的一个重要问题。

7. 我国进出口商品的作价原则是：在贯彻平等互利的原则下，根据国际市场价格水平，并考虑到我们的购销意图来确定适当的进出口价格。

8. 国际贸易中商品价格的确定是受多种因素影响的，例如，交货条件、支付方式、成交量的大小、商品质量的高低等。

9. 在国际货物买卖中，成交的货物都要经过长途运输才能完成空间位置上的转移，实现货物的跨国交易。

10. 增值税是以商品生产流通和劳务服务各个环节的增值额为课税对象征收的一种流转税。

下篇

国际贸易实务篇

第六章　国际货物运输与保险

学习目标

- 了解常见的国际货物运输方式。
- 了解集装箱运输和国际多式联运。
- 了解大陆桥运输。
- 掌握货物运输保险保障的范围。
- 了解货物运输保险业务。
- 了解掌握合同中的保险条款。

开篇案例

DHL 是由德国邮政控股的德国公司。它的前身是 1969 年在美国注册的快递公司，由三个美国创始人姓名的第一个字母组成了 DHL 公司，一直在美国国内经营国际间的快递业务，是世界上最早做国际快递的公司，也是业内信誉最好的公司，国内的各大进出口公司和银行的港口海运提单、汇兑凭证等紧急快件大多交付 DHL 公司安全承运。[①]

第一节　常见的国际货物运输方式

国际货物运输是借助运输工具实现物品的空间位置转移。按运输工具不同，运输分为海洋运输、陆路运输、航空运输、邮包运输和管道运输五种基本运输方式。近年来国际贸易中出现了一些新的运输方式，如集装箱运输、联合运输等，主要是对于五种运输方式的组合和改进。每种运输方式各具特点，在实际业务中，应根据进出口货物的特点、货运量大小、距离远近、运费高低、风险程度、自然条件和装卸港口的具体情况等因素的变化，选择合理的运输方式。

其中最重要的方式是海洋运输，海洋运输是国际贸易中历史最悠久的一种传统的运输方式。其次就是铁路、航空和公路运输。目前，在国际货物运输总量中，海洋运输占 80% 以上，是国际贸易中最重要的一种运输方式。

---

① 竺杏月，国际服务贸易与案例 [M]. 南京：东南大学出版社，2018.

▶▶ 一、海洋运输

（一）海洋运输的含义

海洋运输是指利用商船在国内外港口之间通过一定的航区和航线运输货物的方式。

与其他国际贸易运输方式相比，海洋运输具有很多特点。

1. 运输量大

国际货物运输是在全世界范围内进行的商品交换，地理位置和地理条件决定了海上货物运输是国际货物运输的主要手段。国际贸易总运量的 75%以上是利用海上运输来完成的，有的国家对外贸易运输海运占运量的 90%以上。主要原因是船舶向大型化发展，如 50 万～70 万吨的巨型油船、16 万～17 万吨的散装船，以及集装箱船的大型化，船舶的载运能力远远大于火车、汽车和飞机，是运输能力最大的运输工具。

2. 通过能力大

海上运输利用天然航道四通八达，不像火车、汽车要受轨道和道路的限制，因而其通过能力要超过其他各种运输方式。如果因政治、经济、军事等条件的变化，还可随时改变航线驶往有利于装卸的目的港。

3. 运费低廉

船舶的航道天然构成，船舶运量大，港口设备一般均为政府修建，船舶经久耐用且节省燃料，所以货物的单位运输成本相对低廉。据统计，海运运费一般约为铁路运费的 1/5，公路汽车运费的 1/10，航空运费的 1/30，这就为低值大宗货物的运输提供了有利的竞争条件。

4. 对货物的适应性强

由于上述特点使海上货物运输基本上适应各种货物的运输。如石油井台、火车、机车车辆等超重大货物，其他运输方式是无法装运的，而船舶一般都可以装运。

5. 运输的速度慢

由于商船的体积大、水流的阻力大、加之装卸时间长等其他各种因素的影响，所以货物的运输速度比其他运输方式慢。

6. 风险较大

由于船舶的海上航行受自然气候和季节性影响较大，海洋环境复杂，气象多变，随时都有遇上狂风、巨浪、暴风、雷电、海啸等人力难以抗衡的海洋自然灾害袭击的可能，遇险的可能性比陆地要大。同时，海上运输还存在着社会风险，如战争、罢工、贸易禁运等因素的影响。为转嫁损失，海上运输的货物、船舶保险尤其应引起重视。

海洋运输具有以下特点：通过能力大、运量大、运费低，不受道路、轨道限制。其缺点是：受自然条件影响较大，航行速度较慢，风险较大。海洋运输的船舶运输方式主要有两种：班轮运输和租船运输。

（二）海洋运输方式

1. 班轮运输

班轮运输又称定期船运输，简称班轮，指船舶按照预定的航行时间表，在固定的航线和港口往返航行，从事客货运输业务并按事先公布的费率收取运费。班轮运输适合批量小、次数多的商品。

（1）班轮运输的特点。

第一，四固定：固定的船期表、固定的航线、固定的港口和相对固定的运费率。

第二，船方负责配载装卸，装卸费包含在运费中，运货方不再另付装卸费，船货双方也不计算滞期费和速遣费。

第三，船、货双方的权利、义务与责任豁免，以船方签发的提单条款为依据。

第四，班轮承运货物的品种、数量比较灵活，货运质量较有保证，且一般采取在码头仓库交接货物，故为货主提供了较便利的条件。

（2）班轮运费构成。

班轮运费包括基本运费和附加费两部分。前者是指货物从装运港到卸货港所应收取的基本运费，它是构成全程运费的主要部分；后者是指对一些需要特殊处理的货物或者由于突然事件的发生、客观情况变化等原因而需另外加收的费用，包括超重附加费、超长附加费、直航附加费、转船附加费、选港附加费、绕港附加费、港口拥挤附加费、货币贬值附加费、燃料附加费、变更卸货港附加费、冰冻附加费等多种。

根据商品的种类不同，班轮运费的计收一般可采用下面几种标准：

第一，按货物重量（Weight）计算，以"W"表示。如1公吨（1 000公斤）、1长吨（1 016公斤）或1短吨（907.2公斤）为一个计算单位，也称重量吨。

第二，按货物尺码或体积（Measurement）计算，以"M"表示。如1立方米（约合35.314 7立方英尺）或40立方英尺为一个计算单位，也称尺码吨或容积吨。

第三，按货物重量或尺码，选择其中收取运费较高者计算运费，以"W/M"表示。

第四，按货物FOB价收取一定的百分比作为运费，称从价运费，以"A. V"或"Ad.Val."（Ad. Valorem）表示。这原是拉丁文，英文是按照价值的意思（According to Value）。

第五，按货物重量或尺码、价值，选择其中一种收费较高者计算运费，用"W/M or Ad.Val."表示。

第六，按货物重量或尺码选择其高者，再加上从价运费计算，以"W/M plus Ad. Val."表示。

第七，按每件为一单位计收：如活牲畜和活动物，按"每头"计收；车辆有时按"每辆"计收；起码运费按"每提单"计收。

第八，临时议定的价格。由承运人、托运人双方临时议定的价格收取运费。一般多用于低价货物。在运价表中以"Open"表示。

根据一般费率表规定：不同的商品如混装在一个包装内（集装箱除外），则全部货物按其中收费高的商品计收运费。同一种货物因包装不同而计费标准不同，但托运时如未申明具体包装形式时，全部货物均要按运价高的包装计收运费。同一提单内有两种以上不同计价标准的货物，托运时如未分列货名和数量时，计价标准和运价全部要按高者计算。这些是在包装和托运时应该注意的。此外，对无商业价值的样品，凡体积不超过0.2立方米，重量不超过50千克时，可要求船方免费运送。

（3）班轮运费计算。

计算班轮运费，一般可使用下列计算公式：

① 当附加费为绝对值时：

$$班轮运费=基本费率×运费吨+附加费$$

② 当附加费是百分比时：

$$班轮运费=基本费率×运费吨×（1+附加费百分比）$$

2. 租船运输

租船运输又称不定期船运输，通常是指包租整船，大宗货物一般采用这种方式。租船运输与班轮运输有很多差别。租船运输没有固定的船期表，船舶经由的航线和停靠的港口也不固定。运费或租金也由双方根据租船市场行情在租船合同中加以约定。

租船运输的方式包括：

（1）定程租船。

定程租船是指由船舶所有人负责提供船舶，在指定港口之间进行一个航次或数个航次承运指定货物的租船运输。定程租船就其租赁方式的不同可分为：单程租船、来回航次租船、连续航次租船、包运合同。

定程租船有以下特点：

第一，船舶的经营管理由船方负责。

第二，规定一定的航线和装运的货物种类、名称、数量以及装卸港口。

第三，船方除对船舶航行、驾驶、管理负责外，还应对货物运输负责。

第四，在多数情况下，运费按所运货物数量计算。

第五，规定一定的装卸期限或装卸率，并计算滞期费、速遣费。

第六，船租双方的责任、义务，以定程租船合同为准。

① 程租船运费的计算方法。

第一，按运费率计算方式，按货物单位重量或体积若干金额计费。第二，包干运费，按整船定一个总值。

② 程租船装卸费的规定方法。

程租船的装卸费，由租方和船方共同协商后，在合同中做出规定。可由船方负担，也可由运货方负担，规定的方法：船方负担装卸费，即班轮条件。

船方不负担装卸费，即船方不管装，不管卸。船方不负担装船费，即船方管卸不管装。船方不负担卸货费，即船方管装不管卸，以及船方不管装、不管卸、不管理舱、不管平舱。

③ 装卸时间。

程租船运输方式，货物在装卸港口装卸时间长短直接关系到船舶的使用周期和船方的利益。租方在和船方签订租船合同时，要就船舶在港装卸的时间做出具体的规定。如租船人未能在约定的装卸时间内将货物装完或卸完，而延长了船舶在港停留时间，从而延长了航次时间，这对船舶所有人来说，既可能增加船舶在港口停泊的时间而增加了港口费用的开支，又因航次时间延长而降低了船舶的周转率。装卸时间的规定直接关系到船方和租方的切身利益。

规定装卸时间的方法有以下几种：

第一，按日、或连续日。所谓日，是指午夜至午夜连续 24 小时的时间，也就是日历日数，以"日"表示装卸时间时，从装货开始到卸货结束，整个经过的日数，就是总的装货或卸货的时间，在此期间内，不论是实际不能进行装卸作业的时间（如雨天、施工或其他不可抗力），还是星期日或节假日，都应计为装卸时间。这种规定，对租船人不利。

第二，累计 24 小时晴天工作日。这是指在好天气情况下，不论港口习惯作业为几小时，均以累计 24 小时为一个工作日。如港口规定每天作业 8 小时，则一个工作日便跨及几天时间。这种规定对租方有利，而对船方不利。

第三，连续 24 小时晴天工作日。这是指在好天气情况下，连续 24 小时算一个工作日，中间因坏天气影响不能作业的时间应予扣除。这种方法一般使用于昼夜作业的港口。当前，国际上采用这种规定的较为普遍，我国一般也采用此种规定办法。这种方法对船、租双方公平合理，被广泛采用。

第四，"一旦滞期，永远滞期"。滞期后，不论是否遇节假日以及雨天，均计为滞期时间。

第五，滞期费、速遣费的概念。

在程租船合同规定的装卸时间内，如果租船人未能完成装卸作业，则许可装卸时间截止后到实际装卸完毕的时间，向船方支付一定的罚金，这项罚金叫滞期费。

租船人在合同规定的时间内提前完成了装卸任务，给船方节约了船期，港口开支，船方向租方支付一定的奖金，这项奖金叫速遣费。按惯例，速遣费是滞期费的一半。

（2）定期租船。

定期租船是指由船舶所有人将船舶出租给承租人，供其使用一定时期的租船运输。承租人也可将此期租船充当班轮或定程租船使用。定期租船有以下特点：

第一，租赁期间，船舶的经营管理由租船人负责。

第二，不规定船舶航线和装卸港口，只规定船舶航行区域。

第三，除特别规定外，可以装运各种合法货物。

第四，船方负责船舶的维护、修理和机器的正常运转。

第五，不规定装卸期限或装卸率，不计算滞期费、速遣费。

第六，租金按租期每月每吨若干金额计算。

第七，船租双方的权利与义务，以期租船合同为准。

定程租船运输与定期租船的区别：

第一，前者船员、燃料配备都由船方负责，后者由租方负责。

第二，船舶经营调度，前者都由船方负责，后者由租方自己负责。

（3）光船租船。

光船租船是指船舶所有人将船舶出租给承租人使用一个时期，但船舶所有人所提供的船舶是一艘空船。承租人自己要任命船长、船员，负责船员的给养和船舶营运管理所需的一切费用。

目前，我国外贸企业使用较多的租船方式是定程租船。定程租船主要用于运输量较大的大宗初级产品。定程租船的运费包括基本运费和装卸费。

▶▶ 二、铁路运输

在国际货物运输中，铁路运输是一种仅次于海洋运输的主要运输方式，海洋运输的进出口货物，也大多是靠铁路运输进行货物的集中和分散的。

由于我国幅员辽阔，海运进口货物大部分利用铁路运往内地各用货单位，海运出口货物也多是通过铁路向港区集中，因此，铁路运输是我国国际贸易货物集散的重要工具。国内各省和地区调运外贸物资、各种原料、半成品和包装物料，也主要依靠铁路运输来完成。我国国际贸易进出口货物运输一般都要通过铁路这一环节，铁路运输在国际货物运输中发挥着重要作用。

（一）铁路运输概述

铁路是国民经济的大动脉，铁路运输是现代化运输业的主要运输方式之一，铁路与其他运输方式相比较，具有以下主要特点：

1. 铁路运输的准确性和连续性强

铁路运输几乎不受气候影响，一年四季可以不分昼夜地进行定期的、有规律的、准确的运转。

2. 铁路运输速度比较快

铁路货运速度每昼夜可达几百公里，一般货车可达 100 公里/小时左右，远远高于海上运输。

3. 运输量比较大

一列货物列车一般能运送 3 000 公吨～5 000 公吨货物，远远高于航空运输和汽车运输。

4. 铁路运输成本较低

铁路运输费用比汽车运输费用低，运输耗油量约是汽车运输的 1/20。

5. 铁路运输安全可靠

风险远比海上运输小。

6. 初期投资大

铁路运输需要铺设轨道、建造桥梁和隧道，建路工程艰巨复杂，需要消耗大量钢材、木材，需要占用土地，其初期投资大大超过其他运输方式。另外，铁路运输由运输、机务、车辆、工务、电务等业务部门组成，要具备较强的准确性和连贯性，各业务部门之间必须协调一致，这就要求在运输指挥方面实行统筹安排，统一领导。

（二）铁路运输方式

我国进出口货物的运输包括内地铁路运输、至中国香港地区的铁路运输和国际铁路联运三部分。国内铁路运输主要指进出口货物在口岸和内地之间的集散。供应港、澳地区的物资经铁路运往香港九龙，也属于国内铁路运输的范围，但这种运输同一般内地铁路运输有所区别。

凡是在两个以上国家铁路货运中，使用一份统一的国际联运票据，由铁路负责办理全程运送的货物运输，在由一国铁路向另外一国铁路移交货物时无须发货人、收货人参加，这种运输方式称国际铁路货物联运，一般简称"国际联运"。采用国际铁路货物联运，有关当事人事先应有书面约定。欧洲国家的铁路联运工作开始较早，1890 年，欧洲各国在瑞士伯尔尼制定了《国际铁路货物运送规则》，以后在 1938 年改称为《国际铁路货物运送公约》（简称《国际货约》）。1951 年 4 月 1 日起，我国同苏联开办铁路联运；同年 11 月，苏联和东欧各国签署《国际铁路货物联运协定》（简称《国际货协》）。我国于 1954 年加入《国际铁路货物联运协定》。

铁路运输具有运量大、速度快、风险小的特点。在国际货运总量中，铁路货运量仅次于海洋货运量。铁路运输可分为国际铁路货物联运和国内铁路货物运输两种。

1. 国际铁路货物联运

凡是使用一份统一的国际联运票据，由铁路负责经过两国或两国以上铁路的全程运送，并由一国铁路向另一国铁路移交货物时，不需要发货人和收货人参加的这种运输称为国际铁路货物联运。

国际铁路货物联运免除了货物在国境站重新办理托运的手续，火车可以直接过轨运输，有利于各国之间的国际贸易和经济交往，加速了经济一体化的发展。

2. 国内铁路货物运输

国内铁路运输是指仅在本国范围内按《国内铁路货物运输规程》的规定办理的货物运输。我国出口货物经铁路运至港口装船及进口货物卸船后经铁路运往各地，均属国内铁路运输的范畴。

▶▶ 三、航空运输

航空运输是一种现代化的运输方式。由于航空运输具有速度快、准确、安全、方便等优点，航空货物运输在世界范围内得到迅速发展。同时，国际贸易中适合于航空运输的货物大量增加，促进了航空事业的发展。航空事业的发展又给航空运输提供了现代化、大型化的飞机，机场规模宏大，设施完善，航空公司不断增加，通信手段现代化。这些都为国际贸易货物的空运提供了更为便利的条件，促进了国际贸易的发展。国际贸易与航空业务互相促进，航空技术与航运共同发展。目前，在整个国际贸易运输中，航空货物运输所占的比重不断增加，货运量也越来越大。

航空运输最适合运输急需物资、鲜活产品、精密仪器、贵重物品，易腐、鲜活、季节性强的物资。

（一）航空运输的特点

航空货运虽然起步较晚，但发展异常迅速，特别受到现代化企业管理者的青睐，原因之一就在于它具有许多其他运输方式所不能比拟的优越性。概括起来，航空货物运输的主要特征有：

第一，运送速度快。常见的喷气式飞机的巡航速度大多在每小时 850～900 公里左右。对于那些易腐烂、变质的鲜活商品，时效性、季节性强的报刊、节令性商品，抢险、救急品的运输，这一特点显得尤为突出。

第二，不受地面条件影响，深入内陆地区。航空运输利用天空这一自然通道，不受地理条件的限制，对于地面条件恶劣、交通不便的内陆地区非常合适，有利于当地资源的出口，促进当地经济的发展。航空运输使本地与世界相连，对外的辐射面广，而且航空运输相比较公路运输与铁路运输占用土地少，对于寸土寸金、地域狭小的地区发展对外交通无疑是十分适合的。

第三，安全、准确。1997 年，世界各航空公司共执行航班 1 800 万架次，仅发生严重事故 11 起，风险率约为三百万分之一。航空公司的运输管理制度也比较完善，货物的破损率较低；如果采用空运集装箱的方式运送货物，则更为安全。

第四，节约包装、保险、利息等费用。由于采用航空运输方式，货物在途时间短，周转速度快，企业存货可以相应减少。这一方面有利于资金的回收，减少利息支出，另一方面企业仓储费用也可以降低。又由于航空货物运输安全、准确，货损、货差少，保险费用较低，与其他运输方式相比，航空运输的包装简单，包装成本减少。这些都构成企业隐性成本的下降，收益的增加。不过航空运输也有其缺陷：运输费用较其他运输方式更高，不适合低价值货物；航空运载工具——飞机的舱容有限，对大件货物或大批量货物的运输有一定的限制；飞机飞行安全容易受恶劣气候影响，等等。

（二）航空运输的分类

航空运输主要分为以下几类：

1. 班机运输

班机是指在固定时间、固定航线、固定始发站和目的站运输的飞机。通常班机是使用客货混合型飞机，一些大的航空公司也开辟定期全货机航班。班机因有定时、定航线、定站等特点，因此适用于运送急需物品、鲜活商品以及节令性商品。

2. 包机运输

包机是指包租整架飞机或由几个发货人（或航空货运代理公司）联合包租一架飞机来运送货物。包机又分为整包机和部分包机两种形式，前者适用于运送数量较大的商品，后者适用于多个发货人，但货物到达站又是同一地点。

3. 集中托运

集中托运是指航空货运公司把若干单独发运的货物（每一货主货物要出具一份航空运单）组成一整批货物，用一批总运单（附分运单）整批发运到预定目的地，由航空公司在那里的代理人收货、报关、分拨后交给实际收货人。集中托运的运价比国际空运协会公布的班机运价低7%～10%。因此，发货人比较愿意将货物交给航空货运公司安排。

4. 航空急件传递

航空急件传送是目前国际航空运输中最快捷的运输方式。它不同于航空邮寄和航空货运，而是由一个专门经营此项业务的机构与航空公司密切合作，设专人用最快的速度在货主、机场、收件人之间传送急件，特别适用于急需的药品、医疗器械、贵重物品、图纸资料、货样及单证等的传送，称为"桌到桌运输"。

（三）航空运输承运人

1. 航空运输公司

航空运输公司是指航空运输的实际承运人，对全程运输负责。

2. 航空货运代理公司

既是货主代理，也是航空公司代理。接受收、发货人的委托，代办进出口货物的航空订舱、包机等业务，并代办发运、交接、制单、报关和报验等工作。

（四）航空运价

航空运输货物的运价是指从起运机场至目的机场的运价，不包括其他额外费用（如提货、仓储费等）。运价一般是按重量（公斤）或体积重量（6 000立方厘米折合1公斤）计算的，并以两者中高者为准。空运货物是按一般货物、特种货物和货物的等级规定运价标准。

四、公路运输

公路运输是在公路上利用汽车运送货物的运输方式，是交通运输系统的组成部分之一。

公路运输机动灵活、简洁方便。可以深入到可通公路的各个角落，它不仅可以直接运进或运出对外贸易货物，而且也是港口、车站、机场集散进出口货物的重要手段。但公路运载货物有限，运输成本高，运输风险也大。我国内地对香港、澳门两个特别行政区的部分进出口货物，是通过公路运输来完成的。

国际公路货物运输指国际货物借助一定的运载工具，沿着公路做跨及两个或两个以上国家或地区的移动的过程，起着重要的衔接作用。它既是一个独立的运输体系，又是车站、港口和机场集散物资的重要手段。它是沟通生产和消费的桥梁和纽带，是连接铁路、水路、航空运输始端和末端的不可缺少的条件，是实现"门到门"运输的充分条件。

公路货物运输与其他运输方式相比较，具有以下特点：投资少、收效快、运距短、单程货多；适应点多、面广、零星、季节性强的货物运输；机动灵活、简捷方便、应急性强，能深入其他运输工具到达不了的地方，是空运班机、船舶、铁路衔接运输不可缺少的运输方式。随着公路现代化、车辆大型化，公路运输是实现集装箱在一定距离内"门到门"运输的最好的运输方式。汽车的载重量小，车辆运输时震动较大，易造成货损事故，费用和成本也比海上运输和铁路运输高。

公路运输的特点决定了它最适合短途运输。它可以将两种或多种运输方式衔接起来，实现多种运输方式联合运输，做到进出口货物运输的"门到门"服务。

公路运输可以配合船舶、火车、飞机等运输工具完成运输的全过程，是港口、车站、机场集散货物运输的重要手段，尤其是对鲜活商品的集港、疏港、抢运，公路运输往往能起到其他运输方式难以起到的作用。可以说，其他运输方式往往要依赖汽车运输来最终完成两端的运输任务。

公路运输也是一种独立的运输体系，可以独立完成进出口货物运输的全过程。公路运输是欧洲大陆国家之间进出口货物运输的最重要的方式之一。我国的边境贸易运输、港澳地区货物运输，其中有相当一部分也是由公路运输独立完成的。

集装箱货物通过公路运输实现国际多式联运。集装箱由交货点通过公路运到港口装船，或者相反。公路运输的经营方式主要有公共运输业、契约运输业、自由运输业、汽车货运代理等。

第二节 其他运输方式

一、集装箱运输和国际多式联运

（一）集装箱运输

1. 集装箱运输的发展

集装箱是海、陆、空不同运输方式进行联运时用以装运货物的一种容器。中国香港地区称为货箱，中国台湾地区称为货柜。集装箱运输是以集装箱为运输单位进行运输的一种现代化的先进的运输方式，它可适用于各种运输方式的单独运输和不同运输方式的联合运输。集装箱运输的优点是加速货物装卸，提高港口吞吐能力，加速船舶周转，减少货损货差，节省包装材料，减少运杂费用，降低营运成本，简化货运手续和便利货物运输等。集装箱运输是运输方式上的一大革命，它的出现和广泛运用，对国际贸易产生了很大的影响。集装箱运输实际上是指货物运输过程中的一种装载形式。集装箱是一种能反复使用的便于快速装卸的标准化货柜。集装箱按其装载货物所属货主，可分为整箱货和拼箱货。

每个集装箱有固定的编号，装箱后封闭箱门的钢绳铅封上印有号码。集装箱号码和封印号码可取代运输标志，显示在主要出口单据上，成为运输中的识别标志和货物特定化的记号。

集装箱最早出现在英国。19世纪30年代，英国在铁路运输中采用了集装箱这种大型容器，装运百货杂货和煤炭，从火车换装到马车上，以减少换装时间，加快装卸速度。

19世纪50年代，美国在铁路运输中也采用了这种称为"容器装运法"的集装箱运输。由于当时工业化水平较低，装卸机械还不能满足集装箱运输的需要，这种先进的方法终于停止使用。

到19世纪末，铁路运输受到了汽车运输的严重挑战。为了与公路运输竞争，1926年起，英、美、法、日等国的铁路系统又先后采用了集装箱运输。与此同时，公路运输为与铁路运输抗衡，也发展了自己的集装箱运输。由于当时各国铁路运输和公路运输所采用的集装箱的外形、结构、尺寸各不相同，1931年，国际集装箱协会在法国巴黎成立，打算共同制定统一的集装箱标准规范。由于当时铁路、公路各部门为了各自的利益互不相让，制定统一的集装箱标准规范未能实现。各种运输方式的集装箱不能实现联运，使集装箱的优势未能得到发挥，集装箱的发展又一次受到挫折。

美军为了加快军队的战略机动能力，需要解决向欧洲、亚洲各个军事地点大量、迅速地运送军需装备的问题，使用了一种称之为连接陆海的新式运输工具，这使集装箱的大规模使用迈出了一步。第二次世界大战结束后，一些资本主义国家的经济得到了很大的发展，由于生产中大量采用了新技术和新装备，生产的规模日益扩大，商品的品种数量也不断增加，生产的现代化迫切要求运输业与之相适应。

从1955年开始，集装箱运输又一次引起了人们的重视。当时由于美国的汽车运输业利用汽车运输灵活、迅速的特点，争拉货物运输业务，使铁路运输受到影响。因此，铁路运输为维持自己的业务，又采用了一种新的运输方法——平板车运输。平板车运输就是把集装箱放在平板车上的运输，这一方法使铁路运费低、速度快的特点和汽车可以"门到门"的优点结合起来，达到了速度快、费用低、破损少的要求。

后来，集装箱运输又在海运以及海陆联运中获得了成功，突破了集装箱运输仅用于陆地的范围。随着海洋运输业运量的增加和远洋船舶向大型化、高速化、自动化方向发展，使得件杂货运输中普通货轮所暴露的缺陷日益显著。船舶在港口卸货停泊的时间长、周转率低，妨碍了船舶向大型化方向的发展。在这种情况下，解决这一矛盾的唯一出路，就是实现装卸的合理化，而其关键则是将货物成组化，即把货物集合成一组大单元，来适应装卸的机械化，以加快船舶的周转，提高运输能力。当时美国的两家船公司，先后把十余艘油轮和普通货轮改为集装箱船，同时又在有关港口建立了装卸转造基地，实现了船舶和车辆的快速周转。

20世纪60年代以后，集装箱运输得到了迅速发展。国际集装箱运输则发展更快，国际集装箱多式联运被称为运输业的"第三次革命"，是世界科技、经贸高度发展的产物。它将海上、公路、铁路和航空等运输方式有机地衔接在一起，以其便捷、安全、经济的优势获得了迅速发展。

进入 20 世纪 70 年代，许多经济发达的国家已实现了集装箱化，彻底改变了过去传统的一件一件装卸搬运杂货的做法。在集装箱管理方面，已普遍采用电子计算机，许多港口开始向集装箱运输的大型化、高速化、自动化的方向发展。

2. 集装箱的定义

集装箱又称"货箱""货柜"。按原文字面的含义，它是一种"容器"，必须具有一定的强度（现在集装箱多为钢制），专供周转使用，便于机械操作的大型货物容器。所谓集装箱运输的概念就是将一定数量的单件货物装入按标准规格特制的集装箱内，并以该箱作为运送单位的一种现代化的运输方式。它可适用于各种运输方式的单独运输和不同运输方式的联合运输。

现以国际标准化组织（ISO）对集装箱的定义做以下介绍，国际标准化组织（ISO）对集装箱下的定义为，集装箱是一种运输设备，应满足以下要求：

第一，具有耐久性，其坚固强度足以反复使用。

第二，便于商品运送而专门设计的，在一种或多种运输方式中运输时，无须中途换装。

第三，设有便于装卸和搬运的装置，特别是便于从一种运输方式转移到另一种运输方式。

第四，设计时应注意到便于货物装满或卸空。

第五，内容积为 1 平方米或 1 平方米以上。

3. 国际集装箱运输方式

由于集装箱是一种新的现代化运输方式，与传统的货物运输有很多不同，做法也不一样，目前国际上对集装箱运输尚没有一个行之有效并被普遍接受的统一做法。但在处理集装箱具体业务中，各国大体上做法近似。现根据当前国际上对集装箱业务的通常做法，简介如下：

（1）集装箱货物装箱方式。

根据集装箱货物装箱数量和方式可分为整箱和拼箱两种。

① 整箱（Full Container Load，FCL）。

整箱是指运货方自行将货物装满整箱以后，以箱为单位托运的集装箱。这种情况在货主有足够货源装载一个或数个整箱时通常采用，除有些大的货主自己置备有集装箱外，一般都是向承运人或集装箱租赁公司租用一定的集装箱。空箱运到工厂或仓库后，在海关人员的监管下，货主把货装入箱内、加锁、铝封后交承运人并取得场站收据，最后凭收据换取提单或运单。

② 拼箱（Less than Container Load，LCL）。

拼箱是指承运人（或代理人）接受货主托运的数量不足整箱的小票货运后，根据货类性质和目的地进行分类整理，把去同一目的地的货，集中到一定数量拼装入箱。由于一个箱内有不同货主的货拼装在一起，所以叫拼箱。这种情况在货主托运数量不足装满整箱时采用。拼箱货的分类、整理、集中、装箱（拆箱）、交货等工作均在承运人码头集装箱货运站或内陆集装箱转运站进行。

（2）集装箱班轮进出口程序。

第一，订舱。发货人或货物托运人根据贸易合同或信用证有关条款的规定，在货物托运前一定的时间，填制订舱单向船公司或其代理人，或其他运输经营人申请订舱。

第二，接受托运申请。船公司或其代理人，或其他运输经营人在决定是否接受发货人的托运申请时，首先应考虑其航线、港口、船舶、运输条件等能否满足发货人的要求。在接收托运申请后，应着手编制订舱清单，然后分送集装箱码头堆场、集装箱货运站，据以安排空箱及办理货运交接。

第三，发放空箱。通常，整箱货（FCL）的空箱由发货人到集装箱码头堆场（CY）领取，拼箱货运（LCL）的空箱则由集装箱货运站（CFS）负责领取。

第四，拼箱货装箱。发货人将不足一整箱的货物交集装箱货运站，由货运站根据订舱清单的资料，核对场站收据、装箱。

第五，整箱货交接。由发货人自行负责装箱并将海关封志的整箱货运至集装箱码头堆场，码头堆场根据订舱清单，核对场站收据及装箱单，并验收货物。

第六，集装箱的交接签证。集装箱码头堆场在验收货物和集装箱后，在场站收据上签字，并将签署的场站收据交还给发货人，据此换取提单。

第七，换取提单。发货人凭签署的场站收据向负责集装箱运输的人或其代理换取提单，然后到银行结汇。

第八，装船。集装箱码头根据待装的货箱情况，制订出装船计划，待船舶靠泊后即行装船。

第九，海上运输。海上承运人对装船的集装箱负有安全运输、保管、照料之责任，并依据集装箱提单条款划分与货主之间的责任、权利、义务。

第十，卸船。集装箱码头根据装船港承运人代理寄来的有关货运单证制订出卸船计划，待船舶靠泊后即卸船。

第十一，整箱货交付。如内陆运输由收货人自己负责安排，集装箱码头堆场根据收货人出具的提货单将货箱交收货人。

第十二，拼箱货交付。集装箱货运站在掏箱后，根据收货人出具的提货单将货物交收货人。

第十三，空箱回运。收货人和集装箱货运站在掏箱完毕后，应及时将空箱收回。

（3）集装箱货物交接地点。

集装箱货物的交接，根据贸易条件所规定的交接地点不同一般分为：

① 门到门。

从发货人工厂或仓库至收货人工厂或仓库。

② 门到场。

从发货人工厂或仓库至目的地或卸箱港的集装箱堆场。

③ 门到站。

从发货人工厂或仓库至目的地或卸箱港的集装箱货运站。

④ 场到门。

从起运地或装箱港的集装箱堆场至收货人工厂或仓库。

⑤ 场到场。

从起运地或装箱港的堆场至目的地或卸箱港的集装箱堆场。

⑥ 场到站。

从起运地或装箱港的集装箱堆场至目的地或卸箱港的集装箱货运站。

⑦ 站到门。

从起运地或装箱港的集装箱货运站至收货人工厂或仓库。

⑧ 站到场。

从起运地或装箱港的集装箱货运站至目的地或卸箱港的集装箱堆场。

⑨ 站到站。

从起运地或装箱港的集装箱货运站至目的地或卸箱港的集装箱货运站。

4. 集装箱的优势

第一，提高装卸率，缩短船舶周转周期。集装箱运输大大缩短了船舶装卸时间，提高了船舶的周转率，提高了港口泊位的利用率。

第二，保护商品。由于货物装在钢制密封的集装箱内，在货物的运输转运过程中减少了装卸程序，极大地保护了货物的安全，减少了货损、货差。

第三，节省费用。

第四，便于装卸、防盗。

第五，简化货运手续。

5. 集装箱的种类与规格

目前在国际航运上使用的集装箱多为 20 英尺和 40 英尺集装箱。但近年来，集装箱向大型化方向发展，如美国总统轮船公司采用 53 英尺型集装箱。我国通常采用的规格为：20 英尺与 40 英尺集装箱。

为了便于统计计算，目前国际上都以 20 英尺集装箱作为计算单位，以 TEU 表示，意即"相等于 20 英尺单位"。在统计型号不同的集装箱时，按集装箱的长度一律换算成 20 英尺单位（TEU）加以计算。

6. 集装箱运输货物的交接

集装箱货物可分为整箱货和拼箱货。

（1）整箱货（Full Container Load，FCL）。

这种装箱方式是指货主自行将货物装满整箱后，以箱为单位向承运人进行托运。这种情况是货主有足以装满一个或几个整箱的货源时所采用的装箱方式。除有些较大的货主自己备有集装箱外，一般都是货主向承运人或集装箱租赁公司租用一定数量的集装箱，当空箱运到货主的工厂或仓库后，在海关人员的监督下，由货主把货物装入箱内，加锁铅封后交给承运人并取得场站收据，凭以换取提单或运单。

（2）拼箱货（Less than Container Load，LCL）。

这种装箱方式是指承运人（或其代理人）接受货主托运的数量不足装满整箱的小票货运后，根据货物性质和目的地进行分类整理，把去同一目的地的货物，集中到一定数量，拼装入箱。由于箱内不同货主的货物拼装在一起，所以叫拼箱货。这种方式是在一个货主的货物不足装满整箱的情况下采用。拼箱货的分类、整理、集中、装箱（拆箱）、交货等均由承运人在码头集装箱货运站或内陆集装箱转运站（Inland Container Depot）进行。

7. **在提单上注明集装箱货物装箱方式的表述**

第一，FCL/FCL——整箱装，整箱交，发货人一个，收货人一个。

第二，FCL/LCL——整箱装，拼箱接，发货人一个，收货人多个。

第三，LCL/FCL——拼箱装，整箱接，发货人多个，收货人一个。

第四，LCL/LCL——拼箱装，拼箱接，发货人和收货人都是多个。

8. **集装箱堆场与集装箱货运站**

集装箱运输整箱货与拼箱货是在不同的场地集中分拨。

（1）集装箱堆场（Container Yard，CY）。

整箱货直接运交集装箱堆场集中待运。

（2）集装箱货运站（Container Freight Station，CFS）。

集装箱货运站是专门集中分拨拼箱货的场所。

所以上述 FCL/ FCL 也可表述为 CY/CY。LCL/LCL 也可写成 CFS/CFS。前者的意思为在出口国装运港整箱装，在目的地整箱交；后者的意思为在出口国拼箱装，在目的地拼箱接。

9. **集装箱的运费构成及计算**

集装箱运输的费用构成和计算方法与传统的运输方式不同。它包括内陆或装运港市内运输费、拼箱费、堆场服务费、海运运费、集装箱及其设备使用费等。集装箱海运运费是由船舶运费和一些有关的杂费所组成的。目前，有下列两种计费方式：

（1）按件杂货基本费率加附加费。

这是按照传统的按件杂货计算方法，以每运费吨为计算单位，再加收一定的附加费。

（2）按包箱费率。

这是以每个集装箱为计费单位。包箱费率视船公司和航线等不同因素而有所不同。

（二）国际多式联运

1. **国际多式联运的概念**

国际多式联运是在集装箱运输的基础上发展起来的一种综合性的连贯运输方式，它把过去的那种海、陆、空、公路、江河等互不关联的单一运输有机地结合起来，以完成一票进口或出口货物在国际之间的运输。

2. **国际多式联运的具体做法**

由多式联运经营人根据多式联运合同以至少两种不同的运输方式将货物从一国境内的接管地运至另一国境内指定交货地点。

按照《联合国国际多式联运公约》的解释，"国际多式联运"必须具备以下五个条件：

第一，必须有一个多式联运合同。

第二，必须是国际间两种或两种以上不同运输方式的连贯运输。

第三，必须使用一份包括全程的多式联运单据。

第四，由一个多式联运经营人对全程运输负责。

第五，必须是全程单一的运费费率。

3. 国际多式联运的特点

不管路途多么遥远、手续多复杂，货主只办理一次托运、支付一笔运费、取得一张联运单据，如货物在途中发生灭失、货损之类的问题，只找一个多式联运经营人解决，其对全程负责（海运中联运提单签发人只对第一程负责）。

4. 国际多式联运单据

国际多式联运因为牵涉的运输方式较多，所以国际多式联运单据的性质也较为复杂。视具体运输情况，有时是可转让提单，有时是不可转让单据（根据货主的要求，既可以做成记名提单，也可以做成不记名提单）。

▶▶ 二、大陆桥运输

（一）大陆桥运输概述

大陆桥运输（Land Bridge Transport）是指利用横贯于大陆的铁路或者公路，乃至航空运输系统作为中间桥梁，通过各种运输方式的相互衔接，把大陆两端的海洋（港口）连接起来的联合运输方式，即海—陆—海的连续运输。它可有海—陆（铁路）—海、海—陆（公路）—海和海—陆（航空）—海三种形式。

但是，不论哪种形式，一般都是以集装箱为媒介的，即以集装箱这种运输方式完成其相互间的连接贯通，故它又名大陆桥集装箱运输。

大陆桥运输，在途中一般均要经过两装、两卸，若采用传统的海陆联营方式，则会加长运输时间，而且会大大增加装卸费用和损货率；而以集装箱为运输单位，可简化理货、搬运、储存、保管和装卸等操作环节和过程。集装箱是经海关铅封的，中途不必开箱检验，可以迅速而直接地转换运输工具，是开展大陆桥运输的理想形式。从这个意义上讲，大陆桥运输既是当代国际贸易迅速发展的需要，也是集装箱运输开展以后的产物。大陆桥运输给海洋沿岸国家（地区），特别是太平洋和大西洋区域各国（地区）、亚欧两洲的贸易往来提供了便捷之路，从而也给有关国家（地区）带来良好的收益，促进其经济发展和繁荣。

世界大陆桥集装箱运输是从苏联和美国开始的。20世纪30年代，苏联西伯利亚大铁道修通后，即把大西洋沿岸国家的铁路线和太平洋沿岸的符拉迪沃斯托克（海参崴）港连接了起来，日本的部分国际贸易（货物）即利用这大陆桥进行运输，不过，那时不是集装箱运输，而是传统的海陆联运。经过30多年的发展，大型集装箱运输的条件不断成熟，大陆桥运输的组织管理、计费原则和运输线路相继得到解决。1967年，由欧洲经西伯利亚铁路发往日本的第一批集装箱货物联运获得成功。1971年，远东航运公司利用商船装运集装箱货物，开辟了日本—苏联—欧洲的海陆（铁路）联运，至此，西伯利亚大陆桥正式开通。

1967年6月，苏伊士运河封闭，航运中断；其时，巴拿马运河又值堵塞，远东与欧洲之间的海上货运船舶不得不改道，绕航非洲好望角，或者南美的麦哲伦海峡，致使航运距离和运输时间倍增；加上当时世界石油价格上涨，航运成本猛增，却又正值集装箱运输的勃然兴起，值此之际，美国大陆桥运输于1967年应运而生。

将原来的全程海运，改为海—陆—海大陆桥运输方式，可以缩短运输里程、减少运费、降低运输成本和加速货物运输，取得了良好的经济效果。所以，大陆桥运输越来越普遍地受到重视，大有继续发展之势。

目前，世界主要的大陆桥运输线有三条。第一条是美国大陆桥运输线和加拿大大陆桥运输线，由于两者是平行的，且都是连接大西洋和太平洋的大陆通道，情况相似，可统称北美大陆桥运输路线。第二条是连接太平洋和大西洋、波罗的海以及黑海的西伯利亚大陆桥运输路线，因地跨欧、亚两洲，故又称欧亚大陆桥运输路线。第三条则是我国最近修建成的新亚欧大陆桥运输线，也叫第二条欧亚大陆桥运输路线。

（二）美国大陆桥运输线

美国大陆桥运输包括两条路线：一条是从西部太平洋口岸至东部大西洋口岸的铁路（或公路）运输系统，全长约 3 200 公里。另一条是西部太平洋沿岸至南部墨西哥湾口岸的铁路（或公路）运输系统，全长约 500～1 000 公里。由于东部港口和铁路太拥挤，货物到达后很难保证及时换装，使大陆桥运输带来的优越性——节省时间不能体现。因此，目前美国的大陆桥运输基本处于停顿状态。但是，由此派生而成的小陆桥和微型陆桥运输方式却在不断发展。当今，美国的大陆桥运输有三种形式。

1．OCP 运输

OCP 称为内陆公共点或陆上公共点，英文全称为"Overland Common Points"，它的含义是使用两种运输方式将卸至美国西海岸港口的货物通过铁路转运抵美国的内陆公共点地区，并享有优惠运价。美国的 OCP 地区只限于美国的中部和东部各州，它以落基山脉为界，在其东的各州均为 OCP 地区，在其西的各州均为非 OCP 地区。从远东至美国西岸港口，而后再向东运往 OCP 地区的货物，不仅其海运运费可享受优惠的 OCP Rate（每吨运费约低 3～4 美元），而且进口方在支付从西岸至最终目的地的铁路（或公路）运费也较其本地运输费率低 3%～5%。

在采用 OCP 运输时应注意下列问题：

第一，货物最终目的地必须属于 OCP 地区范围。

第二，货物必须经由美国西海岸港口中转。因此，签订 CFR 和 CIF 出口合同时，目的港必须是美国西海岸港口。

第三，提单上必须表明 OCP 字样，并且在提单目的港一栏中，除填明美国西部海岸港口名称外，还要加注内陆地区的城市名称。

2．美国小陆桥运输

美国小陆桥运输简称"MLB"（Mini Land Bridge），这是一种海运与陆运（铁路或公路）联合运输与联合收费的运输方式，比大陆桥运输（海—陆—海）缩短一段海上运输，成为海—陆或陆—海运输形式。例如，远东至美国东部大西洋口岸或美国南部墨西哥湾口岸的货运，由原来的全程海运，改为由远东装船运到美国西部太平洋口岸，转装铁路（或公路）专用列车运至东部大西洋口岸或南部墨西哥湾口岸，用陆上铁路（或公路）作为陆桥，将美国西海岸港口同东海岸与南部墨西哥湾港口连接起来。这种小陆桥运输享受铁路集装箱专用列车优惠价，降低了运输成本；避免绕道巴拿马运河，省去了船舶过运河的费用，还缩短了运输时间，使到货时间提前；货物可以直接被运到市区卸货，乃至直接送货上门，特别是通往美国墨西哥湾口岸的获益更大，以致目前从远东到美国墨西哥湾地区的货运已有 70% 以上通过此方式运输。

3. 美国微型陆桥运输

美国微型陆桥运输，是比小陆桥更缩短一段的海陆联运，只利用部分陆桥，没有通过整条陆桥，故又称为半陆桥运输。例如，远东地区去美国内陆地区的货物，装船运至美国太平洋口岸，然后换装铁路（或公路）集装箱专用列车，将货物直接运送到美国内陆城市。这样就克服了绕道和迂回等不合理运输，缩短了运输距离和时间，使到货时间提早，还减少了运费。近些年来，这种运输发展异常迅速。海运承运人只需办理一张远洋提单，决定内陆运输路线，并支付一切港口费用和内陆运输费用。

▶▶ 三、邮包运输

邮包运输具有国际多式联运和"门到门"运输的性质，是一种应用广泛而且手续简便的运输方式。按照惯例，托运人只需按照邮局章程一次托运，一次付清足额邮资，取得邮政包裹收据后，即完成了交货义务，邮件在国际间的传递由各国的邮政部门负责办理，邮件到达目的地后，收件人可凭到件通知向邮局提取。

▶▶ 四、内河运输

内河运输指船舶在江河航线之间，经营货运业务。它与沿海运输和远洋运输相比，船舶吨位较小。它是内陆腹地和沿海地区的纽带，也是边疆地区与邻国边境河流的连接线，在现代化的运输中起着重要的辅助作用。

▶▶ 五、管道运输

管道运输是用管道作为运输工具的一种长距离输送液体和气体物资的运输方式，是一种专门由生产地向市场输送石油、煤和化学产品等物质的运输方式，是国际货物运输的特殊组成部分。管道运输不仅运输量大、连续、迅速、经济、安全、可靠、平稳，以及投资少、占地少、费用低，并可实现自动控制。除广泛用于石油、天然气的长距离运输外，还可运输矿石、煤炭、建材、化学品和粮食等。管道运输可省去水运或陆运的中转环节，缩短运输周期、降低运输成本、提高运输效率。

⊙ 第三节　货物运输保险保障的范围

国际贸易的货物运输保险是以运输过程中的各种货物作为标的的，是保险人（保险公司）对保险标的在运输过程中所发生的约定范围内的损失给予被保险人（the Insured）以经济上补偿的一种经济业务。它属于财产保险的一种。

不同的运输方式下，货物运输保险的种类也不同，主要包括海上货物运输保险、陆上货物运输保险（公路或铁路）、航空运输保险和邮包运输保险。海上货物运输保险起源最早，应用最多，其他货物运输保险是以它为基础而发展的。下面主要介绍海上货物运输保险。

▶▶ 一、风险

海上货物运输保险承保的风险包括海上风险和外来风险。由于国际上对其有多种解释，这里介绍我国"海洋货物运输条款"的解释。

（一）海上风险

海上风险又称海难，是指包括海上发生的自然灾害和意外事故所带来的风险。根据保险界的解释，它不包括海上发生的一切风险，但也不是仅仅局限于航海过程中的风险。一般来讲，海上风险包括自然灾害和意外事故。

1. 自然灾害

自然灾害是不以人们意志为转移、由自然界的变化而产生的破坏力量所造成的灾害。但海上货物运输保险并不是承保一切由于自然力量引起的灾害，一般承保包括恶劣气候、雷电、海啸地震或火山爆发等人力不可抗拒的力量所造成的灾害。

2. 意外事故

意外事故是指由于不能预料的、偶然的，即由于不可抗力的原因所造成的事故。但意外事故不是泛指海上意外事故。根据 1981 年 1 月 1 日修订的"海洋运输货物保险条款"，意外事故指：运输工具搁浅、触礁、沉没，与流冰或其他物体碰撞、互撞，以及失踪、失火、爆炸等造成的货物损失。

（二）外来风险

外来风险是指海上风险以外的其他外来原因所造成的风险。外来风险可分为三个部分：

1. 一般外来风险

一般外来风险是指被保险货物在运输途中由于偷窃、雨淋、短量、渗漏、玷污、破碎、受潮受热、串味、生锈、钩损、提货不着等而发生的外来风险。

2. 特别外来风险

特别外来风险是指交货不到、进口关税、黄曲霉素、舱面的货物损失、拒收、出口到港存仓失火等外来原因引起的风险。

3. 特殊外来风险

特殊外来风险指运输过程中由于军事、政治、国家政策法令及行政措施等外来原因造成的风险与损失。这些特殊原因包括战争、敌对行为、罢工、民变等。

二、海上损失

海上损失是指海运途中因遭受海上风险所产生的任何损失。根据惯例，还包括与海运连接最近的一段陆路运输或内河运输所发生的损失。根据海上损失的程度不同，可分为全部损失和部分损失。

（一）全部损失

全部损失是指运输中的整批货物或不可分割的一批货物的全部损失，又称全损，根据情况不同，又分为实际全损和推定全损。

1. 实际全损

实际全损是指保险标的物完全灭失（或沉没），或损失已无法挽回（如被海盗劫去），或标的物已丧失价值或失去原有使用价值（如咖啡被水泡），或载货船舶失踪，经过相当时间仍无音讯。

2. 推定全损

推定全损是指全损已不可避免，或受损货物残值，如果加上施救、整理、修复、续运至目的地的费用之和超过其抵达目的地的价值时，视为已经全损。

在发生推定全损时，被保险人可以要求保险公司按投保货物的部分损失赔偿，也可以要求按推定全损赔付。但只有在被保险人向保险人提出委付并经保险人同意的情况下，才能按推定全损赔付。所谓委付，是指在推定全损的情况下，被保险人将保险标的的一切权利包括所有权转让给保险人，而要求保险人按实际全损的赔偿予以补偿。

（二）部分损失

部分损失是指保险标的的部分损坏或灭失。按其损失的性质不同，分为共同海损与单独海损。

1. 共同海损

共同海损是指载货的船舶在海运途中遭到自然灾害或意外事故，船长为解除船与货的共同危险或航程得以继续，有意而合理地做出的特殊牺牲，或采取合理救难措施而引起的特殊损失和合理的额外费用。构成共同海损应具备以下条件：

（1）船舶确实遭遇危险，不是主观臆测，而且此危险必须是危及船和货的共同安全的。

（2）采取的措施必须是合理的、自动的和有意识的。

（3）牺牲和费用支出是非物质的。

（4）其损失必须是共同海损的直接结果。由于共同海损的牺牲和费用支出是为了使船舶、货物和运费方免于遭受损失，应按最后获救价值的比例由三方分摊，故通常称为共同海损分摊。

2. 单独海损

单独海损是由海上风险直接导致的船或货的部分损失，该损失应由受损方单独负担。可以看出，单独海损在造成海损的原因及损失承担责任方面区别于共同海损。

▶▶ 三、海上费用

海上费用是指由海上风险造成的由保险人承保的费用损失。海上费用包括施救费用和救助费用。

（一）施救费用

施救费用又称单独海损费用，是指保险货物遭受保险责任范围内的自然灾害和事故时，被保险人或其代理人、雇佣人员和受让人等为抢救被保险货物，防止损失继续扩大而采取措施所支付的费用。这种费用保险公司负责赔偿。

（二）救助费用

救助费用是指保险标的的在运输途中遇到承保范围的灾害事故时，由保险人和被保险人以外的无契约关系的第三者采取救助措施而向第三者支付的报酬。保险人负责赔偿救助费用，但要求救助成功。

第四节　进出口货物运输保险实务

买卖合同所采用的贸易术语不同，办理保险的人就不同。例如，按FOB或CFR条件成交时，合同的保险条款中应订明由买方投保；按 CIF 条件成交时，合同的保险条款中应订明由卖方负责办理保险。买卖合同中的保险条款主要包括下列内容：

一、货物运输保险业务

（一）投保险别的选择

选择投保险别时，应该考虑下列因素：

第一，根据货物的性质和特点选择合适的保险险别。例如，粮食类商品易受潮、受热、发霉，故应投保一切险，或在水渍险的基础上加保受潮、受热险及短量险。

第二，根据货物包装方式的特点，选择合适的投保险别。

第三，根据不同的运输方式与运输工具选择不同的投保险别。

第四，根据运输路线和停靠港口的不同选择不同的投保险别。

（二）办理投保业务手续

1. 出口保险手续

在办理出口保险手续时，应根据出口合同或信用证规定，在备妥货物并确定装运期和运输工具后，按规定格式逐笔填制保险单，具体列明被保险人名称、保险货物项目、数量、包装及标志、保险金额、起止地点、运输工具名称、起止日期和保险险别等送保险公司投保，交纳保险费向保险公司领取保险单证。

2. 进口保险手续

我国保险公司一般采取预约保险的做法。所谓预约保险是专营进口或有经常性进口业务的外贸公司为简化投保手续，做到及时保险，采用与保险公司签订预约保险合同的方式投保进口货物运输险。

（三）保险金额和费用

保险金额是保险人所应承担的最高赔偿金额。它是计算保险费的基础，又是货物发生损失后，计算赔偿的依据。

实际业务中，买方为了取得充分的保障，一般都把货值、运费、保险费以及转售该批货物的逾期利润和费用的总和作为向保险公司投保的保险金额。按照国际保险市场习惯，通常按 CIF 或 CIP 总值加成 10%计算。

保险金额和保险费的计算公式是：

$$保险金额=CIF 价×（1+投保加成率）$$
$$保险费=保险金额×保险费率$$

保险费是保险金额与保险费率的乘积。保险费率是由保险公司根据一定时期、不同种类的货物的赔付率，按不同险别和目的地确定的被保险人交纳的费用。

（四）保险单据

保险单据是保险公司和保险人之间订立的保险合同，是保险人的承保证明，也是被保险人向保险公司索赔和保险公司进行理赔的依据。我国进出口业务中使用的保险单据主要有以下四种：

1. 保险单

保险单又称大保单，是使用最广的一种保险单据。其正面内容有：被保险人名称和地址、保险货物描述、数量、包装、保险金额、起止地点运输工具名称、起止日期和投保险别等内容。此外保险单背面还印有保险公司的责任范围，以及保险公司与被保险人双方各自的权利、义务等方面的详细条款。

2. 预约保单

预约保单是被保险人与保险人之间订立的总合同。凡属预约保单规定范围内的货物，一经起运，我国保险公司即自动按预约保单所订立的条件承保。预约保单适用于我国自国外进口的货物和出口展卖品。

3. 保险凭证

保险凭证又称小保单，是一种简化的保险合同，除其背面没有详细保险条款外，正面内容与保险单相同。它与保险单具有同等法律效力。

4. 联合凭证

联合凭证是比保险凭证更简化的保险单据，即在出口货物发票上，由保险公司加注承保险别的保险金额及保险编号，并加盖印戳。这种凭证现已很少使用。

（五）保险索赔

保险索赔是指被保险货物在保险责任有效期内，遭受属于保险责任范围内的损失时，被保险人向保险人提出赔偿要求的行为。

1. 损失通知

当被保险人获悉或发现被保险货物已遭损失，应立即通知保险公司或保险单上所载明的保险公司在当地的检验、理赔代理人，并申请检验。

2. 向承运人等有关方面提出索赔

被保险人或其代理人在提货时发现被保险货物整件短少或有明显残损痕迹，除向保险公司报损外，还应立即向承运人或有关当局（如海关、港务当局等）索取货损货差证明。

3. 采取合理的施救与整理措施

被保险货物受损后，被保险人应迅速对受损货物采取必要合理的施救与整理措施，防止损失的扩大。被保险人收到保险公司发出的有关采取防止或者减少损失的合理措施的特别通知的，应当按照保险公司通知的要求处理。

4. 备妥索赔单证

被保险货物的损失经过检验，并办妥向承运人等第三者责任方的追偿手续后，应即向保险公司或其代理人提出赔偿要求。提出索赔时，除应提供检验报告外，通常还须提供其他单证，包括：保险单或保险凭证正本；运输单据，包括海运提单、海运单、铁路或公路运单、航空运单、邮包收据、多式运输单据等；发票；装箱单或重量单；向承运人等第三者责任方请求赔偿的函电及其他必要的单证或文件；货损货差证明；海事报告摘录或海事声明书；列明索赔金额及计算依据，以及有关费用的项目和用途的索赔清单。

5. 代位追偿

在保险业务中，为了防止被保险人双重获益，保险人在履行全损赔偿或部分损失赔偿后，在其赔付金额内，要求被保险人转让其对造成损失的第三者责任方要求全损赔偿或相应部分赔偿的权利。这种权利称为代位追偿权或称代位权。在实际业务中，保险人须首先向被保险人进行赔付，才能取得代位追偿权。

▶▶ 二、合同中的保险条款

（一）合同中保险条款的主要内容及订立的方法

1. FOB 和 FCA 与 CFR 和 CPT 贸易条件下的保险条款

如果按 FOB、FCA、CFR、CPT 贸易条件签订买卖合同，则由买方办理保险手续，并支付保险费。在此情况下，合同中的保险条款比较简单，只需明确保险责任。

2. CIF 和 CIP 贸易条件下的保险条款

如果按 CIF、CIP 贸易条件签订买卖合同，应由卖方负责办理货运保险并缴纳保险费。此时，保险涉及买卖双方的利益，买卖合同中的保险条款应订得明确具体，一般包括投保责任、投保金额、投保险别和适用的条款等内容。

（二）订立保险条款时应注意的事项

订立买卖合同中的保险条款，应注意下列内容：

第一，确定依据何种保险条款进行投保。例如，按 CIC 条款或 ICC 条款，应予以明确说明。

第二，明确投保险别。根据货物的性质和特点选择平安险、水渍险或一切险，如需另加保一种或几种附加险也应同时写明。

第三，规定投保加成率，如超过按发票金额 10%的加成，要说明由此而产生的保险费由买方负担。

第四，明确保险单据形式。合同中明确注明投保人应提交保险单据的名称，例如，保险单或保险凭证等。

第五，保险单所采用的币种通常与发票币种一致。

📝 本章小结

1. 海洋运输是指利用商船在国内外港口之间，通过一定的航区和航线运输货物的方式。

2. 定期租船是指由船舶所有人将船舶出租给承租人，供其使用一定时期的租船运输。

3. 国内铁路运输是指仅在本国范围内按《国内铁路货物运输规程》的规定办理的货物运输。

4. 包机是指包租整架飞机或由几个发货人（或航空货运代理公司）联合包租一架飞机来运送货物。

5. 集装箱又称"货箱""货柜"。按原文字面的含义，它是一种"容器"，必须是具有一定强度（现在集装箱多为钢制）的，专供周转使用的，便于机械操作的大型货物容器。

6. 大陆桥运输是指利用横贯于大陆的铁路或者公路，乃至航空运输系统作为中间桥梁，通过各种运输方式的相互衔接，把大陆两端的海洋（港口）连接起来的联合运输方式，即海—陆—海的连续运输。

7. 内河运输是指船舶在江河航线之间，经营货运业务。

8. 海上风险又称海难，是指被保险货物及船舶在海上运输中，及随附海上运输所发生的风险。

9. 自然灾害是不以人们意志为转移、由自然界的变化而产生的破坏力量所造成的灾害。

10. 意外事故是指由于不能预料的、偶然的，即由于不可抗力的原因所造成的事故。

第七章　国际贸易货款的收付与结算

学习目标

- 了解票据的含义及种类。
- 了解汇付与托收。
- 掌握信用证的相关知识。
- 了解银行保函。
- 了解汇付。
- 了解托收。

开篇案例

　　国内 A 公司与外商签订了一笔进口钢材的合同，货物价值为 504 万美元，合同规定以信用证方式结算。A 公司依约对外开出信用证后，在信用证装期内，外商发来传真称货物已如期装运。不久开证行即收到议付行转来的全套单据，提单表明货物于东欧某港口装运，在西欧某港口转运至国内港口。单据经审核无不符点，开证行对外承兑。A 公司坐等一个多月，货物依然未到。A 公司深感蹊跷，遂向伦敦海事局进行查询。反馈回来的消息是：在所述的装船日没有署名船只在装运港装运钢材。此时信用证项下单据开证行已经承兑，且据议付行反馈回的信息，该行已买断票据，将融资款支付给了受益人。开证行被迫在承兑到期日对外付款，A 公司损失惨重。[①]

第一节　票据的含义及种类

　　国际贸易货款的收付，采用现金结算的较少，大多使用非现金结算，即采用各类金融票据来进行支付。金融票据指可以流通转让的债权凭证，是国际上通行的结算和信贷工具。金融票据主要有汇票、本票和支票，其中汇票最为常见。

▶▶ 一、汇票

（一）汇票的含义

　　根据 1995 年 5 月 10 日公布的《中华人民共和国票据法》第 19 条规定：汇票是出票人

---

① 张颖，刘丽. 国际贸易实务 [M]. 合肥：中国科学技术大学出版社，2013.

签发的，委托付款人在见票时或在指定日期无条件支付确定的金额给收款人或持票人的票据。按照各国广泛引用或参照的《英国票据法》的规定，汇票是一个人向另一个人签发的，要求即期或定期，或在可以确定的将来时间，对某人或其指定人，或持票人支付一定金额的无条件书面支付命令。从上面的定义看，汇票有三个当事人，即出票人、受票人或付款人、收款人。

根据《日内瓦统一法》的规定，汇票必须具备以下内容：

第一，票据主文中列有"汇票"一词。

第二，无条件支付一定金额的命令。

第三，受票人的姓名。

第四，付款日期。

第五，付款地点。

第六，受款人或其指定人的姓名。

第七，出票日期和地点。

第八，出票人的签名。

除上述必要项目外，还可以有票据法允许的其他记载项目，如利息与利率、付款货币、禁止转让免做拒绝证书、出票条款等。

（二）汇票的当事人

汇票有三个基本当事人。

1. 出票人

签发汇票的人，商业汇票的出票人一般是出口商，银行汇票的出票人是银行。在汇票承兑前，出票人是主债务人，如果汇票遭到拒付，他将保证偿付票款给持票人或被迫付款的任何背书人。

2. 受票人

接受支付命令的人，又称付款人，一般是进口商或其指定的银行。受票人在汇票上未签名之前不是汇票的债务人，有拒绝承担付款责任的权利。

3. 收款人

收取汇票金额的人，即汇票的收款人，一般是出口商或其指定的银行。收款人作为汇票的第一持票人，因持有汇票而拥有所有的票据权利，即请求付款权、追索权和票据转让权。

除上述基本当事人之外，随着汇票的流通转让，又出现了背书人、被背书人、承兑人、保证人和持票人等其他当事人。

（三）汇票的种类

第一，按照汇票出票人和付款人的不同，汇票可分为银行汇票和商业汇票。银行汇票的出票人和付款人都是银行。商业汇票又称商号汇票，其出票人是工商企业或个人，付款人可以是工商企业或个人，也可以是银行。

第二，按照汇票是否附有商业单据，汇票可分为光票和跟单汇票。光票是不附带商业单据的汇票，附有商业单据的汇票称为跟单汇票。光票的流通完全依靠当事人的信用，银行汇票多是光票。跟单汇票的付款以提交货运单据为条件，商业汇票一般为跟单汇票。

第三，按照付款时间的不同，汇票可分为即期汇票和远期汇票。即期汇票是指在见票时，即持票人提示汇票的当天立即付款的汇票，即期汇票无须承兑。远期汇票是指在一定的期限或特定日期付款的汇票。远期汇票须由持票人向付款人提示要求承兑，以明确承兑人的付款责任。见票后若干天/月付款的远期汇票，要从承兑日起算，确定付款到期日。

第四，按照汇票承兑人的不同，可分为商业承兑汇票和银行承兑汇票。商业承兑汇票是由企业或个人承兑的远期汇票，它建立在商业信用的基础之上。银行承兑汇票是由银行承兑的远期汇票，它建立在银行信用的基础之上。一份汇票通常同时具备几种属性，例如一份商业汇票，可以同时又是即期的跟单汇票或远期的银行承兑汇票，或远期的商业承兑跟单汇票。但是一份即期汇票不可能同时又是商业承兑汇票或是银行承兑汇票。

（四）汇票的使用

汇票的使用包括出票，提示、承兑、付款等票据行为，如需转让，一般通过背书行为转让。远期汇票如想提前取得票款，可以通过贴现票据。汇票遭到拒付时，还要涉及发出退票通知、制作拒绝证书和行使追索权等票据行为。

1. 出票

出票指出票人签发票据并将其交付给收款人的票据行为。出票时必须逐一写明汇票的各项必备内容。

2. 提示

提示是指持票人向付款人或其他人出示汇票要求承兑或付款的行为。付款人看到汇票即为见票。提示可分为承兑提示和付款提示两种。

3. 承兑

承兑是指远期汇票的付款人承诺在汇票到期日支付汇票金额的行为。承兑的手续由付款人在汇票正面写上"承兑"字样，注明承兑日期，并签名/盖章，交还持票人。汇票的承兑可以是普通承兑或一般承兑，也可以是限制性承兑或保留性承兑。承兑人对于出票人的命令不加限制地同意、确认，即为普通承兑。限制性承兑是指附加有修改汇票文义的保留性付款记载的承兑。常见的限制性承兑有：有条件承兑、部分承兑、限定付款地点承兑和修改付款时间承兑四种。

4. 付款

持票人在汇票到期日或规定的期限内提示汇票，经付款人或承兑人付款后，汇票上的一切债权债务即告结束。持票人获得票款时，应当在汇票上签收，并将汇票交给付款人。

5. 背书

背书是持票人在汇票的背面签上自己的名字，或再加上被背书人的名字，并把汇票交给被背书人或受让人的票据转让行为。经背书转让后，受让人享有汇票的收款权力，还可通过再次背书继续转让汇票。对于受让人来说，所有在他以前的背书人和出票人都是他的"前手"，对于出让人来说，所有在他以后的受让人都是他的"后手"。任一背书人都是汇票的债务人之一，"前手"对"后手"负有担保汇票必然会被承兑或付款的责任。

远期汇票承兑后尚未到期时，持票人如想提前取得票款，可以通过背书将汇票转让给银行或贴现公司，并从票面金额中扣减按照一定贴现率计算的贴现息后获取部分余款。这种票据转让行为称为贴现。贴现银行待贴现汇票到期时，再行提示给承兑人，要求全额付款。

6. 拒付与追索

无论持票人提示汇票要求承兑时，遭到拒绝承兑，还是持票人提示汇票要求付款时，遭到拒绝付款，均称为拒付，也称退票。除明确表示拒付外，付款人逃避不见、死亡或宣告破产，以致付款事实上已不可能执行时，也可视为拒付。

持票人是汇票的唯一债权人，如在合理的时间内提示承兑，或在到期日提示付款，遭到拒付，可向其任一前手背书人、出票人和承兑人行使追索权，要求偿还汇票金额及费用。持票人行使追索权之前，必须及时发出退票通知，将拒付事实书面通知其前手，并及时制作拒绝证书。

▶▶ 二、本票

《英国票据法》关于本票的定义是：本票是一人向另一人签发的，保证于见票时或定期，或在可以确定的将来的时间，对某人或其指定人，或持票人支付一定金额的无条件的书面承诺。《中华人民共和国票据法》第 73 条对本票的定义是："本票是出票人签发的，承诺自己在见票时无条件支付确定的金额给收款人或者持票人的票据。本法所称本票，是指银行本票。"

（一）本票的内容

根据《日内瓦统一法》，本票必须具备以下内容：

第一，票据主文中列有"本票"一词。

第二，无条件支付一定金额的承诺。

第三，付款日期。

第四，付款地点。

第五，受款人或其指定人的姓名。

第六，签发本票的日期和地点。

第七，出票人的签名。

（二）本票的种类

本票按出票人的不同分为商业本票和银行本票两种。商业本票的出票人是企业或个人，银行本票的出票人是银行。银行本票如果开成不记载收款人名称或来人抬头本票，即可代替现金流通。为了限制银行本票的签发，有的国家对本票的发行规定最低限额，只允许开出一定金额以上的大额本票，或禁止发行来人抬头的银行本票，以免当作纸币在市场上流通。《中华人民共和国票据法》只允许使用银行本票，不承认银行以外的工商企业、组织机构或个人签发的本票。

（三）本票与汇票的区别

第一，本票是出票人的无条件支付承诺，是承诺式票据；汇票是出票人要求受票人无条件付款的支付命令，是命令式或委托式票据。

第二，本票有两个基本当事人，即出票人和受款人；汇票的基本当事人有三个，即出票人、受票人和受款人。

第三，本票的出票人就是付款人，远期本票不需要承兑，远期汇票必须承兑。

第四，本票的出票人是主债务人，汇票在承兑前，出票人是主债务人，承兑后，承兑人是主债务人。

▶▶ 三、支票

《英国票据法》关于支票的定义是：支票是以银行为付款人的即期汇票，即存款人对其开户行签发的，授权该银行对某人或其指定人，或持票人即期支付一定金额的无条件书面支付命令。

《中华人民共和国票据法》第 82 条对支票的定义是："支票是出票人签发，委托办理支票存款业务的银行或者其他金融机构在见票时，无条件支付确定的金额给收款人或者持票人的票据。"

（一）支票的内容

根据《日内瓦统一法》，支票必须具备以下内容：

第一，票据主文中列有"支票"一词。

第二，无条件支付一定金额的命令。

第三，受票人的姓名。

第四，付款地点。

第五，出票日期和地点。

第六，出票人的签名。

（二）支票的种类

支票按抬头的不同性质，可分为记名支票、不记名支票；按支票签发人的不同，可分为银行支票、商业支票；按支票本身的基本特征，可分为划线支票、保付支票等。具体如下：

1. 记名支票

记名支票在其收款人一栏写明具体收款人姓名，如"pay A Co. or order"（付 A 公司或其指定人），取款时须由收款人签章。

2. 不记名支票

不记名支票又称空白支票，收款人一栏只写明"pay bearer"（付来人）。持票人无须在支票背后签章即可支取票款，此种支票可以仅凭交付而转让。

3. 银行支票

银行支票是由银行签发，并由银行付款的支票。银行代理客户办理票汇时，可开立银行支票。

4. 划线支票

正面划有两道平行线的支票称为划线支票。一般支票可以委托银行收款入账，也可由持票人自行提取现款，支票不带划线，称为现金支票。划线支票只能委托银行代收票款入账，在支票遗失或被人冒领时，使用划线支票可以通过银行代收的线索追回票款，从而保障了持票人和出票人的资金安全。

5. 保付支票

保付支票是由付款银行在支票上加盖"保付"戳记，保证在支票提示时一定付款。支票一经保付，保付银行就承担付款责任，出票人、背书人都可免于追索。付款银行对支票保付后，即将票款从出票人账户中提出，转入专户存储，以备付款。

（三）支票和汇票的区别

1. 付款人的身份不同

支票的付款人只能是银行，汇票的付款人可以是工商企业或个人，也可以是银行。

2. 付款期限不同

支票只能是即期付款，一经提示，除正当理由可以拒付外，通常是见票即付，汇票既有即期付款也有远期付款，远期汇票必须提示承兑。另外，支票可以划线保付，汇票在法律上无划线和保付的规定。

第二节 汇付与托收

货款的支付方式根据资金的流向与支付工具的传递方向是否相同，可以分为顺汇和逆汇两种方法。如国际货款的结算方式主要有汇付、托收和信用证三种，其中汇付属于顺汇法，托收与信用证属逆汇法。

一、汇付

（一）汇付的含义

汇付又称汇款，是指债务人或付款人通过银行将款项汇交债权人或收款人的结算方式。汇付方式的当事人包括如下四种：

1. 汇款人

汇款人是指汇出款项的人。进出口贸易中，汇款人通常是进口商。

2. 收款人

收款人是指接受汇款的人。在进出口贸易中，收款人通常是出口商。

3. 汇出行

汇出行是指接受汇款人的委托，汇出款项的银行。在进出口贸易中，汇出行通常是进口地的银行。

4. 汇入行

汇入行又称解付行，即接受汇出行的委托，解付汇款的银行。在进出口贸易中，通常是出口地银行。在上述当事人中，汇款人和收款人也可以是同一人，即汇款人将款项汇出后，可以自己到异地取款。

（二）汇付方式的种类及业务程序

汇付方式是按照汇出方式的不同分为电汇、信汇和票汇三种。

1. 电汇

电汇是指汇出银行应汇款人的申请，用电报或电传的形式指示汇入行付款给收款人的一种汇款方式。电汇具有交款迅速、安全可靠的优点，但费用较高。电汇方式资金周转迅速，有利于资金的充分利用，适用于金额大、需求急的汇款。

2. 信汇

信汇是指汇出银行应汇款人的申请，用邮寄信汇委托书或支付委托书的方式指示汇入行付款给收款人的一种汇款方式。信汇具有费用较电汇低廉，但汇款在途时间长、收款人收款较迟等特点。由于电讯的发展，大多数发达国家目前已不再使用和接受信汇。在处理程序上，信汇与电汇基本相同，所不同的是汇出行以航邮方式将信汇委托书或支付委托书寄给汇入行。委托书上不必加密押，而是加具有权签字人的签字或印鉴，汇入行经核对证实无误后，解付汇款。

3. 票汇

票汇是指汇出银行应汇款人的申请，开立以汇出行的海外分行或代理行为付款人的银行即期汇票，交由汇款人自行寄交给收款人，凭票向付款行取款的一种汇付方式。票汇与电汇、信汇的区别：第一，票的传递不通过银行，汇入行无须通知收款人前来取款，由收款人自行持票上门取款，而电汇、信汇的汇入行在收到汇出行的委托或支付通知后，必须通知收款人取款；第二，票汇的收款人可以通过背书的方式转让汇票，而信汇委托书则不能流通转让。

（三）汇付方式在国际贸易中的运用

在国际贸易结算中，无论是电汇、信汇还是票汇，银行都不经手货运单据，而由出口商自行寄交进口商，这种支付方式称为单纯支付。由于汇付方式是建立在商业信用基础之上的，风险较大。在国际贸易中以汇付方式结算买卖双方债权债务时，根据货款的交付和货物运送时间的关系可分为预付货款和货到付款两种。

▶▶ 二、托收

托收是指债权人（一般为出口商）开具汇票或者连同货运单据，委托当地银行通过它在进口地的分行或代理行向债务人（一般为进口商）收取票款的一种支付方式。

由于在托收业务中，汇票是从出口地开向进口地的，而资金要从进口地流向出口地，结算工具汇票与资金流向相反，所以，托收属逆汇法。

（一）当事人分类

委托人，指委托银行办理托收的一方，通常是开立汇票委托银行向国外进口商收取货款的出口商。

托收行，指接受委托人的委托办理托收业务的人，通常是出口地银行。

代收行，指接受托收行的委托向付款人收取票款的银行，通常是进口地银行，并且多数是托收行在进口地的分行或代理行。付款人，指根据托收指示被提示单据并被要求付款或承兑汇票的人，即汇票的受票人，通常是进口商。

委托人与托收行的关系以及托收行与代收行的关系都是委托代理关系。委托人与托收行的委托代理关系以委托人提交的托收申请书确定，托收行与代收行之间通常订有代理合同并按托收委托书确定双方的委托代理关系。付款人和代收行之间不存在任何契约关系。如果付款人拒付，代收行除将拒付情况通知托收行，并由托收银行通知委托人外，并不承担付款责任。

（二）托收的种类

托收方式按其是否带有商业单据可分为光票托收和跟单托收两种。光票托收是指不附带商业单据的资金单据的托收。光票托收主要用于货款尾数、小额货款、贸易从属费用和索赔款的收取。

跟单托收是指附有包括货运单据在内的商业单据的托收。跟单托收可以是带有资金单据（汇票）的跟单托收，也可以是不带有资金单据的跟单托收。跟单托收的汇票，可以是即期汇票，也可以是远期汇票。

在国际贸易支付中采用的托收方式通常都是跟单托收，其中的货运单据代表了货物的所有权，交单即等于交货，因此，对于交单的规定要符合合同的要求。根据代收行向进口商交付货运单据的条件不同，跟单托收的交单方式可分为付款交单和承兑交单两种。

付款交单（Documents against Payment，D/P），是指在代收行提示跟单汇票后，只有在进口商付清货款时，才能将货运单据交给进口商的一种交单方式。按付款时间的不同，付款交单又可分为即期付款交单和远期付款交单：

即期付款交单（D/P at Sight），是指出口商发货后开具即期汇票，连同货运单据通过银行向进口商提示，进口商见票即付，在付清货款后领取货运单据。

远期付款交单（D/P after Sight），是指出口商发货后开具远期汇票，连同货运单据通过银行向进口商提示，进口商先在汇票上承兑，然后于汇票到期日付清货款后再领取货运单据。

远期付款交单的情况下，当到货日期早于付款日期时，如要提前取得货运单据以便及时转售或使用，进口商可采取以下做法：第一，是在付款到期日之前付款赎单；第二，是进口商开立信托收据交给代收银行，凭借出货单据先行提货。所谓信托收据（Trust Receipt，T/R），就是进口商借单时提供的一种书面信用担保文件，用来表示愿意以代收行的受托人的身份代为提货、报关、存仓和销售，并承认货物的所有权仍属银行，保证取得的货款应于汇票到期日交付代收行。

远期付款交单方式下，凭信托收据借单提货，实质上是委托人或代收行对进口商提供的一种资金融通方式，这种方式只有在出口商对进口商的资信、偿款能力等十分了解并确信能如期收回款项时才能使用。如果是出口商提出或同意可以凭信托收据借单提货，并在托收委托书上写明"付款交单，凭信托收据借单提货"字样，代收行以此指示办理托收业务而产生的风险应由出口商承担。如果出口商和托收行未曾在托收委托书上允许这一融资条件，而是代收行为其本国进口商提供融资，同意进口商凭信托收据借单提货的话，则一切后果应由代收行自行负责。

承兑交单（Documents against Acceptance，D/A），是指进口商在远期汇票上承兑后，即可向银行领取货运单据，然后于汇票到期日再行付款。

（三）托收的风险

在跟单托收方式下，出口商先行发货，然后委托银行收取货款，而银行只负责提示单据，代收货款，对能否收回款项并无责任，出口商能否安全及时收回货款，完全取决于进口商的信用。此外，根据国际惯例，银行只需核实所收到的单据在表面上与托收委托书所列内容一致，对出口商所交单据的真伪及是否发运伪劣货物概不负责，进口商能否安全取得合格的货物，完全依赖于出口商的信用。因此，跟单托收建立在商业信用基础之上，交易双方均存在相应的风险。

在托收方式中，出口商在发运货物后，在一定程度上失去了货物和资金两方面的主动权，因此托收方式对出口商风险较大。在货物发运后，如进口商倒闭或无力付款，或有意拒不付款赎单，出口商就有可能收不回货款。在货物抵达目的地时，还会产生存仓、转售或不得已运回出口地的费用和损失。在承兑交单或远期付款凭信托收据借单提货方式下，出口商的风险更大，因为进口商只要办理了承兑或提交了信托收据，即可取得单据并提取货物，且到期不付款，出口商就会钱货两空。由于托收方式费用低廉，进口商可免去开立信用证的手续，不必付银行押金，减少了资金支出。如果采用远期托收，还可以不必占用自有资金，有利于资金周转。总的来说，托收方式对进口商比较有利。实际上，在出口业务中采用托收，是出口商对进口商提供融资，以此作为竞争的一种手段，有利于调动进口商采购货物的积极性，从而有利于促进成交和扩大出口。同时，为了防范风险，确保安全收汇，出口商应采取防范措施。

第一，做好售前调查工作。出口商必须详细调查进口商的资信情况、进口国的贸易和外汇管制法令等，并注意避免市场风险。

第二，正确确定交单方式和价格条件。出口商如确定采用托收方式，应尽量争取采用即期付款交单方式，而避免使用承兑交单方式，以确保进口商付款赎单。

世界上有些地区，如拉美地区，习惯上将 D/P 远期按 D/A 方式处理，使原来的只有进口商付款后才交单的付款交单方式，实际上变成了只凭承兑就交出货运单据的方式，使出口商面临着钱货两空的风险。如不得已采用了 D/P 远期，应采取措施避免出现上述问题。

如果使用 D/P 方式，争取以 CIF（或 CIP）条件成交，由出口商办理保险；如以 FOB（或 FCA）、CFR（或 CPT）条件成交，应加保卖方利益险，以求当货物在运输途中受损而买方又不支付货款时，由保险公司承担赔偿责任。

第三，把托收方式与银行保函、信用证等方式结合起来，以降低风险。为了使收取货款有保障，可以要求进口商申请开立出口商认可的银行保函，一旦进口商在规定的时间内拒绝赎单或承兑取单提货后拒不付款，出口商有权向开立保函的银行索赔。

（四）托收的国际惯例

在国际贸易中，银行与委托人之间，托收行与代收行之间，往往由于各方对权利、义务和责任的解释有分歧，加上不同银行的具体做法也有差异，从而导致误会、纠纷和争议。国际商会为调和各有关当事人之间的矛盾，以利于商业和金融活动的开展，曾于 1958 年草拟并于 1967 年公布了《商业单据托收统一规则》，从而在银行托收业务中取得了统一的术语、定义、原则和程序，并建议各国银行采用。国际商会于 1978 年对该规则做了修订，改名为《托收统一规则》（国际商会第 322 号出版物）。目前使用的《托收统一规则》以国际商会第 522 号出版物的形式颁发，于 1996 年 1 月 1 日起实施。《托收统一规则》自公布实施以来，被各国银行广泛采纳和使用。但应当指出的是，作为国际惯例，只有在当事人事先约定的条件下，才受该惯例的约束。

（五）托收方式的特点

在国际贸易中，托收方式具有结算简便、迅速以及费用较低的优点，有利于调动买方订购货物的积极性，从而有利于卖方扩大出口。但是由于托收方式属商业信用，存在着收不回货款的风险，尤其是托收方式中的承兑交单风险更大。因此对于出口商来说，托收方式增加了出口商的收款风险，也加大了出口商的资金负担，所以卖方对此方式的采用应持慎重态度。

第三节　信用证

信用证起源于 19 世纪，是国际贸易支付方式上的一次革命。信用证是由银行出面担保的一种贸易货款的支付方式。只要卖方按合同规定交货，并向银行提交符合规定要求的单据，就可以得到货款；同时，买方也无须在卖方履行合同规定的交货义务之前支付货款。因此信用证在一定程度上解决了买卖双方互不信任的矛盾，并且在使用信用证结算货款的过程中还可以得到银行资金融通的便利。

信用证是进口方银行（开证行）根据进口商（开证申请人）的申请和要求，向出口商（受益人）开立的，凭规定的单据，在一定期限内，支付一定金额的书面保证文件。简言之，信用证是一种银行开立的有条件的书面付款承诺，具体的条件就是受益人必须提交符合信用证规定的各种单据。

一、信用证的当事人

信用证一般有三个基本当事人：申请开证人、开证行、受益人，在使用过程中，又产生了通知行、议付行、付款行和保兑行等其他当事人。

（一）开证申请人

开证申请人又称开证人，是向银行申请开立信用证的人，通常是进口商。

（二）开证行

开证行是应开证申请人的要求，开立信用证并承担付款责任的银行，通常是进口地银行。

（三）受益人

接受信用证并享有信用证下合法权利的人，通常是出口商或实际供货人。

（四）通知行

通知行是受开证行的委托将信用证转交或通知出口商的银行，通常是出口地的银行。

（五）议付行

议付行是指自己垫付资金买入或贴现受益人开立和提交的符合信用证规定的跟单汇票的银行。议付行可以是信用证上指定的银行，也可以是非指定的银行。

（六）付款行

付款行是开证行授权进行信用证项下付款或承兑，并支付受益人出具的汇票的银行。付款行可以是开证行自己，也可以是接受开证行委托的另一家银行。

（七）保兑行

保兑行是应开证行的请求在信用证上加具保兑的银行，他具有与开证行相同的责任。

二、信用证支付方式的业务程序

（一）进口商申请开证

进口商在与出口商签订贸易合同后，应根据合同条款向银行申请开立信用证。申请开证时，进口商应填写开证申请书，内容包括两部分：第一部分是要求开立信用证的基本内容，是开证行开证的主要依据；第二部分是开证人对开证行的声明或保证，以明确自己应承担的责任，其基本内容是承认在其付清货款前，开证行对单据及其所代表的货物拥有所有权，若到期不付款，开证行有权没收一切抵押物，作为应付款项的一部分。

开证申请人申请开证时，开证行可根据开证人的资信状况，要求提供一定的担保品或一定比例的押金，并收取手续费。

（二）进口方银行开立信用证

开证行开立信用证时，必须严格按照开证申请书的要求开立，否则，开证行的权益不能得到可靠保障。

开立信用证的方法有信开、全电开和简电开三种。信开是指开证行将信用形式的信用证通过航邮寄送给出口商或通知行。全电开是指开证行通过 SWIFT（环球银行金融电信协会）系统或电报电传等电信方式将信用证内容传至通知行。简电开是指通过电报或电传预先通告通知行信用证的主要内容，并附有"详情后告"等词语。信开和全电开信用证都是有效的信用证，简电开必须补寄证实书方为有效信用证。

（三）出口方银行通知信用证

出口方银行收到开证行开来信用证时，经核对密押和印鉴相符，确认其表面真实性后，应及时将信用证通知受益人。开证行在开立信用证时可以指定另一家银行加具保兑，此时，保兑行通常由通知行兼任。

受益人收到信用证后，应仔细审核信用证。如发现其内容有与合同条款不符或不能接受之处，应及时要求开证人通过开证行对信用证进行修改或拒绝接受信用证。如接受信用证，应立即备货，并在信用证规定的装运期限内，按照信用证规定的条件装运发货。然后，缮制并取得信用证所规定的全部单据，开立汇票，连同信用证正本和修改通知书，在规定的期限内送交信用证规定的议付行或付款行，或保兑信用证的保兑行，或任何愿意议付该信用证下单据的银行。

（四）出口方银行议付信用证

议付行对出口商提交的单据进行仔细的审核后，确认单证相符、单单相符后，即可进行议付。议付是指议付行以自有资金按照汇票金额扣除各项费用和利息后，垫付款项给受益人，并获得受益人提交的汇票及单据的所有权的行为。议付表面上是银行的购票行为，实际上是银行为受益人融通资金的一种方式。银行议付单据后，有权向开证行或其指定的付款行索偿，如遭拒付，可向受益人追索议付款项。

（五）进口方银行接受单据

开证行（或其指定的付款行）收到议付行寄来的汇票和单据后，如审单后发现单证或单单不符，有权拒付，但必须及时将拒付事实通知议付行。如未发现单据中的不符点，应无条件付款给议付行后，取得汇票和单据的所有权。

（六）进口商赎单提货

开证行接受单据后，应立即通知进口商备款赎单。进口商核验单据无误后，将全部票款（或部分票款以押金抵补）及有关费用付给开证行，即可取得所有单据并提货。此时，开证行和进口商之间由于开立信用证而形成的契约关系就此终止。

进口商付款赎单后，如发现任何有关货物的问题，不能向银行提出赔偿要求，应分具体情况向出口商、保险公司或运输部门索赔。

▶▶ 三、信用证的内容

根据不同交易的需要，各银行习惯使用的信用证格式各不相同。国际商会曾先后设计并介绍过四种信用证标准格式，其中包括：即期付款信用证、承兑信用证、延期付款信用证和议付信用证。但是，现在各国银行基本上还是按照其过去的习惯开立信用证，同时参照国际商会推荐的标准格式略加修改。

虽然目前信用证尚无统一格式，但其基本内容大致相同，主要包括以下几个方面：

第一，对信用证本身的说明。如信用证的编号、种类、金额、开证日期、到期日和交单地点等。

第二，信用证的当事人。如开证申请人、受益人和开证行，以及开证行指定的通知行、议付行、付款行、偿付行和保兑行等。

第三，货物条款。如货物的名称、规格、数量、包装、价格等。

第四，装运与保险条款。如运输方式、起运地、目的地、装运日期、可否分批装运、可否转运等。以 CIF 术语或 CIP 术语达成的交易项下的保险要求，以及投保的金额和险别等。

第五，单据条款，包括：对汇票的要求，如使用汇票，应列明汇票的必要项目；对货运单据的要求，包括商业发票，海关发票，提单或运输单据，保险单证等；此外，还有包装单据、产地证、检验证书等。

第六，特别条款，主要是根据进口国政治经济贸易状况的变化或不同业务需要规定的一些条款。

第七，开证银行的责任条款以及适用的国际惯例。目前，银行开出的信用证都注有"该证受国际商会第 500 号出版物《跟单信用证统一惯例》的约束"字样。

▶▶ 四、信用证的特点

信用证支付方式具有以下三个特点：

第一，开证行负有第一性付款责任。信用证是由开证银行以自己的信用做出的付款保证。在信用证支付方式下，只要出口商履行了信用证条款所规定的义务，开证行就应履行其第一性付款责任。

第二，信用证是一项独立的文件。信用证通常都是以交易合同为基础开立的。但是信用证一经开出，就成为独立于买卖合同之外的另一种契约。信用证的各当事人的权利和责任完全以信用证所列条款为准，不受买卖合同的约束。

第三，信用证是一种纯单据交易。根据《国际商会第 500 号出版物》第四条规定：在信用证业务中，各有关方面处理的是单据，而不是与单据有关的货物、服务或其他行为。至于单据的真伪、法律效力以及单据所代表的货物状况等，银行概不负责。

▶▶ 五、信用证的性质及作用

采用信用证支付方式，只要出口商按信用证的要求提交单据，银行即保证付款。所以，信用证建立在银行信用之上，由开证银行代进口商承担第一性的付款责任。这种银行提供信用并以自有资金直接参与到支付过程中的支付方式，一定程度上解决了建立在商业信用基础之上的支付方式所存在的交易双方权利和义务不对等的问题，并为买卖双方融通资金提供了多种途径和便利。

众多彼此不熟悉、相互不了解的贸易当事人可以通过信用证提供的银行信用建立贸易联系。因此，信用证支付方式较易被进出口双方所接受和采用，有利于双方贸易活动的顺利进行，从而促进了国际贸易的发展。

信用证在国际贸易结算中可以起到以下两个主要作用：第一，是保证作用；第二，是资金融通作用。这些作用通过各有关当事人体现。首先，对出口商来说，只要按信用证规定发运货物，向指定银行提交单据，收取货款就有了保障。发货后将汇票和单据交议付行议付，通过押汇可及时收回货款，有利于加速资金周转。在货物装运前，还可以凭信用证向银行申请打包放款，这是对出口商业务开展极为有利的一种融资方式。其次，对进口商来说，申请开证时只需交纳少量押金或免交押金，大部分或全部货款在单据到达后支付，减少了资金占用。如为远期信用证，进口商还可凭信托收据向开证行借单提货出售或使用，到期后再向开证行付款。进口商可以通过信用证条款控制出口商的交货时间、交货方式，以及所交货物的质量和数量，可以保证进口商付款后即获得代表货物的单据。最后，对银行来说，开证行贷出的是信用，不必占用资金，既可取得开证手续费的收入，还可将收取的开证押金加以利用；虽然面临一定的垫款风险，但开证时收取一定的押金，付款后即获得出口商提交单据所代表货物的所有权，因而，风险已经得到有效的控制。至于出口地的议付行，议付出口商提交的单据后，可向开证行索偿，只要出口商交来的单据符合信用证规定，就可以对出口商进行垫款、叙做出口押汇，还可以从中获得利息和手续费等收入。

▶▶ 六、国际商会《跟单信用证统一惯例》

在信用证的初始阶段，由于没有一个共同遵守的统一准则，各国银行往往根据各自的习惯和利益，按自行规定办事，信用证各有关当事人之间的纠纷和争议经常发生。为此，国际商会在 1930 年拟订了《商业跟单信用证统一惯例》，对跟单信用证有关当事人的权利、责任以及有关条款和术语进行了统一解释，并于 1933 年以第 82 号出版物公布，建议各国（地区）银行采用。在随后的几十年间，多次进行修订。1983 年，此惯例被重新命名为《跟单信用证统一惯例》，以国际商会 400 号出版物的形式公布实施。

近年来，随着国际上运输工具和运输方式的发展变化，通信工具的电子化、网络化和电子计算机的广泛使用，国际贸易、运输、保险、单据处理和结算工作也发生了巨大的变化。国际商会于 1993 年又对《跟单信用证统一惯例》进行了修订，称为《国际商会第 500 号出版物》，简称《UCP500》，于 1994 年 1 月 1 日开始实施。目前，世界上已有 160 多个国家和地区采用了该惯例，国际贸易中绝大多数信用证都是依该惯例开立的。

▶▶ 七、信用证的种类

信用证的种类很多，可以从其性质、用途、期限、流通方式等不同角度，分为以下几种：

（一）跟单信用证和光票信用证

1. 跟单信用证

跟单信用证是开证银行凭跟单汇票或单纯凭单据付款的信用证。所谓"跟单"，大多是指货物所有权或证明货物已装运的运输单据、商业发票、保险单、商检证书、海关发票、产地证书、装箱单等。

2. 光票信用证

光票信用证是开证银行仅凭受益人开具的汇票或简单收据而无须附带单据付款的信用证。光票信用证在贸易货款的结算上使用不广，它主要被用于贸易总公司与各地分公司间的货款清偿及贸易从属费用和非贸易费用的结算。

（二）可撤销信用证与不可撤销信用证

1. 不可撤销信用证

不可撤销信用证指未经开证行、保兑行（如有）以及受益人同意，既不能修改也不能撤销的信用证，一般在信用证上加注"Irrevocable"字样。这种信用证对于受益人来说是比较可靠的。当然，在征得开证行、保兑行和信用证受益人同意的情况下，即使是不可撤销信用证也是可以撤销和修改的。

2. 可撤销信用证

可撤销信用证指在开证之后，开证行无须事先征得受益人同意就有权修改其条款或者撤销的信用证。在可撤销信用证上应注明"Revocable"字样以资识别。可撤销信用证被撤销或修改时，开证行一般应通知原来的通知行。若在通知到达前，已由可以办理即期付款、承兑、议付或延期付款的有关银行根据表面上符合信用证条款的单据进行了付款、承兑、议付，开证行应予承认并负偿付之责。受益人接受该类信用证后，在议付前随时有被撤销信用证的可能，其权益毫无保障，对其显然是不利的。

（三）保兑信用证和不保兑信用证

1. 保兑信用证

当一份信用证上除有开证银行确定的付款保证外，还有另一家银行确定的付款保证，这样的信用证就是保兑信用证，这种信用证一般是不可撤销信用证。其中，对信用证加保的银行称为保兑行。信用证经过保兑以后，保兑行和开证行都是承担第一性付款责任的银行，所以出口商拥有双重付款保证，对其有利。

2. 不保兑信用证

不保兑信用证是指未经另一家银行加具保兑的信用证。

（四）即期付款信用证和远期付款信用证

1. 即期付款信用证

即期付款信用证是指信用证规定受益人开立即期汇票，或不须即期汇票，仅凭单据即可向指定银行提示请求付款的信用证。付款行付款后无追索权。即期信用证一般要求出具汇票，汇票的付款人是银行，但目前由于信用证有时规定无须开立汇票，所以凡是凭单据立即付款的信用证也是即期付款信用证。由于即期信用证可使受益人通过银行付款或议付及时取得货款，因而在国际贸易结算中被广泛使用。

2. 远期付款信用证

远期付款信用证是指开证行或付款行在收到远期汇票或单据后，不是立即付款，而是首先对汇票进行承兑，在汇票到期日再履行付款责任的信用证，其主要作用是便利进口商资金融通。远期信用证又可分为银行承兑远期信用证、延期付款信用证及假远期信用证。

第一，银行承兑远期信用证是受益人开具以银行为付款人的远期汇票并附单据交于开证行或其指定付款行的信用证。具体做法是：受益人开出远期汇票，连同商业单据一起交到信用证指定银行；银行收到汇票和单据并验单无误后，则在汇票正面写上"承兑"字样并签章，然后将汇票交还受益人（出口商），收进单据。在汇票到期之前，议付行或受益人可以向市场进行贴现，收入扣除远期利息后的现金；也可将汇票不进行贴现，保持在受益人手中，按约定的时间到期时向承兑行收取货款。

第二，延期付款信用证是指受益人提示符合信用证条款规定的单据，在信用证所确定的日期，由开证行付款的信用证。延期付款信用证不要求开立远期汇票。

第三，假远期信用证。信用证规定受益人开立远期汇票，由付款行负责贴现，并规定一切利息和费用由开证人承担。这种信用证对受益人来说，属于即期收款的信用证，对开证人来说属于远期付款的信用证。所以这种信用证也称为买方远期信用证。

（五）付款信用证、承兑信用证及议付信用证

1. 付款信用证

付款信用证是指指定某一银行付款的信用证。此种信用证一般不要求受益人开具汇票，而仅凭受益人提供的单据付款。

2. 承兑信用证

承兑信用证是指指定某一银行承兑的信用证。采用此种信用证时，指定银行应承兑受益人向其开具的远期汇票，并于汇票到期日履行付款义务。

3. 议付信用证

议付信用证是指允许受益人向某一指定银行或任何银行交单议付的信用证。通常在单证相符条件下，受益人开具汇票，连同单据一起向信用证允许的银行进行议付，议付银行则在审单后扣除垫付资金的利息将余款付给受益人。然后议付行将汇票与单据按信用证规定的方法交于开证行索偿。议付信用证可分为公开议付信用证、限制议付信用证和指定议付信用证。前者任何银行均可办理，后者则由一家指定的银行议付。

（六）可转让信用证与不可转让信用证

1. 可转让信用证

可转让信用证是指信用证的受益人（第一受益人）可以要求授权付款、承担延期付款责任、承兑或议付的银行（统称"转让行"）或当信用证是自由议付时可以要求信用证中特别授权的转让银行，将信用证全部或部分转让给一个或数个受益人（第二受益人）使用的信用证。开证行在信用证中要明确注明"可转让"且只能转让一次。

可转让信用证的定义包含了以下几层意思：

第一，可转让信用证适用于中间贸易。可转让信用证适用于以卖方作为中间商人与买方成交的交易，卖方再去寻找供货人将已成交的货物发给买方。这里，卖方是第一受益人，供货人是第二受益人。

第二，只有被明确注明"可转让"字样的信用证才可以被转让。

第三，只能转让一次。但是第二受益人将信用证转回第一受益人不在禁止之列。

第四，办理转让的银行是信用证指定的转让行。第一受益人必须通过转让行办理信用证转让业务，不能由第一受益人自行转让信用证给第二受益人。

第五，转让的金额可以是部分的，也可以是全部的。

第六，转让的对象可以是一个或几个。可转让信用证能否分割转让给几个第二受益人，应视信用证是否允许分批装运而定。若允许分批装运，便可以分割转让给数个第二受益人，且每个第二受益人仍然可以办理分批装运。

第七，除少数条款外，信用证只能按照原证规定的条款转让。

2. 不可转让信用证

不可转让信用证是指受益人不能将信用证的权利转让给他人的信用证。凡信用证中未注明"可转让"，即是不可转让信用证。

（七）背对背信用证

背对背信用证又称转开信用证，是指受益人要求原证的通知行或其他银行以原证为基础，开立以该银行为开证行，以原证受益人为申请人的一份内容相似的新信用证。新开的信用证即背对背信用证。

背对背信用证的开立通常是在中间商转售他人货物，或两国不能直接办理进出口贸易时，通过第三者以此种办法来沟通贸易。其中的原始信用证又称为主要信用证，而背对背信用证是第二信用证。背对背信用证的特点主要如下：

第一，背对背信用证的开立并非原始信用证申请人和开证行的意旨。

第二，背对背信用证与原证是两个独立的信用证，同时并存。

第三，背对背信用证的第二受益人不能获得原证开证行的付款保证，只能得到背对背开证行的付款保证。

第四，原始信用证的金额或单价应高于背对背信用证的金额或单价，装运期也应早于背对背信用证的规定，从而使得贸易中间商可以从中获利，以及有充裕时间交单议付。

（八）对开信用证

对开信用证是指两份信用证的开证申请人互以对方为受益人而开立的信用证。第一张信用证的受益人就是第二张信用证（也称回头证）的开证申请人，反之，第一张信用证的开证申请人就是第二张信用证的受益人，第一张信用证的通知银行往往就是第二张信用证的开证行。两张信用证的金额相等或大致相等，两证可同时互开也可先后开立，这种信用证一般用于来料加工、补偿贸易和易货交易。

对开信用证的生效方法有两种：两份信用证同时生效或两份信用证分别生效。前者指的是一方开出的信用证，虽已为对方所接受，但暂不生效，等另一方开来的回头信用证被该证受益人接受时，通知对方银行两证同时生效；后者指的是一方开出的信用证被受益人接受后，随即生效，无须等待另一方开来回头信用证。

（九）循环信用证

循环信用证是指信用证被全部或部分利用后，其金额能够重新恢复至原金额而再被利用，直至达到规定次数或规定的总金额为止的信用证。它与一般信用证的不同之处在于它可以多次循环使用，而一般信用证在使用后告失效。使用这种信用证可以为买方节省开证押金及逐单开证的手续费，同时也避免了卖方等证、催证以及逐单审证的麻烦，通常在长期或较长时期内，分批均匀交货的情况下使用，为买卖双方都提供了便利和实惠。循环信用证按运用方式分为按时间循环和按金额循环两种。

1. 按时间循环信用证

它是指受益人在一定时间内，可多次支取信用证规定金额的信用证。这种信用证又有两种做法：第一，是受益人上次因故未交或未交足货物，从而未用完信用证规定的金额，其货物可移至下一次一并补交，其金额可移至下次一并使用的，称为可积累使用的循环信用证；第二，是受益人上次因故未交或未交足货物，该批货物的支款权也相应取消，其金额不能移至下次一并使用的，称为非累积使用的循环信用证。

2. 按金额循环信用证

它是指受益人按信用证规定金额议付后，仍恢复原金额再继续使用，直至用完规定的循环次数或总金额为止。恢复到原金额的做法有三种：

（1）自动循环。

它是指在一定时期内，金额被使用完毕后，不等开证银行通知而恢复到原金额。

（2）半自动循环。

它是指金额被使用完毕后，如开证银行未在一定期限内提出停止循环的通知，可自动恢复至原金额。

（3）非自动循环。

它是指信用证规定的金额使用完以后，需开证银行通知后才能恢复至原金额。

（十）预支信用证

预支信用证指开证行授权付款行（通常为通知行）向受益人预付信用证金额的全部或一部分，由开证行保证偿还并负担利息。与远期信用证恰恰相反的是，开证行付款在前，受益人交单在后。信用证中预先垫款的特别条款，习惯上是用红字打出的，以引人注目，所以也称为"红条款信用证"。这种信用证主要用于出口商资金紧张或者信用证项下的货物在市场上属于紧缺物资，或者货物的投资大、生产周期长等情况，所以信用证的预支是凭受益人光票和按时发货交单的保证进行的，有些信用证则规定受益人要提交货物仓单做抵押。预支信用证分为全部预支和部分预支两种：

第一，全部预支信用证是指仅凭受益人提交的光票预支全部货款，实际上等于预付货款。

第二，部分预支信用证是指凭受益人提交的光票和以后补交装运单据的声明书预支部分货款，待货物装运后，货运单据交到银行再付清余款，但预支货款要扣除利息。

（十一）备用信用证

备用信用证又称商业票据信用证、担保信用证，是指开证行根据开证申请人的请求，对受益人开立的承诺承担某项义务的凭证，即开证行保证在开证申请人未能履行其义务时，受益人只要凭备用信用证的规定提交开证人违约证明，即可取得开证行的偿付。

备用信用证属于银行信用，开证行对受益人保证，在开证申请人未履行其义务时，即由开证行付款。因此备用信用证对受益人来说，是备用于开证申请人发生毁约时，取得补偿的一种方式。如果开证申请人按期履行合同的义务，受益人就无须要求开证行在备用信用证项下支付货款或赔款。

备用信用证与跟单信用证既有联系又有区别。相同点主要表现在：备用信用证与跟单信用证的开证行所承担的付款义务都是第一性的；均凭符合信用证规定的凭证或单据付款；备用信用证与跟单信用证都是在买卖合同或其他合同的基础上开立的。

同时，备用信用证与跟单信用证也有所区别。不同之处主要是：

第一，在跟单信用证下，受益人只要提交与信用证要求相符的单据，即可向开证行要求付款；而在备用信用证下，受益人只有在开证申请人未履行义务时，才能行使信用证规定的权利。如开证申请人履行了约定的义务，备用证就成为备而不用的文件。

第二，跟单信用证一般只适用于货物的买卖。而备用信用证可适用于货物以外的多方面的交易，例如，在投标业务中，可保证投标人履行其职责；在借款、垫款中，可保证借款人到期还款；在赊销交易中，可保证赊购人到期付款，等等。

第三，跟单信用证一般以符合信用证规定的货运单据为付款依据，而备用信用证一般只凭受益人出具的说明开证申请人未能履约的证明文件，开证银行即保证付款。

▶▶ 八、支付方式的选用

在对外贸易实际业务中，根据不同国家和地区、不同客户、不同交易的实际情况，正确和灵活地选用货款结算的支付方式是一个关系到交易成败的重要问题。一般情况下，一笔交易只使用一种支付方式，但在特定的情况下，也可以在一笔交易中把两种，甚至两种以上不同的支付方式结合起来使用。

（一）信用证和汇付的结合使用

信用证和汇付的结合是指部分货款在货物装运后，即采用信用证支付，另一部分货款在货物运抵目的地并经过商品检验确定其品质或数量后，余额采用汇付方式支付。这种方式多用于交货数量不宜控制的初级产品贸易上。对于需进口商预付定金的特定商品或特定交易，也可将预付定金部分以汇付方式支付，其余货款以信用证结算。

（二）信用证与托收的结合使用

信用证与托收的结合是指一笔交易的部分货款以信用证支付，余额用托收结算。实际做法是：出口商签发两张汇票，凭光票支取信用证款项，凭跟单汇票采用 D/P 方式支付余款，即信用证采用光票信用证的方式，跟单托收必须是付款交单方式。这种做法对进口商来说，可减少开证金额，少付押金，减轻了资金周转的压力；对出口商来说，有部分信用证付款的保证，且进口商必须付清全部货款后才能获得货运单据，因此，出口商安全收汇较有保障。

（三）跟单托收与预付押金的结合使用

在进口商预付部分货款或一定比例的押金为保证的前提下，采用跟单托收的方式结算货款。出口商收到预付款或押金后发运货物，并从货款中扣除预付押金，其余金额通过银行托收。如托收金额被拒付，出口商可将货物运回，并以预收押金抵偿运费、利息及其他损失。

（四）跟单托收与备用信用证或银行保函的结合使用

跟单托收与备用信用证或银行保函的结合使用，可以保证跟单托收项下的货款被拒付时，出口商可以利用备用信用证或银行保函的有关条款，签发进口商拒付的声明书并开立汇票要求银行付款。使用这种方式时，备用信用证或银行保函的有效期必须晚于托收付款期限，以便被拒付后能有足够的时间办理追偿手续。

（五）汇付与备用信用证或银行保函的结合使用

这种支付方式一般用在大型设备、成套设备以及飞机与轮船等大型运输工具的交易中。由于这种交易具有货物金额大、制造生产周期长、检验手段复杂、交货条件严格，以及质量保证期限长等特点，往往采用两种，甚至两种以上不同的结算方式，如汇付与备用信用证或银行保函的结合使用，再结合使用分期付款或延期付款的方法支付货款。

第四节　银行保函

银行保函，又称银行担保书，是商业银行应申请人的要求向受益人开出的担保申请人正常履行合同义务的书面保证，其性质是一种备用的银行信用。一旦银行保函规定的条件成立时（一般申请人未能履行其所承诺的义务），银行就负有向受益人赔偿经济损失的责任。

虽然银行保函和信用证都属于银行信用，但银行保函的侧重点在于提供信用担保而不在于付款，因此保函只有在申请人违约或具备索偿条件的情况下才发生支付。银行保函的适用范围十分广泛，除用于贸易结算外，还可应用于投标、履约、预付款、维修、质量、补偿贸易、来料加工、工程承包等各种国际经济交易的履约担保。

有关银行保函的国际惯例有国际商会的《合同保证统一规则》和《见索即付保函统一规则》。

▶▶ 一、银行保函的定义及其性质

银行保函，又称银行保证书，是银行向受益人开立的保证文件。由银行作为担保人，以第三者的身份保证委托人如未对受益人履行某项义务时，由担保银行承兑保证书中所规定的付款责任，其内容根据交易内容的不同而有所不同，在形式和条款方面也无一定格式，对有关当事人的权利和义务主要以文件本身条文进行解释和处理。所以，保函可以适用于有风险的结算方式、比较复杂的结算方式，也可以在任何经济交易中，为承受风险的一方提供保障。

▶▶ 二、银行保函的基本内容

银行保函的内容随具体交易的不同而异，但就其基本方面而言，一般包括以下各项：

（一）基本栏目

基本栏目包括保函的编号，开立日期，各当事人的名称、地址和所在国家或地区，有关工程项目或其他标的物的名称，有关合同或标书的编号和签约或签发日期等。

（二）责任条款

责任条款即开立保函中承诺的责任条款，这是保函中最主要的内容。

（三）保证金额

保证金额是出具保函的银行所承担责任的最高金额，其可以是一个具体金额，也可以是有关合同金额的某个百分率。如果保证人可以按委托人履行合同的程度减免责任，则必须做出具体说明。

（四）有效期

有效期即最迟的索赔期限，或称到期日，它既可以是一个具体的日期，也可以是在某一相关行为或某一相关事件发生后的一个时期到期，例如，在交货后 3 个月或 6 个月，工程结束后 30 天等。

（五）索偿方式

索偿方式即索偿条件，是指受益人在何种情况下方可以向保证人提出索赔。对此，国际上有两种不同的说法：一种认为是无条件的，或称"见索即偿"；另一种认为银行保函应该是附有某些条件的保证书。即使按照国际商会《见索即付保函统一规则》，受益人索偿时，也要递交一份声明书。因此，银行保函通常均按不同情况，规定不同的索偿条件。

▶▶ 三、银行保函的种类

银行保函根据不同的用途，可分为许多种，但就其担保的职责和标的来分，主要有投标保函、履约保函和还款保函三种。

（一）投标保函

投标保函是银行或其他金融机构（保证人）应投标人（委托人）的申请向招标人（受益人）开立的保证书，保证投标人在开标前不能中途撤销投标或片面修改投标条件，中标后不拒绝签约，中标后不拒绝交付履约保证金，否则，银行负责赔偿招标人一定金额的损失。投标保函的金额一般为投标报价的 1%～5%（具体比例视招标文件规定而定），有效期一般至开标日为止。如投标人中标，则自动延长至投标人与招标人签订正式有关项目合同并交来履约保证书为止。

（二）履约保函

履约保函是银行应申请人的请求，向受益人开立的保证申请人履行某项合同项下义务的书面保证文件。在保证书的有效期内，如发生申请人违反合同的情况，银行将根据受益人的要求向受益人赔偿保证书中所规定的金额。用于国际货物买卖中的履约保证书，又可分为进口保函和出口保函两种。

（三）还款保函

还款保函又称预付款保函或定金保函，是指保证人应合同一方当事人的申请，向合同另一方当事人开立的保函。保函规定，如申请人不履行他与受益人所订立的合同中规定的义务，不将受益人预付或支付的款项退还或还款给受益人，则由保证人向受益人退还或支付款项。

除上述三种保函外，还可根据其他功能和用途的不同，分为其他种类的保函，如补偿贸易保函、来料加工保函、融资租赁保函等。

四、银行保函与跟单信用证的区别

第一，就付款责任而言，信用证的开证银行承担的是第一性的付款责任，而保函可能是第一性付款责任，也可能是第二性付款责任。

第二，就付款依据而言，信用证只凭符合信用证条款规定的单据付款，而与凭以开立的基础合同无关。而保函项下支付的既可能是合同价款，也可能是某种赔款或退款。

第三，就使用范围而言，信用证是要用于正常履行国际货物买卖合同的场合，当卖方装运货物后，提交符合信用证条款规定的单据向银行支付，而保函的使用范围远远大于跟单信用证。

五、银行保函的当事人

银行保函的基本当事人有三个：

（一）委托人

委托人又称申请人，即向银行提出申请，要求银行开立保函的一方，其主要责任是履行合同的有关义务，负担保函项下的一切费用和利息，并在担保人履行担保责任后向担保人补偿其所做的任何支付。

（二）保证人

保证人又称担保人，即根据申请人的要求，向受益人开立保函的银行，其责任和义务只是处理单据或证明，对保函所涉及的合同标的不负责任，对单据或证明的真伪，以及在邮递过程中出现的遗失、延误均不负责。

（三）受益人

受益人即接受保函，并有权按照保函规定条款向担保人提出索赔的一方，其责任和义务是：履行合同中所规定的责任和义务，并在保函规定的索偿条件具备时，有权按照保函规定出具索赔款通知或连同其他单据，向担保行索取款项。银行保函除上述三个主要当事人外，根据具体情况还可能涉及其他当事人，如通知行、保兑行、转开行和反担保人等。

第五节 买卖合同中的支付条款

国际货物买卖合同中有关货款收付的规定通常以"支付条款"出现。支付条款非常重要，通常必须包括支付货币、支付金额、支付时间、支付方式等内容。现按不同结算方式举例说明。

一、汇付

在汇付方式下，如采用预付货款的方式，要明确具体的付款时间、金额和汇款途径等。例如，Terms of Payment: The Buyers shall pay the total value to the Sellers in advance by

T/T（M/T or D/D）not later than…

支付条款：买方应不晚于××年×月×日将全部货款用电汇（信汇或票汇）方式预付给卖方。

▶▶ 二、托收

在托收方式下，应在合同中明确规定交单条件和付款、承兑责任以及付款期限等内容，清楚区分即期付款交单、远期付款交单和承兑交单。例如，远期付款交单的支付条款如下：

Terms of Payment: After shipment，the Seller shall send through the Seller's bank a draft drawn on the Buyer together with the shipping documents to the Buyer through the Buyer's bank for collection. The Buyer shall duly accept the documentary draft drawn by the Sellers at…Days sight upon first presentation and make payment on its maturity. The shipping documents are to be delivered against payment only.

支付条款：货物装运后，卖方应将以买方为付款人的汇票连同本合同的各种货运单据，通过卖方银行寄交买方银行，转交买方，并托收货款。买方对卖方开具的见票后××天付款的跟单汇票，于提示时应即予承兑，并于汇票到期日付款，付款后交单。

▶▶ 三、信用证

在信用证结算方式下，一般应在买卖合同的支付条款中，明确规定开证时间，开证银行，信用证的受益人、种类、金额、装运期、有效期和到期地点等。开证日期的规定可采用：第一，签约后若干天开证（To be opened within... days after the date of contract）；第二，装运月前若干天开证（To be opened to reach the sellers... days before the month of the shipment）；第三，不迟于某月、某日将信用证开抵卖方[To be opened to reach the sellers not later than…（month）…（day）]第四，接到卖方备货通知后若干天开证（To be opened within…days after receipt of the sellers' advice that the goods are ready for shipment）。信用证的金额一般规定为 100%发票金额。如果预计履约时有超额费用，或有溢短装条款，也应明确规定。举例如下：

Terms of Payment: Upon receipt from the Sellers of the advice as to the time and quantity expected ready for shipment，the Buyers shall open，20 days before shipment，with the Bank of China，Shanghai，an irrevocable Letter of Credit in favor of the Sellers payable by the opening bank against sight draft accompanied by the documents as stipulated in Clause（9）of this Contract.

付款条件：买方在收到卖方关于预计装船日期及准备装船的数量的通知后，应于装运前 20 天，通过上海中国银行开立以卖方为受益人的不可撤销的信用证。该信用证凭即期汇票及本合同第（9）条规定的单据在开证行付款。

在国际贸易中若采用信用证支付方式则要就将来所开的信用证的有关事项加以明确。采用信用证方式时，应在合同中明确规定信用证种类、开证日期、信用证有效期和议付地点等。

1. 信用证的开证时间

在信用证业务中，按时开立信用证是买方的一项基本义务，也是卖方履约的基础。若合同中明确规定开证时间则对卖方有利，如买方不按时开证，即构成违约；或合同中未规定开证时间，实际业务中，由于市场情势的变化，买方可能拖延开证，则卖方处于不利的地位。为了明确开证责任，开证时间应在合同中加以明确规定。

2. 信用证的种类

信用证的种类较多，在我国的出口业务中，一般接受不可撤销的信用证，其他类别的信用证则视每笔交易的不同情况，灵活加以选择。如成交金额较大，或对开证行的资信表示怀疑或由于其他特殊原因，可考虑要求买方开立保兑信用证；专业外贸公司在货源比较分散时，可要求买方开立不可撤销的可转让信用证。

3. 信用证的金额

信用证的金额一般都规定为发票金额相同，若预计可能发生一些额外费用，比如港口拥挤费、超保险费等，可要求买方在信用证中规定，超过的有关费用凭受益人提交的有关费用收据，在信用证金额外交给受益人。

4. 付款日期

付款日期关系到买卖双方收付货款的时间。在实际业务中，卖方希望尽早收到货款，这样，一方面能加速资金的周转，另一方面减少汇率变动的风险；而买方则希望远期付款，这样便于资金的融通。因此，在合同中必须确定付款日期。在采用远期信用证的情况下，卖方在报价时应考虑利息因素。

5. 信用证的有效期及到期地点

信用证的有效期是指信用证中规定的交单付款、承兑或议付的到期日。在我国的出口业务中，大部分采用议付信用证，所以合同条款一般都规定"议付有效期为装运月后第 15 天在中国到期"。

信用证的到期地点是指信用证有效期的终止地点。一般分三种情况：第一，在出口方到期；第二，在进口方到期；第三，在第三国到期。不同的到期地点对卖方交单有不同的影响。在出口方到期对受益人最为有利，因为便于掌握交单时间；而在进口方到期或在第三国到期，有可能因为单据传递延误而错过信用证的交单期。所以在我国出口业务中，基本上都要求信用证在中国到期。

（二）条款描述

1. 即期信用证条款

买方应通过卖方所接受的银行于装运月份前 30 天开出并送达卖方不可撤销的信用证，有效期至装运月份后 15 天在中国议付。

2. 远期信用证条款

买方应通过卖方可以接受的银行于装运月份前 30 天开出并送达卖方不可撤销的见票后 45 天付款的信用证，有效期至装运月份后 15 天在中国议付。

▶▶ 四、在订立合同的支付条款时应当注意的问题

第一，为了避免争议，在买卖双方没有对合同的支付条款的要点达成默契前，不能随意省略条款要点。

第二，使用 D/P、D/A 之类的缩写词时，应该注意对方是否明确 D/P、D/A 所表述的"付款交单"和"承兑交单"的含义。因为它们可以分别解释为"付款交货"和"承兑交货"。

第三，在信用证方式下，单据符合信用证规定是银行付款的前提。因此，除注意所规定的单据是否齐全以外，还要避免规定卖方不能提供的单据。此外，信用证的有效期应当规定为装运期后一段合理的时间内，以便卖方能有足够的时间制单结汇。

本章小结

1. 出票指出票人签发票据并将其交付给收款人的票据行为。

2. 背书是持票人在汇票的背面签上自己的名字，或再加上被背书人的名字，并把汇票交给被背书人或受让人的票据转让行为。

3. 本票是一人向另一人签发的，保证于见票时或定期，或在可以确定的将来的时间，对某人或其指定人，或持票人支付一定金额的无条件的书面承诺。

4. 支票是出票人签发，委托办理支票存款业务的银行或者其他金融机构在见票时无条件支付确定的金额给收款人或者持票人的票据。

5. 汇付又称汇款，是指债务人或付款人通过银行将款项汇交债权人或收款人的结算方式。

6. 托收是指债权人（一般为出口商）开具汇票或者连同货运单据，委托当地银行通过它在进口地的分行或代理行向债务人（一般为进口商）收取票款的一种支付方式。

7. 信用证是由银行出面担保的一种贸易货款的支付方式。

8. 银行保函，又称银行担保书，是商业银行应申请人的要求向受益人开出的担保申请人正常履行合同义务的书面保证，其性质是一种备用的银行信用。

9. 投标保函是银行或其他金融机构（保证人）应投标人（委托人）的申请向招标人（受益人）开立的保证书。

10. 还款保函又称预付款保函或定金保函，是指保证人应合同一方当事人的申请，向合同另一方当事人开立的保函。

第八章　国际货物的检验和争议的处理

学习目标

- 了解国际货物的检验。
- 掌握买卖合同中的索赔条款。
- 了解定金罚则。
- 了解不可抗力。
- 掌握争议解决的方式。
- 了解仲裁协议的内容。

开篇案例

某年 8 月 20 日，一艘承载我国上海某贸易公司（本案买方）向某国出口商认购的一批进口钢材的外国货轮到达上海港。船在锚地进行"三检"时，发现钢材上层严重锈蚀。后据调查，该船到达前曾航行于赤道附近多日，并曾遇到过大雨，该钢材买卖合作采用的是 CIF 条件，付款方式为托收，但没有索赔条款。①

第一节　国际货物的检验

一、货物的检验权

国际货物买卖中的商品检验，简称"商检"，是指商品检验机构对卖方拟交付货物或已交付货物的品质、规格、数量、重量、包装、卫生、安全等项目所进行的检验、鉴定和管理工作。

商品检验是随着国际货物买卖的发展而产生和发展起来的，它在国际货物买卖中占有十分重要的地位。国际货物买卖中，由于交易双方身处异地，相距遥远，货物在长途运输过程中难免会发生残损、短少，甚至灭失，尤其是在凭单证交接货物的象征性交货条件下，买卖双方对所交货物的品质、数量等问题更易产生争议。因此，为了便于查明货损原因，确定责任归属，以利货物的交接和交易的顺利进行，就需要一个公证的第三者，即商品检验机构，对货物进行检验或鉴定。由此可见，商品检验是国际货物买卖中不可缺少的一个重要环节。

---

① 周敏倩，竺杏月. 国际贸易实务与案例［M］. 南京：东南大学出版社，2013.

由于商品检验直接关系到买卖双方在货物交接方面的权利与义务，特别是某些进出口商品的检验工作还直接关系到本国的国民经济能否顺利协调发展，生态环境能否保持平衡，人民的健康和动植物的生长能否得到保证，以及能否促进本国出口商品质量的提高和出口贸易的发展，因此，许多国家的法律和国际公约都对商品的检验做了明确规定。例如，英国《1893 年货物买卖法》（1979 年修订）规定："除非双方另有约定，当卖方向买方交付货物时，买方有权要求有合理的机会检验货物，以确定它们是否与合同规定的相符。"买方在未有合理机会检验货物之前，不能认为他已经接受了货物。

又如，《联合国国际货物销售合同公约》（以下简称《公约》）也对货物的检验问题做出了明确规定：买方必须在按实际情况可行的最短时间内检验货物，或由他人检验货物。如果合同涉及货物运输，检验可推迟到货物到达目的地后进行。

上述各种有关商品检验的规定都体现了一个共同的原则，即除非买卖双方另有约定，买方在接收货物之前应享有对所购买的货物进行检验的权利。但需要注意的是，买方对货物的检验权并不是强制性的，它不是买方接收货物的前提条件。也就是说，如果买方没有利用合理的机会检验货物，那么他就自动放弃了检验货物的权利。另外，如果合同中的检验条款规定，以卖方的检验为准，此时，就排除了买方对货物的检验权。

有关商品检验权的规定是直接关系到买卖双方权利与义务的重要问题，因此，交易双方应在买卖合同中对与商品检验有关的问题做出明确具体的规定，这就是合同中的检验条款。国际货物买卖合同中的检验条款，其内容因商品种类和特性的不同而有所差异，但通常都包括检验时间和地点、检验机构、检验证书，以及货物与合同规定不符时，买方索赔的时限等内容。下面仅就一般货物的检验条款做简要介绍。

▶▶ 二、货物检验的时间和地点

检验时间和地点是指在何时、何地行使对货物的检验权。所谓检验权，是指买方或卖方有权对所交易的货物进行检验，其检验结果即作为交付与接收货物的依据。确定检验的时间和地点，实际上就是确定买卖双方中的哪一方行使对货物的检验权，也就是确定检验结果以哪一方提供的检验证书为准。谁享有对货物的检验权，谁就享有了对货物的品质、数量、包装等内容进行最后评定的权利。由此可见，如何规定检验时间和地点是直接关系买卖双方切身利益的重要问题，因而是交易双方商定检验条款时的核心所在。

检验时间就是检验的有效期限。对进口商品而言，检验时间与索赔期限密切联系，超过合同规定的检验期限，一般就认为买方已丧失了检验和索赔的权利，除非另有约定或卖方同意延长索赔期限。出口商品的检验时间就是出口装运的期限，卖方要确保货物在装运前检验货物和取得检验证书。在买卖合同中，一般规定检验和/或复检时间。复检期限与规定索赔期限密切相关，买方只能在规定的复检期限内检验货物并据此提出索赔，超过规定时间，卖方就有权拒赔。根据我国《商检法》第 10 条规定"商检机构应当在对外贸易合同约定的索赔期限内检验完毕，并出具证明"。复检期限的规定应主要根据商品的特性、运输条件和检验所需时间长短不同而异。如农产品、鲜活产品复检时间可短些，机电仪器和成套设备的复检时间要长一些。

复检地点的选择与时间有着密切关系。地点选择不当，实际检验时间就得不到保障。

例如，我方进口商品复检地点一般以"货到目的港卸货后或货物运抵目的地收货人的最后仓库之日起××天内向卖方提出索赔"，而不订成"从进口之日起计算"或"到岸三日起计算"，更不订成"从发运日期计算"，因为后者货到目的口岸，因港口拥挤或其他许多原因卸不了货，就要耽误检验时间。

在国际货物买卖合同中，根据国际贸易习惯做法和我国的业务实践，有关检验地点的规定办法可归纳为以下几种：

（一）在出口国检验

此种方法又包括产地（工厂）检验和装运港（地）检验两种。

1. 产地（工厂）检验

产地（工厂）检验是指货物在产地出运或工厂出厂前，由产地或工厂的检验部门，或买方的验收人员进行检验和验收，并由买卖合同中规定的检验机构出具检验证书，作为卖方所交货物的品质、数量等项内容的最后依据。卖方只承担货物离开产地或工厂前的责任，对于货物在运输途中所发生的一切变化，卖方概不负责。

2. 装运港（地）检验

装运港（地）检验又称"离岸品质、离岸重量"，是指货物在装运港或装运地交货前，由买卖合同中规定的检验机构对货物的品质、重量（数量）等内容进行检验鉴定，并以该机构出具的检验证书作为最后依据。卖方对交货后货物所发生的变化不承担责任。

采用上述两种规定办法时，即使买方在货物到达目的港或目的地后，自行委托检验机构对货物进行复验，也无权对商品的品质和重量向卖方提出异议，除非买方能证明，他所收到的与合同规定不符的货物是由于卖方的违约或货物的固有瑕疵所造成的。因此，这两种规定办法从根本上否定了买方的复验权，对买方极为不利。

（二）在进口国检验

此种方法又分为目的港（地）检验和买方营业处所（最终用户所在地）检验。

1. 目的港（地）检验

目的港（地）检验又称为"到岸品质、到岸重量"，是指货物运达目的港或目的地时，由合同规定的检验机构在规定的时间内，就地对商品进行检验，并以该机构出具的检验证书作为卖方所交货物品质、重量（数量）的最后依据。采用这种方法时，买方有权根据货物运抵目的港或目的地时的检验结果，对属于卖方责任的品质、重量（数量）不符点，向卖方索赔。

2. 买方营业处所（最终用户所在地）检验

对于一些因使用前不便拆开包装，或因不具备检验条件而不能在目的港或目的地检验的货物，如密封包装货物、精密仪器等，通常都在买方营业处所或最终用户所在地，由合同规定的检验机构在规定的时间内进行检验。货物的品质和重量（数量）等内容以该检验机构出具的检验证书为准。采取上述两种做法时，卖方实际上须承担到货品质、重量（数量）的责任。如果货物在品质、数量等方面存在的不符点属于卖方责任所致，买方则有权凭货物在目的港、目的地或买方营业处所或最终用户所在地经检验机构检验后出具的检验证书，向卖方提出索赔，卖方不得拒绝。由此可见，这两种方法对卖方很不利。

（三）出口国检验与进口国复验

出口国检验、进口国复验是指卖方在出口国装运货物时，以合同规定的装运港或装运地检验机构出具的检验证书，作为卖方向银行收取货款的凭证之一，货物运抵目的港或目的地后，由双方约定的检验机构在规定的地点和期限内对货物进行复验。复验后，如果货物与合同规定不符，而且属于卖方责任所致，此时，买方有权凭该检验机构出具的检验证书，在合同规定的期限内向卖方索赔。由于这种做法兼顾了买卖双方的利益，较为公平合理，因而它是国际货物买卖中最常见的一种规定检验时间和地点的方法，也是我国进出口业务中最常用的一种方法。

（四）装运港（地）检验重量与目的港（地）检验品质

在大宗商品交易的检验中，为了调和买卖双方在商品检验问题上存在的矛盾，常将商品的重量检验和品质检验分别进行，即以装运港或装运地验货后，检验机构出具的重量检验证书，作为卖方所交货物重量的最后依据，以目的港或目的地检验机构出具的品质检验证书，作为商品品质的最后依据。货物到达目的港或目的地后，如果货物在品质方面与合同规定不符，而且该不符点是卖方责任所致，则买方可凭品质检验证书，对货物的品质向卖方提出索赔，但买方无权对货物的重量提出异议。这种规定检验时间和地点的方法就是装运港（地）检验重量、目的港（地）检验品质，又称"离岸重量、到岸品质"。

需要指出的是，由于实际业务中检验时间和地点的规定，常常与合同中所采用的贸易术语、商品的特性、检测手段、行业惯例，以及进出口国的法律、法规密切相关，因此，在规定商品的检验时间和地点时，应综合考虑上述因素，尤其要考虑合同中所使用的贸易术语。通常情况下，商品的检验工作应在货物交接时进行，即卖方向买方交付货物时，买方随即对货物进行检验。货物经检验合格后，买方即受领货物，卖方在货物风险转移之后，不再承担货物发生品质、数量等变化的责任。

▶▶ 三、商品检验机构

在国际商品买卖中，交易双方除自行对商品进行必要的检验外，通常还要委托独立于买卖双方之外的第三方对货物进行检验。有时，虽然买卖双方未要求对所交易的商品进行检验，但根据有关法律或法规的规定，必须由某机构进行检验，经检验合格后，商品方可出境或入境。这种根据客户的委托或有关法律、法规的规定对进出境商品进行检验、鉴定和管理的机构就是商品检验机构，简称检验机构或商检机构。

（一）国际上商品检验机构的类型

国际上的商品检验机构，种类繁多，名称各异，有的称作公证行、宣誓衡量人，也有的称为实验室，检验机构的类型大体可归纳为官方检验机构、半官方检验机构和非官方检验机构三种。

1. 官方检验机构

官方检验机构是指由国家或地方政府投资，按照国家有关法律法令对出入境商品实施强制性检验、检疫和监督管理的机构。例如，美国食品药物管理局（FDA）、美国动植物检疫署、美国粮谷检验署、日本通商省检验所等。

2. 半官方检验机构

半官方检验机构是指一些有一定权威的、由国家政府授权、代表政府行使某项商品检验或某一方面检验管理工作的民间机构。例如，根据美国政府的规定，凡是进口与防盗信号、化学危险品以及与电器、供暖、防水等有关的产品，必须经美国担保人实验室这一半官方检验机构检验认证合格，并贴上该实验室的英文缩写标志"UL"，方可进入美国市场。

3. 非官方检验机构

非官方检验机构主要是指由私人创办，具有专业检验、鉴定技术能力的公证行或检验公司，如英国劳埃氏公证行、瑞士日内瓦通用鉴定公司等。

（二）我国商品检验机构及其任务

在我国，主管全国出入境商品检验、检疫、鉴定和管理工作的机构是中华人民共和国国家出入境检验检疫局及其设在各地的分支机构，通常又称为国家商检部门。为了改善我国社会主义市场经济条件下的质量管理体制，充分发挥质量监督和检验、检疫的作用，以适应我国加入 WTO 和同国际接轨的需要，2001 年 4 月 10 日，国务院宣布将国家质量技术监督局与国家出入境检验检疫局合并，成立了中华人民共和国质量监督检验检疫总局。

根据对外贸易发展的需要，对涉及社会公共利益的进出口商品，制定和公布了《商检机构实施检验的进出口商品种类表》（以下简称《种类表》），并根据实际情况随时予以调整。根据《商检法》和《中华人民共和国进出口商品检验法实施条例》（以下简称《商检法实施条例》）的规定，国家商检部门及其设在各地的检验机构的职责有下述三项：

1. 对进出口商品实施检验

商检机构实施进出口商品检验的内容，包括商品的品质、规格、数量、重量、包装，以及是否符合安全、卫生要求。

商检机构实施进出口商品检验的范围可归纳为两方面，即法定检验和对法定检验以外的进出口商品的检验。

法定检验是指商检机构或者国家商检部门、商检机构指定的检验机构，根据国家的法律、行政法规，对规定的进出口商品和有关的检验事项实施强制性检验。凡属法定检验范围内的进出口商品，必须经过商检机构或者国家商检部门、商检机构指定的检验机构的检验，未经检验或经检验不合格的商品，一律不准进出口。商检机构和国家商检部门、商检机构指定的检验机构对进出口商品实施法定检验的范围包括：

第一，对列入《种类表》的进出口商品的检验。

第二，对出口食品的卫生检验。

第三，对出口危险货物包装容器的性能鉴定和使用鉴定。

第四，对装运出口易腐烂变质食品、冷冻品的船舱、集装箱等运载工具的适载检验。

第五，对有关国际条约规定须经商检机构检验的进出口商品的检验。

第六，对其他法律、行政法规规定必须经商检机构检验的进出口商品的检验。

对于法定检验以外的进出口商品，商检机构可以抽查检验。此外，商检机构还对对外贸易合同约定或者进出口商品的收货人、发货人，申请商检机构签发检验证书的进出口商品实施检验。

2. 对进出口商品的质量和检验工作实施监督管理

监督管理是指国家商检部门、商检机构对进出口商品的收货人、发货人，生产、经营、储运单位与国家商检部门、商检机构指定或认可的检验机构和认可的检验人员的检验工作实施监督管理。例如：向列入《种类表》的出口商品的生产企业派出检验人员，参与监督出口商品出厂前的质量检验工作；进行进出口商品质量认证工作；对重要的进出口商品及其生产企业实行质量许可制度；通过考核，认可符合条件的国内外检验机构承担委托的进出口商品检验工作；对指定或认可的检验机构的进出口商品检验工作进行监督，抽查检验其已检验的商品。

3. 办理进出口商品鉴定

鉴定业务是指商检机构和国家商检部门、商检机构指定的检验机构、经国家商检部门批准的其他检验机构接受对外贸易关系人（通常指出口商、进口商、承运人、保险人，出口商品的生产、供货部门，进口商品的收货、用货部门，代理接运部门，等等），以及国内外有关单位的委托，办理规定范围内的进出口商品鉴定业务。进出口商品鉴定业务的范围主要包括：进出口商品的品质、数量、重量、包装、海损鉴定，集装箱及集装箱货物鉴定，进口商品的残损鉴定，出口商品的装运技术条件鉴定，货载衡量，产地证明，价值证明及其他业务。

进出口商品的鉴定业务不同于法定检验。鉴定业务最突出的特点是凭进出口商品经营者或有关关系人的申请和委托而进行进出口商品的检验和鉴定。法定检验则是根据国家有关法律、法规的规定，对进出口商品实施强制性检验。

此外，为了适应我国对外贸易发展的需要，20 世纪 80 年代初，经国务院批准我国成立了中国进出口商品检验总公司（以下简称商检公司）。商检公司作为一家独立的检验机构，以非官方身份和公证科学的态度，接受进出口业务中的当事人和外国检验机构的委托，处理进出口商品的检验鉴定业务，签发检验、鉴定证书并提供咨询服务。商检公司的成立，既为进出口商品的顺利交接、结汇及合理解决索赔争议提供了诸多便利条件，同时也促进了我国同世界各国进出口商品检验机构的联系与合作。

▶▶ 四、检验的性质、标准及证书

（一）检验的性质

按照商检的性质，可以分为法定检验和公证鉴定。

1. 法定检验

法定检验是指商品检验机构依据国家法律、行政法规的规定，对进出口商品行使强制性的检验或检疫。按规定属于法定检验的进出口商品，未经检验合格，一律不准进出口。法定检验的范围包括：

第一，列入我国《出入境检验检疫机构实施检验检疫的进出境商品目录》（以下简称《检验检疫商品目录》）中规定的商品。

第二，《中华人民共和国食品卫生法》和《中华人民共和国进出境动植物检疫法》规定的商品。

第三，对出口危险货物的包装容器、危险货物运输设备和工具的安全技术的性能鉴定和使用鉴定。

第四，对装运易腐烂变质食品、冷冻品的船舱和集装箱等运输工具，实施适载检验。

第五，对贸易合同规定由检验检疫机构实施检验的进出口商品。

第六，凡其他法律行政法规规定的，须经检验检疫机构实施检验的进出口商品和检验项。

2. 公证鉴定

公证鉴定是指检验检疫机构接受对外贸易关系人申请、国外检验机构的委托或国内外有关单位的委托，对进出口商品进行鉴定，签发鉴定证书，供申请人作为办理进出口商品的交接、结算、通关结税、计费核算、索赔、仲裁等的有效依据。公证鉴定不同于法定检验，它不具有强制性。

公证鉴定的范围主要包括各种进出口商品的质量、重量、数量、包装、标志、海损、商品残损、装载技术条件、货载衡量、产地证明，对船舶、车辆、飞机、集装箱运载工具的适载鉴定，抽去并签封各类样品，签发价值证书等。

（二）货物检验标准

检验标准是指对进出口商品实施检验所依据的标准：如对商品品质、规格、包装等项目的具体规定和要求；抽样、制样或检验方法及对检验仪器的具体规定和要求等。在国际货物买卖合同中，即使是同一种商品，对其实施检验所依据的标准和方法不同，检验结果往往会大不一样。因此，交易双方在签订买卖合同时，除规定检验时间和地点、检验机构及检验证书之外，往往还要明确检验标准。检验标准的具体内容，视商品的种类、特性及进出口国家有关法律或行政法规的规定而定。

1. 国际上对检验标准的分类

在国际货物买卖中，商品的检验标准可归纳为以下三类：

（1）对买卖双方具有法律约束力的标准。

这是国际货物买卖中普遍采用的检验标准，其中最常见的是买卖合同和信用证。

（2）与贸易有关国家所制定的强制执行的法规标准。

主要指商品生产国、出口国、进口国、消费国或过境国所制定的法规标准，如货物原产地标准、安全法规标准、卫生法规标准、环保法规标准、动植物检疫法规标准。

（3）国际权威性标准。

主要是指在国际上具有权威性的检验标准，其中又包括国际标准、区域性标准化组织标准、国际商品行业协会标准和某国权威性标准。国际标准，是指国际专业化组织所制定的检验标准，如国际标准化组织、国际海事组织、国际电工委员会、联合国食品法典委员会等制定的标准。区域性标准化组织标准，是指区域性组织所制定的标准，如欧洲标准化委员会、欧洲电工标准委员会、泛美技术标准委员会等制定的标准。国际商品行业协会标准，是指国际羊毛局、国际橡胶协会等国际性商品行业协会所制定的标准。某国权威性标准，是指某些国家所制定的具有国际权威性的检验标准，如英国药典、美国公职分析化学家协会制定的标准。

2. 我国商检机构的检验标准

根据《商检法实施条例》的有关规定，我国商检机构按下述标准对进出口商品实施检验：

第一，法律、行政法规规定有强制性标准或者其他必须执行的检验标准的，按照法律、行政法规规定的检验标准检验。

第二，法律、行政法规未规定有强制性检验标准或者其他必须执行的检验标准的，按照对外贸易合同规定的检验标准检验；凭样成交的，应当按照样品检验。

第三，法律、行政法规未规定有强制性检验标准或者其他必须执行的检验标准，低于对外贸易合同规定的检验标准检验的，按照对外贸易合同规定的检验标准检验；凭样成交的，应当按照样品检验。

第四，法律、行政法规未规定有强制性检验标准或者其他必须执行的检验标准，对外贸易合同又未约定检验标准或者约定检验标准不明确的，按照生产国标准、有关国际标准或者国家商检部门指定的标准检验。

国际标准化组织（International Organization for Standardization，ISO）为了促进各国产品质量及企业质量管理水平的提高和保护消费者权益，在总结传统产品检验、测试及质量控制工作的基础上，于1987年制定了ISO 9000质量管理与质量保证一系列国际标准。该标准自发布以来，得到世界许多国家的普遍重视，我国近几年来也在大力推广ISO 9000系列标准。根据《中华人民共和国标准化法》的规定，我国的商品检验标准分为四种，即国家标准、行业标准、地方标准和企业标准。国家标准由国务院标准化行政主管部门制定。对没有国家标准，但需要在国家某行业范围内统一技术要求的，可以制定行业标准。没有国家标准和行业标准的，可以制定地方标准或企业标准。对于既有我国标准又有国际标准或国外标准的商品，一般情况下应采用我国标准进行买卖。对于已被国际上广泛采用的标准，或有助于扩大商品在国际市场销路的标准，交易时应尽量采用该种标准。

国际货物买卖合同中的检验条款，除包括上述内容外，有时还需明确买方对不合格货物向卖方索赔的具体期限。

现举买卖合同中检验条款实例如下：

"以装运港（地）××（检验机构名称）签发的品质和重量检验证书作为信用证项下议付所提交单据的一部分。买方对于装运货物的任何索赔，须于货物到达目的港（地）后××天内提出，并须提供经卖方同意的公证机构出具的公证报告。"

（三）货物检验证书

商检证书，是各种进出口商品检验证书、鉴定证书和其他证明书的统称，是对外贸易有关各方履行契约义务、处理索赔争议和仲裁、诉讼举证，具有法律依据的有效证件，也是海关验放、征收关税和优惠减免关税的必要证明。商检证书的种类和用途主要有：

第一，品质检验证书，是出口商品交货结汇和进口商品结算索赔的有效凭证；法定检验商品的证书，是进出口商品报关、输出输入的合法凭证。商检机构签发的放行单和在报关单上加盖的放行章有与商检证书同等通关效力，签发的检验情况通知单同为商检证书性质。

第二，重量或数量检验证书，是出口商品交货结汇、签发提单和进口商品结算索赔的有效凭证。出口商品的重量证书，也是国外报关征税和计算运费、装卸费用的证件。

第三，兽医检验证书，是证明出口动物产品或食品经过检疫合格的证件，适用于冻畜肉、冻禽、禽畜罐头、冻兔、皮张、毛类、绒类、猪鬃、肠衣等出口商品，是对外交货、银行结汇和进口国通关输入的重要证件。

第四，卫生/健康证书，是证明可供人类食用的出口动物产品、食品等经过卫生检验或检疫合格的证件。适用于肠衣、罐头、冻鱼、冻虾、食品、蛋品、乳制品、蜂蜜等，是对外交货、银行结汇和通关验放的有效证件。

第五，消毒检验证书，是证明出口动物产品经过消毒处理，保证安全卫生的证件。适用于猪鬃、马尾、皮张、山羊毛、羽毛、人发等商品，是对外交货、银行结汇和国外通关验放的有效凭证。

第六，熏蒸证书，是用于证明出口粮谷、油籽、豆类、皮张等商品，以及包装用木材与植物性填充物等，已经过熏蒸灭虫的证书。

第七，残损检验证书，是证明进口商品残损情况的证件，适用于进口商品发生残、短、渍、毁等情况，可作为受货人向发货人或承运人，或保险人等有关责任方索赔的有效证件。

第八，积载鉴定证书，是证明船方和集装箱装货部门正确配载积载货物，作为证明履行运输契约义务的证件，可供货物交接或发生货损时处理争议之用。

第九，财产价值鉴定证书，是作为对外贸易关系人和司法、仲裁、验资等有关部门索赔、理赔、评估或裁判的重要依据。

第十，船舱检验证书，证明承运出口商品的船舱清洁、密固、冷藏效能及其他技术条件是否符合保护承载商品的质量和数量的完整与安全的要求。可作为承运人履行租船契约适载义务，对外贸易关系方进行货物交接和处理货损事故的依据。

第十一，生丝品级及公量检验证书，是出口生丝的专用证书，其作用相当于品质检验证书和重量（数量）检验证书。

第十二，原产地证明书，是出口商品在进口国通关输入和享受减免关税优惠待遇和证明商品产地的凭证。

第十三，舱口检视证书、监视装（卸）载证书、舱口封识证书、油温空距证书、集装箱监装（拆）证书，作为证明承运人履行契约义务，明确责任界限，便于处理货损货差责任事故的证明。

第十四，价值证明书，作为进口国管理外汇和征收关税的凭证。在发票上签盖商检机构的价值证明章与价值证明书具有同等效力。

第十五，货载衡量检验证书，是证明进出口商品的重量、体积吨位的证件，可作为计算运费和制订配载计划的依据。

第十六，集装箱租箱交货检验证书、租船交船剩水（油）重量鉴定证书，可作为契约双方明确履约责任和处理费用清算的凭证。

▶▶ 五、订立货物检验条款应注意的事项

第一，对商品检验权的约定应公平合理。

第二，约定商品检验的时间与地点应当考虑所使用的贸易术语、商品的特性检验条件和有关国家的法律或规章制度的规定。

第三，应根据择优选择的原则约定合法的检验机构。合理约定成交商品的检验技术

标准。

第四，确定须出具的检验证书的名称和份数，以满足不同部门的需要。

第五，确定买方对货物的品质、数量等进行复检的时间、地点和复检方法。复检地点一般为目的港，机器设备可在目的地复检。复检时间不宜过长，通常视商品的性质而定，货到目的港后的 30～180 天不等。

第二节　对外贸易的争议与索赔

一、争议及其处理方式

在国际贸易中，情况复杂多变，买卖双方签订合同后，由于种种原因，合同没有履行，从而引起交易双方间的争议。解决争议的途径有下列几种：

（一）协商

争议双方通过友好协商，达成和解，这是解决争议的好办法。但这种办法有一定的局限性，很多时候无法解决争议。

（二）调解

在争议双方自愿的基础上，由第三者出面从中调解。实践表明，这也是解决争议的一种好办法。我国仲裁机构采取调解与仲裁相结合的办法，收到了良好的效果。其具体做法是：结合仲裁的优势和调解的长处，在仲裁程序开始之前或之后，仲裁庭可以在当事人自愿的基础上，对受理的争议进行调解解决，如调解失败，仲裁庭仍按照仲裁规则的规定继续进行仲裁，直到做出终局裁决。因此，这种方法也有一定的局限。

（三）仲裁

国际贸易中的争议，如友好协商、调解都未成功而又不愿意诉诸法院解决，则可采用仲裁办法。仲裁已成为解决争议的普遍方式。仲裁的优势在于其程序简便、结案较快、费用开支较少，能独立、公正和迅速地解决争议，给予当事人充分的自治权。它还具有灵活性、保密性、终局性和裁决易于得到执行等优点，从而为越来越多的当事人所选择并采用。

（四）诉讼

诉讼具有下列特点：

第一，诉讼带有强制性，只要一方当事人向有管辖权的法院起诉，另一方就必须应诉，争议双方都无权选择法官。

第二，诉讼程序复杂，处理问题速度比仲裁慢。

第三，诉讼处理争议，双方当事人关系紧张，有伤和气，不利于今后贸易关系的继续发展，且诉讼费用较高。

上述前两种办法都有一定的局限，最后一种办法有一定的缺陷，所以仲裁就成为解决国际贸易争议的一种广泛采用并行之有效的重要方式。

中国一向提倡并鼓励以仲裁的方式解决国际商事争议。中国的涉外商事仲裁机构早在 1956 年便已宣告成立。60 多年来，该机构在审理案件中，坚持根据事实、依照法律和合同规定，参照国际惯例，公平合理地处理争议和做出裁决，其裁决的公正性得到国内外的一致公认，中国已成为当今世界上主要的国际商事仲裁中心之一。在中国进出口合同中，一般都订有仲裁条款，以便在发生争议时，通过仲裁方式解决争端。

▶▶ 二、违约责任

国际货物买卖合同是确定买卖双方权利和义务的法律文件。任何一方当事人如不履行合同义务，或者履行合同义务不符合约定，在法律上就构成违约行为，违约一方应当承担继续履行、采取补救措施或者赔偿损失等违约责任。根据各国法律和国际条约的规定，不同性质的违约行为，承担的责任是不同的。但各国法律对于违约行为的性质划分及据此可以采取的补救办法却很不一致，有的国家以合同中交易条件的主次为依据进行划分，而有的国家却以违约的后果轻重程度为依据来进行划分。

例如，英国的法律规定，当事人一方违反合同中实质性的主要约定条件，如卖方交货的质量和数量不符合合同的规定，或不按照合同期限交货，均作为"违反要件"，受损害的一方除可要求损害赔偿外，还有权解除合同。如违反的是合同中的次要条件，称为"违反担保"或"违反随附条件"，则受损害一方不能解除合同，仍须履行所应承担的合同义务，但有权请求违约的一方给予损害赔偿。至于货物买卖合同中哪些条款属于"要件"，哪些条款属于"担保"或"随附条件"，英国的法律未做具体规定，要由法官在审理案件时，根据合同的内容和推定双方当事人的意思做出决定。

又如美国的法律规定，一方当事人违约，以致另一方无法取得该交易的主要利益，则是"重大违约"。在此情况下，受损害的一方有权解除合同，并要求损害赔偿。如果一方违约，情况较为轻微，并未影响对方在该交易中取得的主要利益，则为"轻微违约"，受损害的一方只能要求损害赔偿。

《中华人民共和国合同法》（简称《合同法》）规定，另一方违反合同，以致严重影响订立合同所期望的经济利益，当事人有权通知另一方解除合同。该法还规定，合同的变更、解除或终止，不影响当事人要求赔偿损失的权利。

《联合国国际货物销售合同公约》规定："一方当事人违反合同的结果，如使另一方当事人蒙受损失，以至于实际上剥夺了他根据合同规定有权期待得到的东西，即为根本违反合同。"受损害的一方有权向违约方要求损害赔偿并有权宣告合同无效。但如违约的情况尚未达到根本违反合同的程度，则受损害方只能要求损害赔偿而不能宣告合同无效。综上所述，由于各国法律和国际条约对于违约行为的区分有不同的方法，对于不同的违约行为承担的责任，以及另一方可以采取的补救方法都有不同的规定，但这种责任或救济大体上可概括为三类，即实际履行、解除合同及损害赔偿。为维护我方的权益，根据我国法律和国际上有关的法律和惯例，订好国际货物买卖合同中的索赔条款，并在合同的履行中加以运用，是十分重要的。

▶▶ 三、索赔和理赔

在国际贸易交易过程中，买卖双方往往会由于彼此间的权利义务问题而引起争议。争议发生后，因一方违反合同规定，直接或间接给另一方造成损失，受损方向违约方在合同规定的期限内提出赔偿要求，以弥补其所受损失，就是索赔（Claim）。违约的一方，如果受理遭受损害方所提出的赔偿要求，赔付金额或实物，以及承担有关修理、加工整理等费用，或同意换货等就是理赔。如有足够的理由，解释清楚，不接受赔偿要求的就是拒赔。

索赔和理赔是一个问题的两个方面，属于卖方责任而引起买方索赔的主要有：卖方所交货物的品质、数量、包装和合同不符；卖方未按期交货；卖方具有其他违反合同或法定义务的行为。属于买方责任而引起卖方索赔的有：买方未按期付款；未及时办理运输手续；未及时开立信用证；买方具有其他违反合同或法定义务的行为。索赔和理赔中，索赔依据和索赔期限是两个最基本的条件。索赔的法律依据是合同和适用的法律、惯例。索赔的事实依据是证明违约事实的书面文件，即有资格的机构出具的书面证明、当事人的陈述和其他旁证。

索赔期限通常在合同中加以约定。超过约定的索赔期限，受损害的一方即丧失索赔权。如果在合同中未约定索赔期限，则依照法律规定索赔期限。法定索赔期限较长，《联合国国际货物销售合同公约》规定为自买方实际收到货物之日起两年之内。营业地处于公约缔约国的买卖双方，在合同中未约定索赔期限时，将以公约规定的两年为索赔期限。对外贸易中的争议和索赔情况是经常发生的，直接关系到对外贸易有关各方的经济权益，所以各方都十分重视索赔和理赔，在合同中订立有关的条款，以维护自己的利益。从法律观点来说，违约的一方应该承担赔偿的责任，对方有权提出赔偿的要求直到解除合同。只有当履约中发生不可抗力的事故，致使一方不能履约或如期履约时，才可根据合同规定或法律规定免除责任。

在我国的进出口贸易中，发生争议、索赔的事例是很多的，特别在市场情况发生变化、国外商人觉得履约对他们不利时，他们往往寻找各种借口拒不履约或拖延履约，甚至弄虚作假或提出无理要求。此外，我方也由于各种原因，有时也有影响对外履约的事例。因此，如何正确处理对外索赔和理赔是一个十分重要的问题，它既关系到维护国家的权益和声誉，又涉及比较复杂的业务技术问题。所以索赔、理赔是一项政策性、技术性很强的涉外工作，必须严肃对待和认真处理。

出入境检验检疫机构通过对进出口商品的检验和鉴定，所签发的商品检验证书，是供有关方面处理索赔理赔的重要证明。它必须真实正确，以维护对外贸易有关各方的合法权益。

▶▶ 四、买卖合同中的索赔条款

（一）异议与索赔条款

异议与索赔条款的内容，主要包括索赔的依据、索赔的期限、索赔的办法等。

1. 索赔的依据

在索赔条款中，一般都规定提出索赔应出具的证据和出证机构，如双方约定货到目的港卸货后，若发现品质、数量或重量与合同规定不符，除应由保险公司或船公司负责外，买方于货到目的港卸货后若干天内凭双方约定的某商检机构出具的检验证明向买方提出索赔。

2. 索赔的期限

索赔期限是指受损害一方有权向违约方提出索赔的期限。按照法律和国际惯例，受损害一方只能在一定索赔期限内提出索赔，否则即丧失索赔权。守约方向违约方提出索赔的时限，应在合同中订明，如超过约定时限索赔，违约方可不予受理。因此，索赔期限的长短应当规定合适。在规定索赔期限时，应考虑不同商品的特性和检验条件。对于有质量保证期限的商品，合同中还应订立保证期。此外，在规定索赔期限时，还应对索赔期限的起算时间一并做出具体规定，通常有下列几种起算方法：

第一，货到目的港后××天起算。

第二，货到目的港卸离海轮后××天起算。

第三，货到买方营业处所或用户所在地后××天起算。

第四，货物检验后××天起算。

3. 索赔的办法

异议索赔条款对合同双方当事人都有约束力，不论何方违约，受损害方都有权提出索赔。鉴于索赔是一项复杂而又重要的工作，故处理索赔时，应弄清事实，分清责任，并区别不同情况，有理有据地提出索赔。至于索赔金额因订约时难以预测，只能事后本着实事求是的原则酌情处理，故在合同中一般不做具体规定。

（二）罚金或违约金条款

罚金条款一般适用于卖方延期交货或买方延期接运货物、拖延开立信用证、拖欠货款等场合。在买卖合同中，规定罚金或违约金条款，是促使合同当事人履行合同义务的重要措施，能起到避免和减少违约行为发生的预防性作用，在发生违约行为的情况下，能对违约方起到一定的惩罚作用。可见，约定此项条款，采取违约责任原则，对合同当事人和全社会都是有益的。

罚金或违约金与赔偿损失虽有相似之处，但仍存在差异，其差别在于：前者不以造成损失为前提条件，即使违约的结果，并未发生任何实际损害，也不影响对违约方追究违约金责任。违约金数额与实际损失是否存在及损失的大小没有关系，法庭或仲裁庭也不要求请求人就损失举证，故其在追索程序上比后者简便得多。

违约金的数额一般由合同当事人商定，我国现行《合同法》也没有对违约金数额做出规定，而以约定为主。按违约金是否具有惩罚性，可分为惩罚性违约金和补偿性违约金，世界上大多数国家都以违约金的补偿性为原则，以惩罚性作为例外。根据我国《合同法》的规定，在确定违约金数额时，双方当事人应预先估计因违约可能发生的损害赔偿，确定一个合适的违约金比例。在此需要着重指出的是，在约定违约金的情况下，即使一方违约未给对方造成损失，违约方也应支付约定的违约金。为了体现公平合理原则，如一方违约给对方造成的损失大于约定的违约金，守约方可以请求法院或仲裁庭予以增加违约金；反之，如约定的违约金过分高于实际造成的损失，当事人也可请求法院或仲裁庭予以适当减少违约金。但如约定的违约金不是过分高于实际损失，则不能请求减少。这样做，既体现了违约金的补偿性，也在一定程度上体现了它的惩罚性。违约方支付约定的违约金后，并不能免除其履行债务的义务。

▶▶ 五、定金罚则

（一）定金的含义

定金与预付款不同，定金是指合同一方当事人根据合同的约定预先付给另一方当事人一定数额的金额，以保证合同的履行，它是作为债权的担保而存在的；预付款是合同当事人预先付给对方一定数额的价款，即对合同义务的预先履行，其本身就是预付的价款或价款的一部分，而不是对合同履行的担保。在买卖合同中，只要约定了定金条款，无论合同当事人哪一方违约，都要承担与定金数额相等的损失。也就是说，如支付定金的一方违约，即丧失定金的所有权，定金则由另一方当事人所有；如收取定金的一方违约，则除返还定金外，还需付给对方同定金数额相等的款额。这种规定和做法，就称为定金罚则。

（二）约定定金条款的意义

在国际贸易中，由于种种原因，违约情况时有发生，为了促使合同双方当事人自觉地履行合同义务，以提高履约率，采取定金制度是行之有效的举措。为了贯彻"重合同、守信用"的原则，我国《合同法》对定金的有关问题做了具体规定："当事人可以按照《中华人民共和国担保法》约定一方向对方给付定金作为债权的担保。债务人履行债务后，定金应当抵作价款或者收回。给付定金的一方不履行约定债务的，无权要求返还定金；收受定金的一方不履行约定债务的，应当双倍返还定金。"实践表明，此项规定，对提高履约率、维护合同当事人的合法权益、减少贸易纠纷和解决争议都有重要的意义。

（三）运用定金条款的注意事项

第一，在合同中，如需要订立定金条款时，要注意定金条款内容与预付款条款内容的区别，二者不能混同使用。

第二，定金条款的规定应明确具体。如定金的数额、支付定金的时间和方式，债务人履行债务后，定金是收回还是抵作价款等，都应在合同中具体订明。

第三，在合同中同时约定违约金和定金的情况下，如出现一方违约，对方只能选择其中之一适用，不能同时并用。

◉ 第三节　不可抗力

▶▶ 一、不可抗力的含义

不可抗力是指买卖合同签订后，不是由于合同当事人的过失或疏忽，而是由于发生了合同当事人无法预见、无法预防、无法避免和无法控制的事件，以致不能履行或不能如期履行合同，发生意外事件的一方可以免除履行合同的责任或推迟履行合同。因此，不可抗力是一项免责条款。

在国际贸易中，对不可抗力的含义及其叫法并不统一。在英美法系中，有"合同落空"原则的规定，其意思是指合同签订后，不是由于合同当事人的过失，发生了当事人意想不到的事件，致使订约目的受到挫折，从而造成"合同落空"。发生事件的一方，可据此免除责任。

在大陆法系国家的法律中，有所谓"情势变迁"或"契约失效"原则的规定，其意思是指签订合同后，不是由于合同当事人的原因而发生了当事人预想不到的情况变化，致使合同不能再履行或对合同原来的法律效力需做相应的变更。不过，法院对引用此项原则来免除履约责任的要求是很严格的。

《联合国国际货物销售合同公约》规定，合同签订后，如发生了合同当事人订约时无法预见和事后不能控制的障碍，以致不能履行合同义务，则可免除责任。上述各种解释表明，各国对不可抗力尽管有不同叫法与说明，但其精神原则大体相同。

▶▶ 二、不可抗力的范围及认定

1. 不可抗力的范围

不可抗力事件有其特定的含义，并不是任何一种意外事件都可作为不可抗力事件。不可抗力事件的范围较广。通常分为下列两种情况：一种是由于自然力量引起的事件，如水灾、旱灾、冰灾、雪灾、雷电、火灾、暴风雨、地震、海啸等；另一种是政治或社会原因引起的，如政府颁布禁令、调整政策制度、罢工、暴动、骚乱、战争等。

2. 不可抗力的认定

在国际贸易中由于自然力量和社会力量所引起的任何意外事故，对于交易双方来说，是否算不可抗力要看是否具备以下条件：

（1）时间性。

事件必须是订立合同之后发生的。

（2）不可抗拒性。

事件的发生及其后果必须是当事人无法预见、无法控制、无法避免和不可克服的。

（3）无过失性。

事件的发生不是任何一方当事人的故意或过失造成的，而必须是偶然发生的和异常的事件。

（4）可确定性。

必须在合同中订立不可抗力条款。

▶▶ 三、不可抗力事件的处理

《联合国国际货物销售合同公约》规定，一方当事人享受的免责权利只对履约障碍存在期间有效，如果合同未经双方同意宣告无效，则合同关系继续存在，一国履行障碍消除，双方当事人仍须继续履行合同义务。所以不可抗力事件所引起的后果可能是解除合同也可能是变更合同，包括替代履行、减少履行或延迟履行合同，应由双方按公约规定结合具体情势商定。《联合国国际货物销售合同公约》还规定在不可抗力事件发生后，违约方必须及时通知另一方，并提供必要的证明文件，而且在通知中应提出处理意见。如果因未及时通知而使另一方受到损害，则应负赔偿责任。我国《合同法》也规定，违约方应及时通知另一方，以减轻可能给另一方造成的损失。对不可抗力事件出具证明的机构，大多为当地商会。在我国，由中国国际贸易促进委员会（中国国际商会）出具。另一方接到不可抗力事件的通知和证明文件后应根据事件性质，决定是否确认其为不可抗力事件，并把处理意见及时通知对方。

对不可抗力事件的处理，关键是对不可抗力事件的认定。尽管在合同的不可抗力条款中做了一定的说明，但在具体问题上，双方会对不可抗力事件是否成立出现分歧。通常应注意下列事项：

（一）区分商业风险和不可抗力事件

商业风险往往也是无法预见和不可避免的，但是它和不可抗力事件的根本区别在于一方当事人承担了风险损失后，有能力履行合同义务。典型情况是对"种类货"的处理，此类货物可从市场中购得，因而卖方通常不能免除其交货责任。

（二）重视"特定标的物"的作用

对于包装后通过运输单据等已将货物确定为某项合同的标的物，称为"特定标的物"。此类货物由于意外事件而灭失，卖方可以确认为不可抗力事件。如果货物并未特定化，则会造成免责的依据不足。比如，由于不可抗力，3万米棉布在储存中损失了1万米，若棉布分别售给两个货主，而未对棉布做特定化处理，则卖方对两个买主都无法引用不可抗力条款免责。

▶▶ 四、不可抗力事件的通知与证明

不可抗力事件发生以后，不能按规定履约的一方当事人要取得免责的权利，必须及时通知另一方，并提供必要的证明文件，而且在通知中应提出处理意见。对此，《联合国国际货物销售合同公约》明确规定："不履行义务的一方必须将障碍及其对他履行义务能力的影响通知另一方。如果该项通知在不履行义务的一方已知道或理应知道此障碍后一段合理时间内仍未为另一方收到，则他对由于另一方未收到通知而造成的损害，应负赔偿责任。"我国法律也认为，当事人一方因不可抗力不能履行合同的，应及时通知另一方以减轻可能给另一方造成的损失，并且应在合理的时间内提供证明。在实践中，为防止争议，通常在合同的不可抗力条款中明确规定具体的通知期限。出具不可抗力事件证明的机构，在我国，一般为中国国际贸易促进委员会；如由对方提供时，则大多为当地的商会或登记注册的公证行。必要时，出证机构也可在合同中规定。

一方接到对方关于不可抗力事件的通知或证明文件后，无论同意与否都应及时答复，否则，按有些国家的法律，如《美国统一商法典》的规定，将被视作默认。

▶▶ 五、买卖合同中的不可抗力条款

（一）不可抗力条款的主要内容

国际买卖合同中的不可抗力条款主要规定有如下内容：

第一，不可抗力事件的范围。对不可抗力事件范围的认定应明确具体，防止笼统含糊而形成解释上的分歧。

第二，不可抗力事件的后果。对不可抗力事件所引起的后果处理有两种：一种是解除合同，另一种是延期履行合同。什么情况下解除合同，什么情况下延期履行合同，要看发生事故的原因、性质、规模及对履行合同所产生的影响程度而定，并明确地规定在合同中。

第三，不可抗力事件发生后通知对方的期限和方式。

第四，提交不可抗力事件的证明文件。

（二）不可抗力条款的规定方法

不可抗力条款，通常有下列几种规定办法：

1. 概括规定

在合同中不具体规定哪些事件属于不可抗力事件，而只是笼统地规定"由于公认的不可抗力的原因，致使卖方不能交货或延期交货，卖方不负责任"或"由于不可抗力事件使合同不能履行，发生事件的一方可据此免除责任"。这类规定方法过于笼统，含义模糊，解释伸缩性大，容易引起争议，我们不宜采用。

2. 具体规定

在合同中详列不可抗力事件。这种列举的办法，虽然明确具体，但文字烦琐，且可能出现遗漏情况，因此，也不是最好的办法。

3. 综合规定

列明经常可能发生的不可抗力事件（如战争、洪水、地震、火灾等）的同时，再加上"以及双方同意的其他不可抗力事件"的文句。这种规定办法，既明确具体，又有一定的灵活性，是一种可取的办法。在我国进出口合同中，一般都采取这种规定办法。

（三）UCP600 对于不可抗力的规定

"A bank assumes no liability or responsibility for the consequences arising out of the interruption of its business by Acts of God, riots, civil commotions, insurrections, wars, acts of terrorism, or by any strikes or lockouts or any other causes beyond its control."

银行对由于天灾、暴动、骚乱、叛乱、战争、恐怖主义行为或任何罢工、停工或其无法控制的任何其他原因导致的营业中断的后果，概不负责。

"A bank will not, upon resumption of its business, honor or negotiate under a credit that expired during such interruption of its business."

银行恢复营业时，对于在营业中断期间已逾期的信用证，不再进行承付或议付。

第四节　国际贸易仲裁

一、争议解决的方式

国际贸易中由于种种原因未能正常履行合同，从而引起纠纷与争议。解决争议主要有协商、调解、诉讼和仲裁四种不同的方式。

（一）协商

协商是指在发生争议后，由当事人双方直接进行磋商，自行解决纠纷。这种做法可节省费用，而且气氛缓和、灵活性大，既利于双方贸易关系的发展，又利于保护商业秘密和企业声誉。但协商方式也存在一定的局限性，如当争议涉及的金额数目巨大时，双方均不肯做较大的让步或经反复协商相持不下，致使争议难以解决。

（二）调解

调解是指发生争议后，双方协商不成，则可在当事人自愿的基础上，邀请具有专业知识或实践经验的第三方居中调解。若调解成功，双方签订和解协议，作为一种新的契约予以执行；若调解失败，即调解意见不为双方或其中一方所接受，则该意见对当事人无约束力。一方当事人或调解人不得强迫另一方当事人接受调解。

（三）诉讼

诉讼是指由司法部门按法律程序来解决双方的贸易争端。启用该方式通常是由于争议所涉及的金额较大，双方都不肯让步，或者一方缺乏解决问题的诚意，通过协商或调解难以达成协议，才向法院提起诉讼来解决。起诉方大多要求被诉方承担违约责任，或赔偿经济损失，或支付违约金。

（四）仲裁

仲裁亦称公断，是指买卖双方按照在争议发生之前或之后签订的协议，自愿把他们之间的争议交给仲裁机构进行裁决，并约定裁决是终局的，对双方均有约束力。

仲裁既不同于协商和调解，又不同于诉讼。因为协商和调解强调自愿性，双方都同意才能进行。而诉讼不存在自愿性问题，诉讼的提起可以单方面进行，审理后做出的判决也具有强制性。仲裁方式既有自愿性的一面，又有强制性的一面。仲裁比诉讼具有更大的灵活性，因为仲裁员不是由国家任命而是由双方当事人指定的。仲裁员具有较丰富的专业知识和审案经验，通常是贸易界的知名人士或有关方面的专家，比较熟悉国际贸易业务，处理问题一般比法院迅速、及时，费用也比较低。以仲裁方式解决争议，不损伤当事人双方的业务关系，有利于买卖业务的继续开展。因此，仲裁在解决争议方面得到国际贸易界的普遍承认和广泛应用。

▶▶ 二、仲裁协议

仲裁协议是双方当事人达成协议，愿意将他们之间已经发生或将来可能发生的争议提交仲裁机构进行裁决的书面协议，也是仲裁机构和仲裁员受理争议案件的依据。仲裁协议有两种形式：一种是在争议发生之前，双方当事人在合同中订立的表示同意把将来可能发生的争议提交仲裁裁决的协议，通常为合同中的一个条款，称为仲裁条款；另一种形式是当事人在争议发生之后达成的表示同意将已经发生的争议提交仲裁解决的协议，称为"提交仲裁的协议"。这两种仲裁协议的法律效力是相同的。

仲裁协议的作用如下：

第一，是仲裁机构受理争议和执行仲裁的依据。根据仲裁的基本原则，当事人必须提交书面的仲裁协议，主管机关才能承认和执行仲裁裁决。任何仲裁机构均不能受理没有仲裁协议的案件。仲裁机构必须按照仲裁协议的规定办理，所进行的仲裁不得与仲裁协议的内容相冲突。

第二，对双方当事人具有约束力。当双方当事人之间发生仲裁协议中约定的争议事项时，应以仲裁方式解决，不得向法院起诉。

第三，仲裁机构对争议案件行使管辖权，排除法院对争议案件的管辖权。各国法律大多规定，法院不受理订有仲裁协议的争议案件，包括不受理当事人对仲裁裁决的上诉，如果一方违背仲裁协议，自行向法院起诉，对方可以要求法院停止诉讼程序，并将争议案件提交仲裁机构审理。

▶▶ 三、仲裁协议的内容

仲裁协议的内容包括仲裁地点、仲裁机构、仲裁程序、仲裁裁决的效力及仲裁费用的负担等。

（一）仲裁地点

仲裁地点与仲裁所适用的程序法以及合同所适用的实体法直接相关，仲裁地点不同，适用的法律亦不同，对交易双方权利、义务的解释会有所差别。因此，双方当事人都很重视仲裁地点的确定，都力争在本国仲裁，或者在自己比较了解和信任的国家进行仲裁。

在我国进出口贸易合同中，仲裁地点的选择有以下几种规定方法：第一，争取在我国仲裁；第二，在被诉方所在国仲裁；第三，在双方同意的第三国仲裁。

如果采用在第三国仲裁，一般是选择仲裁法规允许受理双方当事人都不是本国公民的争议案的国家仲裁，并且该仲裁机构又具有较好的声誉。

（二）仲裁机构

国际上的仲裁机构有两种：一种是常设机构，另一种是临时机构。

常设仲裁机构是指依据国际条约或国内法成立的具有固定组织和地点、固定的仲裁程序规则的永久性仲裁机构，例如，法国巴黎的国际商会仲裁院、瑞典斯德哥尔摩商事仲裁院、英国伦敦仲裁院、纽约的美国仲裁协会、瑞士苏黎世商会仲裁院。我国的国际商事仲裁机构主要有：中国国际经济贸易仲裁委员会、中国海事仲裁委员会。

临时仲裁机构是指根据当事人的仲裁条款或仲裁协议，在争议发生后由双方当事人推荐的仲裁员临时组成的仲裁机构，负责裁断当事人的争议，当争议案处理完毕后，它将自动解散。

（三）仲裁程序

仲裁程序主要是规定进行仲裁的手续、步骤和做法。

第一，提交仲裁申请书。申请书中包括申请人的名称、地址、申诉人所依据的仲裁协议，申诉人的要求及所依据的事实和证据。

第二，仲裁员指定和仲裁庭组成。根据国际惯例，双方当事人应在仲裁协议中规定仲裁员的人数和指定方式。

第三，仲裁审理。仲裁庭审理案件的形式有两种：第一，是不开庭审理；第二，是开庭审理。我国仲裁规则规定一般采取开庭审理方式。案件审理原则上不公开进行。

第四，仲裁裁决。裁决是仲裁程序的最后一个环节，做出裁决后审理案件的程序即告结束。仲裁裁决必须采用书面形式。仲裁裁决书的日期即为仲裁裁决生效日期。各国仲裁机构一般都有自己的仲裁程序规则，如我国现行的仲裁程序规则是自 2005 年 1 月 1 日起施行的《中国国际经济贸易仲裁委员会仲裁规则》。

（四）仲裁裁决的效力

仲裁裁决是终局性的，对双方当事人均具有约束力。任何一方当事人不得向法院起诉，也不得向其他任何机构提出变更裁决的请求。

（五）仲裁费用的负担

应在仲裁条款中订明仲裁费用的负担问题。通常由败诉方承担仲裁费用，也有规定由仲裁庭酌情解决。仲裁费用一般按争议价值的 0.1%～1%收取。

（六）仲裁裁决的承认与执行

仲裁裁决是终局的，对双方当事人均具有法律效力，当事人必须执行。为了解决各国在承认和执行外国仲裁裁决问题上存在的矛盾，各国之间缔结了一系列国际公约，例如《1958年纽约公约》，以合理执行仲裁裁决。

（七）仲裁条款示例

规定在我国仲裁的条款示例：

凡因执行本合同所发生的或与本合同有关的任何争议，双方应通过友好协商解决。如经协商不能解决，应提交中国国际经济贸易仲裁委员会，根据其仲裁规则进行仲裁。仲裁裁决是终局性的，对双方均具有约束力。

📖 本章小结

1. 产地（工厂）检验是指货物在产地出运或工厂出厂前，由产地或工厂的检验部门或买方的验收人员进行检验和验收，并由买卖合同中规定的检验机构出具检验证书，作为卖方所交货物的品质、数量等项内容的最后依据。

2. 装运港（地）检验又称"离岸品质、离岸重量"，是指货物在装运港或装运地交货前，由买卖合同中规定的检验机构对货物的品质、重量（数量）等内容进行检验鉴定，并以该机构出具的检验证书作为最后依据。

3. 异议与索赔条款的内容，主要包括索赔的依据、索赔的期限、索赔的办法等。

4. 罚金条款一般适用于卖方延期交货或买方延期接运货物、拖延开立信用证、拖欠货款等场合。

5. 定金是指合同一方当事人根据合同的约定预先付给另一方当事人一定数额的金额，以保证合同的履行，它是作为债权的担保而存在的。

6. 不可抗力是指买卖合同签订后，不是由于合同当事人的过失或疏忽，而是由于发生了合同当事人无法预见、无法预防、无法避免和无法控制的事件，以致不能履行或不能如期履行合同，发生意外事件的一方可以免除履行合同的责任或推迟履行合同。

7. 调解是指发生争议后，双方协商不成，则可在当事人自愿的基础上，邀请具有专业知识或实践经验的第三方居中调解。

8. 诉讼是指由司法部门按法律程序来解决双方的贸易争端。

9. 仲裁也称公断，是指买卖双方按照在争议发生之前或之后签订的协议，自愿把他们之间的争议交给仲裁机构进行裁决，并约定裁决是终局的，对双方均有约束力。

第九章 国际贸易合同的签订与履行

学习目标

- 了解国际货物买卖合同。
- 了解国际货物买卖合同的签订。
- 了解出口合同的履行。
- 掌握进口合同的履行。
- 了解出口单据的制作。
- 掌握装船后单证不符的补救方法。

开篇案例

我方某出口公司于 2 月 1 日向美商电报出口某农产品，在发盘中除列明必要条件外，还表示"Packing in sound bags"。在发盘有效期内，美商复电称"Refer to your telex first accepted, packing in new bags"。我方收到上述复电后，即着手备货，数日后该农产品国际市场价格猛跌，美商来电称："我方对包装条件做了变更，你方未确认，合同并未成立。"而我方出口公司则坚持合同已经成立，于是双方对此发生争执。①

第一节 国际货物买卖合同概述

买卖双方进行国际贸易的商务活动，归根结底就是和双方签订国际贸易的买卖合同，履行国际贸易的买卖合同的过程。在国际贸易中，交易磋商是指贸易双方为买卖某种商品通过面谈，或通过信函、传真或电子数据交换等方式，对交易的各项条款进行讨价还价、最终达成一致，并签订合同的国际商务谈判。

交易磋商活动表面看是一种经济行为，实质上是一种法律行为。买卖双方通过磋商谈判，取得一致的协议双方交易达成，合同成立。合同的成立有四个法律步骤：询盘、发盘、还盘和接受。其中发盘和接受是达成交易、合同成立不可缺少的两个基本环节和必经的法律步骤。

---

① 傅龙海. 国际贸易理论与实务 [M]. 北京：对外经济贸易大学出版社，2011.

▶▶ 一、合同的定义

"合同是两个或两个以上的当事人，以发生变更或者消灭民事法律关系为目的所达成的协议。"按照英美法系给合同下的定义，合同是双方的一种合意。《法国民法典》的定义："合同为一种合意，依此合意，一人或数人对于其他一人或数人负担给付、作为或不作为的债务。"采用英美法系的国家则认为合同的实质在于双方当事人之间所做出的一项允诺。违反该允诺，将由法律给予救济，履行该允诺是法律所确认的义务。虽然各国的法律有不同的表述，但有一个共同点是合同的实质是双方当事人的一种合意、一种允诺。合同是双方当事人意思表示一致的结果。这种意思表示是法律行为的基本要素。

资本主义国家的法律赋予了合同很高的地位。把"契约自由、契约至上"作为它们一项重要的原则。《法国民法典》规定："依法订立的合同，在缔结合同的当事人之间具有相当于法律的效力。"意思表示是法律行为的基本要素，如果没有意思表示就不能成立合同，它包含两层含义：第一，当事人内在的意思；第二，表明这种意思的行动。

合同是当事人之间意思表示一致的结果。换言之，只有当事人之间意思表示一致，合同才可以成立。法律上意思表示分为一方的要约和对方的承诺。在国际贸易中，我们把要约称为发盘。

用精练的话可概括为：

第一，要约一经承诺，合同即告成立。

第二，发盘一经接受，合同即告成立。

第三，接受生效的时间即合同成立的时间。

▶▶ 二、发盘

（一）定义

发盘是指一方当事人以缔结合同为目的，将交易的全部条件十分明确、肯定地向另一方所做的一种意思表示，只要对方表示接受，合同即告成立，这种意思表示即称为发盘。在《商法》中也称为要约或发价。

《公约》给要约下的定义："凡向一个或一个以上的特定的人提出的订立合同的建议，如果其内容十分确定，并且表明其发盘人有在其发盘一旦接受就受其约束的意思，即构成发盘。"发出要约的人称为发盘人，接受发盘的人称为受盘人。发盘既可以由卖方提出，也可以由买方提出。由买方提出的发盘，称为递盘。

（二）构成一项法律上有效的发盘必须具备的条件

第一，发盘必须向一个或一个以上特定的人提出发盘，即向有名有姓的个人或公司提出。普通商业广告及向国外客商寄发的商品目录、价目单等行为一般不能构成发盘，通常只能视为邀请发盘。

第二，发盘的内容必须十分确定。一项有效的发盘，其内容必须是确定的，即发盘中的交易条件必须是完整的、确定的和终局性的。《公约》第 14 条规定，一项订立合同的建议"如果写明货物，并且明示或默示地规定数量和价格，或如何确定数量和价格，即为十分确定"。

可见，在提出的订约建议中，至少应包括下列三个基本要素：

第一，标明货物的名称。

第二，明示或默示地规定货物的数量或规定数量的方法。

第三，明示或默示地规定货物的价格或规定确定价格的方法。

凡包含上述三项基本因素的订约建议，即可构成一项有效的发盘。如该发盘被受盘人接受，买卖合同即告成立。

但在实际业务中，一项发盘往往不是以上述所订的主要交易条件完整出现的，有时发盘条件表面上不完整，而实际上是完整的。例如，双方一般事先订有一般交易条件的协议，援引来往函电、先前合同和买卖双方的先前业务中已形成的习惯做法等。

有些国家的法律要求对合同的主要条件，如品名、品质、数量、包装、价格、交货时间与地点以及支付办法等，都要有完整、明确、肯定的规定，并不得附有任何保留条件，以便受盘人一旦接受即可签订一项对买卖双方均有约束力的合同。

《公约》关于发盘内容的上述规定，只是对构成发盘的起码要求。虽然这种做法在法律上可行，但在实际业务中，容易出现买卖双方因对发盘中没有列出的交易条件看法不同而引发争议。因此，在对外发盘时，最好将品名、品质、数量、包装、价格、交货时间、地点和支付办法等主要交易条件明确规定，有利于交易的顺利进行。

（三）表明发盘对发盘人有约束力

发盘人在发盘中应表明，自己有责任在受盘人对发盘做出有效接受时与其订立合同。如发盘人只是就某些交易条件建议同对方进行磋商，而根本没有受其建议约束的意思，则此项建议不能被认为是一项发盘。例如，发盘人在其提出的订约建议中加注诸如"仅供参考""须以发盘人的最后确认为准"或其他保留条件，这样的订约建议就不是发盘，而只是邀请对方发盘。如果受盘人不能肯定发盘人是否在发盘中表示了这种含意，应向发盘人提出，不能随意猜测。

（四）发盘必须送达受盘人才能生效

发盘于送达特定的受盘人时才有效。即使受盘人在此之前已通过其他途径知道了发盘的内容，也不能在收到发盘前主动对该发盘表示接受。

在这里需要特别指出的是，订约建议中虽然没有提到交货时间、地点及付款时间、地点等其他内容，并不妨碍它作为一项发盘，因而也不妨碍合同的成立。因为，发盘中没有提到的其他条件，在合同成立后，可以双方当事人建立的习惯做法及采用的惯例加以补充，或者按《公约》中关于货物销售部分的有关规定予以补充。

构成发盘应包括的内容，各国的法律规定不尽相同。有些国家的法律要求对合同的主要条件，如品名、品质、数量、包装、价格、交货时间与地点以及支付办法等，都要有完整、明确肯定的规定，并不得附有任何保留条件，以便受盘人一旦接受即可签订一项对买卖双方均有约束力的合同。《公约》关于发盘内容的上述规定，只是对构成发盘的起码要求。在实际业务中，如发盘的交易条件太少或过于简单，会给合同的履行带来困难，甚至容易引起争议。因此，在对外发盘时，最好将品名、品质、数量、包装、价格、交货时间、地点和支付办法等主要交易条件列明。

▶▶ 三、发盘的有效期

通常发盘都有一个有效期限，只有在有效期内，受盘人对发盘的接受才有效，发盘人才承担按发盘条件与受盘人成交的责任。当发盘未具体列明有效期时，受盘人应在合理时间内接受才能有效。何谓"合理时间"，需根据具体情况而定。对发盘有效期的规定有以下几种情况：

1. 如果发盘中明确规定了有效期限

受盘人必须在规定的期限内接受才有效。超过发盘规定的时限，发盘人即不受约束。

（1）规定最迟接受的期限。

例如，"本发盘限 5 月 3 日复到，以我方时间为准"。当规定限 5 月 3 日复到时，按有些国家的法律解释，受盘人只要在当地时间 5 月 3 日 24 点以前将表示接受的通知投邮或向电报局交发即可。但在国际贸易中，由于交易双方所在地的时间大多存在差异，所以发盘人往往采取以接受通知送达发盘人为准的规定方法。按此规定，受盘人的接受通知不得迟于 5 月 3 日内送达发盘人。我国外贸企业在对外发盘时，一般都采用这种方法规定发盘有效期，发盘送达受盘人时生效，至规定的有效期满为止。

（2）规定一段接受的期限。

例如，"本发盘有效期为 4 天，或本发盘限 4 天内复到"。（This offer is valid for 4 days or reply for 4 days.）这种规定期限的计算，按《公约》规定，期限应从电报交发时刻或信上载明的发信日期起算。如信上未载明发信日期，则从信封所载日期起算。采用电话、电传发盘时，则从发盘送达受盘人时起算。如果有效期的最后一天是发盘人营业地的正式假日或非营业日，则发盘有效期可顺延至下一个营业日。这种方式起算日不很明确，尽量不要采用。此外，当发盘规定有效期时，还应考虑交易双方营业地点不同而产生的时差问题。

2. 在发盘中对有效期不做明确规定

当发盘未具体列明有效期时，按国际惯例，受盘人应在合理时间内接受才能有效。对"合理时间"，国际上并没有统一规定，一般要由商品的特点和行业习惯或习惯做法所决定，对于市场行情稳定的商品，有效期通常可以规定得较长，反之则较短。由于这种规定具有很大的不确定性，容易导致纠纷，因此，在进出口业务中，一般较少采用这种形式的发盘。

3. 口头方式的发盘

根据《公约》的规定，采用口头发盘时，除发盘人发盘时另有声明外，受盘人只能当场表示接受，方为有效。

▶▶ 四、发盘生效的时间

发盘生效的时间有各种不同的情况：以口头方式做出的发盘，其法律效力自对方了解发盘内容时生效；以书面形式做出的发盘，关于其生效时间，即认为发盘必须到达受盘人时才生效。《公约》规定，发盘送达受盘人时生效。我国《合同法》关于发盘生效时间的规定同上述《公约》的规定是一致的，即也采取到达主义。此外，我国《合同法》第 16 条还同时对采用数据电文方式的到达时间如何确定做出了具体规定：采用数据电文形式订立合同，收件人指定特定系统接收数据电文的，该数据电文进入特定系统的时间，视为到达时间；未指定特定系统的，该数据电文进入收件人的任何系统的首次时间，视为到达时间。

▶▶ 五、发盘的撤回与撤销

在法律上，发盘的撤回与撤销属于两个不同的概念。发盘的撤回是指发盘尚未生效，发盘人采取某种方式，阻止它生效的行为。发盘的撤销是指在发盘已生效后，发盘人以一定方式解除发盘的效力。

1. 发盘的撤回

根据《公约》的规定，一项发盘（包括注明不可撤销的发盘），只要在其尚未生效以前，都是可以修改或撤回的，因此，如果发盘人在发出发盘后发现发盘内容有误，或由于其他原因想取消发盘，可以在发盘生效前将其撤回，撤回发盘的通知应赶在受盘人收到该发盘之前或同时送达受盘人。如果想撤回已经发出的发盘，要有准确的时间概念，必须预计发盘何时可送达对方，然后再考虑采取何种最快的通信方法可以撤回或修改发盘。

不论是英美法系还是大陆法系及《公约》，在发盘的撤回立场上都是一致的，"都允许一项发盘在生效之前可以撤回"。

2. 发盘的撤销

所谓发盘的撤销，实质上是针对一项在法律上已经生效的发盘而言的，也就是发盘对发盘人有无约束力的问题，是发盘人在做出要约后能否反悔，能否把发盘的内容加以变更或取消的意思。关于这一问题，英美法系与大陆法系存在着严重的分歧。英美法系认为，发盘原则上对发盘人没有约束力，发盘人在受盘人对发盘表示接受之前的任何时候，都可撤销发盘或变更其内容。在受盘人表示接受之前，即使发盘中规定了有效期，发盘人也可以随时予以撤销，这显然对发盘人有利，对受盘人极为不利。这种原则在英美法系国家中也不断受到责难。例如，美国在制定或修改《美国统一商法典》时，实际上已在不同程度上放弃了这一原则，规定如果一项发盘是由商人做出的，那么它就是不可撤销的。大陆法系国家对"一项发盘是否可以撤销"的看法相反，认为发盘人原则上，应受发盘的约束，不得随意将其发盘撤销。例如，德国法律规定，发盘在有效期内，或没有规定有效期，则依通常情况在可望得到答复之前不得将其撤销。法国的法律虽规定发盘在受盘人接受之前可以撤销，但若撤销不当，发盘人应承担损害赔偿责任。

《公约》采取了折中的办法，第 16 条规定，在发盘已送达受盘人，即发盘已经生效，但受盘人尚未表示接受之前这一段时间内，只要发盘人及时将撤销通知送达受盘人，仍可将其发盘撤销。如一旦受盘人发出接受通知，则发盘人无权撤销该发盘。这实际上是肯定了英美法系的观点。在《公约》第 16 条第 2 款又规定，在下列情况下发价不得撤销：第一，发价写明接受发价的期限或以其他方式表示发价是不可撤销的；第二，被发价人有理由信赖该项发价是不可撤销的，而且被发价人已本着对该项发价的信赖行事。

这实际上是肯定了大陆法系的原则，一项发盘在规定的有效期内是不能撤销的。即使没有规定有效期，只要受盘人有理由相信该项发盘是不可撤销的，并且已经本着对该项发盘的信赖行事，那么该项发盘仍然是不可撤销的。

▶▶ 六、发盘的失效

发盘的失效是指发盘由于种种原因而失去法律效力。任何一项发盘，其效力遇到下列情况之一都会终止，发盘人将不再受该发盘的约束。

第一，过期。在发盘规定的有效期内未被接受，或虽未规定有效期，但在合理时间内未被接受，则该发盘自动失效。

第二，拒绝。如果受盘人对一项发盘明确表示拒绝，该项发盘立即失效。

第三，还盘。如果受盘人对发盘做出某些更改的还盘表示，便构成对原发盘的实质上的拒绝，当还盘通知送达发盘人时，原发盘随之失效。

第四，不可抗力。发盘人发盘之后，发生了不可抗力事件，如所在国政府对发盘中的商品或所需外汇发布禁令等。在这种情况下，按出现不可抗力可免除责任的一般原则，发盘的效力即告终止。

第五，如果发盘人或受盘人在发盘被接受前丧失行为能力（如精神失常、死亡等），则该发盘失效。

▶▶ 七、询盘

询盘在法律上称为邀请发盘，在《商法》上称为要约引诱，我国外贸实践中，把它称为虚盘，是指交易的一方打算购买或出售某种商品，向另一方询问该项商品的有关交易条件，或者就该项交易提出带有保留条件的建议。邀请发盘可有不同的形式，其中最常见的是询盘。它不具有法律上的约束力。

对价格的询问是询盘的主要内容，因此在实际业务中，也有人把询盘称作询价。有时在询盘中也会涉及商品的品质、规格、数量、包装、价格和装运等成交条件，也可以索取样品。邀请发盘是当事人订立合同的准备行为，其目的在于使对方发盘，询盘本身并不构成发盘。

▶▶ 八、还盘

还盘，又称还价，在法律上称为反要约。还盘是指受盘人不同意或不完全同意发盘提出的各项条件，并提出了修改或变更的表示。还盘是对发盘条件进行添加、限制或其他更改的答复。还盘实际上构成了对原发盘的拒绝，使原发盘失效，原发盘人就不再受其约束。根据《公约》的规定，受盘人对货物的价格、付款、品质、数量、交货时间与地点、一方当事人对另一方当事人的赔偿责任范围或解决争端的办法等条件提出添加或更改，均作为实质性变更发盘条件。

此外，对发盘表示有条件的接受，也是还盘的一种形式。例如，受盘人在答复发盘人时，附加有"以最后确认为准""未售有效"等规定或类似的附加条件，这种答复只能视作还盘或邀请发盘。还盘的内容，凡不具备发盘条件，即为"邀请发盘"。如还盘的内容具备发盘条件，就构成一个新的发盘，还盘人成为新发盘人，原发盘人成为新受盘人，他有对新发盘做出接受、拒绝或再还盘的权利。

▶▶ 九、接受

（一）接受的含义

接受，在法律上称为"承诺"，是指受盘人在发盘的有效期内，无条件地同意发盘中提出的各项交易条件，愿意按这些条件和对方达成交易、订立合同的一种表示。发盘一经接受，合同即告成立。双方均应履行合同所规定的义务并拥有相应的权利。

（二）构成接受的要件

根据《公约》的解释，构成有效的接受必须具备以下几个条件：

1. 接受必须由特定的受盘人做出

其他人对发盘表示同意，不能构成接受，只能视为一项新的发盘。

2. 接受的内容必须与发盘相符（接受必须是同意发盘提出的交易条件）

接受的内容如果与发盘不一致，也就是对发盘的条件做出了修改，在一般的情况下，正如前面所述，应被视为一项还盘。

《公约》第 19 条第 2 款，把对发盘表示接受，但附有添加限制更改或不同条件的答复分为实质性变更发盘条件的接受和非实质性变更发盘条件的接受两种情况：前者视同还盘，是一项无效的接受，合同不能成立；后者仍然是一项有效的接受。合同成立的条件是，只要发盘人不表示反对，合同仍然成立。如果发盘人"在不过分迟延的时间内以口头或书面通知，反对其间的差异"，则这项接受就是无效的接受，合同不成立。

《公约》把下列六个条件作为区分实质性和非实质性变更发盘的条件的接受："有关货物的价格、付款、货物质量和数量、交货地点和时间、一方当事人对另一方当事人的赔偿责任范围或解决争端等的添加，或不同条件均视为在实质上变更发盘的条件。"如果受盘人对发盘的内容提出非实质性变更的修改意见，这里所说的非实质性的变更，如增加合同的副本数、要求签订确认书、建议对合同进行公证等（如前所述），在这种情况下，除非发盘人及时表示反对或者发盘中明确表示不得对发盘的内容做出任何变更，否则该接受构成一项有效的接受。

3. 接受必须在发盘的有效期内表示并送达发盘人

第一，如果是以对话方式做出发盘的，那么除非发盘人与受盘人另有约定接受的具体期限，否则，受盘人应立即做出接受与否的意思表示。

第二，如果是以书面（电报、传真、信函等）的非对话方式做出的发盘，接受应当在规定的有效期内或合理的期限内到达发盘人。

4. 接受通知的传递方式应符合发盘的要求

发盘人发盘时，有的具体规定接受通知的传递方式，也有未做规定的。如发盘没有规定传递方式，则受盘人可按发盘所采用的，或采用比其更快的传递方式将接受通知送达发盘人。

在这里需要强调说明的是，接受通知在规定期限内到达发盘人，对于合同的成立具有重要作用。因此，各国法律通常都对接受到达发盘人的期限做出了规定。我国《合同法》第 23 条也对此做了明确规定：承诺应当在要约确定的期限内到达要约人。要约没有确定承诺期限的，承诺应依照下列规定到达：第一，要约以对话方式做出的，应当及时做出承诺，但当事人另有约定的除外；第二，要约以非对话方式做出的，承诺应在合理期限内到达。

5. 接受必须表示出来

受盘人表示接受的方式有两种：

第一，用声明做出表示，即受盘人用口头或书面形式向发盘人同意发盘。

第二，以行为来表示，通常指由卖方发运货物或由买方支付价款来表示。《公约》第18条第1款规定：被发价人声明或做出其他行为表示同意一项发价，即接受，缄默或不行动本身不等于接受。

（三）接受生效的时间

发盘一经接受，合同即告成立。接受生效的时间关系到合同的成立。在接受生效的时间问题上，英美法系和大陆法系存在严重分歧。英美法系采用投邮生效的原则，即接受通知书一经投邮或发出，立即生效；而大陆法系采用到达生效的原则，也称为到达主义，即接受通知书必须到达发盘人时才生效。《公约》则明确规定，接受送达发盘人时生效，支持了大陆法系的立场。我国《合同法》也采取了到达生效的原则。

（四）逾期接受

逾期的接受，称为迟到的接受，是指接受通知到达发盘人的时间已经超过了发盘所规定的有效期，或者在发盘未规定有效期时，已超过了合理的时间。按照各国的法律，逾期的接受不能认为是有效的接受，而只是一项新的发盘。《公约》亦认为逾期的接受原则上是无效的，但为了有利于双方合同的成立，《公约》对逾期的接受亦采用了一些灵活的处理方法，使它在符合某些条件的情况下，仍然具有接受的效力，合同仍得以成立。

第一，逾期接受原则上无效；但如发盘人毫不迟延地用口头或书面通知受盘人，他认为逾期接受仍然有效，则逾期接受仍具有接受的效力。该种情况下，逾期接受是否有效的决定权在发盘人。

第二，如果载有逾期接受的信件或其他书面文件表明，它是在传递正常、能及时送达发盘人的情况下寄发的，则该项逾期接受具有接受的效力，除非发盘人毫不迟延地用口头或书面通知受盘人，认为他的发盘已经失效。

（五）接受的撤回

接受的撤回也就是受盘人在对原发盘人发出接受通知时，采取某种方式阻止该接受生效的行为。

《公约》第22条规定："如果撤回通知于接受原发盘应生效之前或同时送达发盘人，接受予以撤回。"由于接受在送达发盘人时才产生法律效力，故撤回或修改接受的通知，只要先于原接受通知或与原发盘接受通知同时送达发盘人，则接受可以撤回或修改。如接受已送达发盘人，即接受一旦生效，合同即告成立，就不得撤回接受或修改其内容，因为这样做无异于撤销或修改合同。例如，一项发盘规定接受于3月15日有效，受盘人于3月2日发出接受通知，预计3月10日接受通知可送达发盘人，如受盘人欲阻止合同的成立，他可在3月10日前用电传等更快捷的通信手段将接受撤回通知送达发盘人，该撤回通知也可与接受通知同时送达发盘人以撤回接受，阻止合同的成立。《公约》采取了大陆法系"送达生效"的原则。但英美法系国家遵循的是"投邮原则"，认为接受在发出时即生效，因此接受不能撤回。在实际业务中，一定要注意法律规定的这种差别。

需要注意的是，在当前通信设施非常发达和各国普遍采用现代化通信的条件下，当发现接受中存在问题而想撤回时，往往已来不及了。为了防止出现差错和避免发生不必要的损失，在实际业务中，应当审慎行事。

第二节 国际货物买卖合同的签订

依法成立的国际货物买卖合同不仅体现了买卖双方的经济关系，还体现了他们之间的法律关系。只有符合法律规范的合同才能在法律的约束下顺利履行。依法成立的合同，也才具有法律约束力，当一方当事人的利益受到损害时，他才能依据合同得到法律的保护。

合同自成立时生效。但是，合同成立与合同生效是两个不同的概念。合同成立的判断依据是接受是否生效，而合同生效是指合同是否具有法律上的效力。在通常情况下，合同成立之时，就是合同生效之日，二者在时间上是同步的。但有时，合同虽然成立，却不能立即产生法律效力，而是需要其他条件成立时，合同才开始生效。

一、合同的成立

（一）合同成立的时间

根据《公约》的规定，受盘人接受发盘并在发盘有效期内将接受送达发盘人，合同即告成立。在实际业务中，合同成立的时间以订约时合同上所写明的日期为准，或以收到对方确认合同的日期为准。

（二）合同生效的要件

根据各国合同法规定，一项合同，除买卖双方就交易条件通过发盘和接受达成协议以外，还需具备以下要件，才是一项有效的合同，才是一项有法律约束力的合同。

1. 合同当事人必须具有签订合同的行为能力

签订买卖合同的当事人应是自然人或法人。自然人必须是精神正常的成年人，未成年人、精神病人等订立合同必须受到限制；如果当事人是法人，各国法律一般认为，必须通过其代理人，在法人的经营范围内签订合同，即越权的合同不能产生法律效力。

2. 合同必须有对价或约因

对价是英美法系的概念，是合同成立的一个重要因素，英美法系称之为对价，法国法称之为要因。对价又称作约因，是普通法系合同中的重要概念，其内涵是一方为换取另一方做某事的承诺而向另一方支付的金钱代价或得到该种承诺的承诺。

3. 合同的标的物必须合法

合同涉及的货物必须合法。货物应是政府允许自由进出口的商品，如果属于政府管制的，应先取得有关许可证或配额。合同内容必须合法，包括不得违反法律、不得违反公共秩序或公共政策，以及不得违反善良的风俗习惯或道德三个方面。

4. 合同必须符合法律规定的形式

《公约》原则上对国际货物买卖合同的形式不加以限制。但公约允许缔约国对此提出声明予以保留。

5. 合同当事人的意思表示必须真实

在国际贸易中，买卖双方必须在自愿和真实的基础上达成协议。任何一方采取欺诈、威胁或暴力行为与对方订立的合同无效。

▶▶ 二、签订书面合同的意义

在交易磋商过程中，一方发盘经另一方接受以后，交易即告成立，买卖双方就构成了合同关系。双方在磋商过程中的往返函电，就是合同的书面证明。但根据国际贸易习惯，买卖双方还要签订书面合同，以进一步明确双方的权利和义务。签订书面合同不是合同有效成立的必要条件。《公约》规定："销售合同无须以书面订立或书面证明，在形式方面也不受任何其他条件的限制。销售合同可以用包括人证在内的任何方法证明。"但是，在国际贸易实践中，在当事人双方经过磋商一致，达成交易以后，一般均须另行签订一份具有一定格式的书面合同。因为签订书面合同具有以下三个方面的重要意义。

（一）作为合同成立的证据

根据法律要求，凡是合同必须能得到证明，提供证据，包括人证和物证。在用信件、电报或电传磋商时，书面证明当然不成问题。但是，通过口头磋商成立的合同，举证就难以做到。因此，口头磋商成立的合同，如不用一定的书面形式加以确定，就将由于不能被证明而不能得到法律的保障，甚至在法律上无效。尤其是口头磋商达成的协议，签订一份书面合同是必不可少的。

（二）作为合同生效的条件

如果在买卖双方磋商时，一方曾声言以签订书面合同为准时，即使双方已对交易条件全部协商一致，也必须在正式签订合同后，合同才能成立。在此情况下，签订书面合同就成为合同生效的条件。

（三）作为履行合同的依据

不论通过口头还是书面形式磋商达成的交易，均须把协商一致的交易条件综合起来，全面、清楚地列明在一份有一定格式的书面合同上，这对进一步明确双方的权利和义务，以及为合同的准确履行提供更好的依据，具有重要意义。

▶▶ 三、书面合同的形式

关于书面合同的形式，并无特别限制，从事进出口贸易的买卖双方，可采用正式合同、确认书、协议，也可采用备忘录等形式。此外，还有意向书、订单和委托订购单等。

我国进出口贸易实践中，采用"合同"和"确认书"两种形式的居多。这两种形式的书面合同的法律效力是一样的，但格式和内容的繁简有所不同。合同又可分为销售合同和购买合同。销售合同是卖方草拟提出的合同，购买合同是买方草拟提出的合同。确认书是合同的简化形式，它又分为销售确认书和购买确认书。销售确认书是卖方出具的确认书，购买确认书是买方出具的确认书。

在我国对外贸易业务中，合同或确认书通常一式两份，由双方合法代表分别签字后各执一份，作为合同订立的证据和履行合同的依据。

▶▶ 四、合同的基本内容

书面合同不论采取何种形式，一般由约首、基本条款和约尾三个部分组成。

（一）约首

约首，即合同的首部，一般包括合同名称、合同编号、缔约双方名称和地址、电传号码等几项内容。

（二）基本条款

这是合同的主要组成部分，是对各项交易条件的具体规定，其中包括品名、品质规格、数量或重量、包装、价格、交货条件、运输、保险、支付、检验、索赔、不可抗力和仲裁等几项内容。

（三）约尾

约尾，即合同的尾部，一般包括合同的份数，订约日期、订约地点和双方当事人签字盖章等几项内容。书面合同的内容应考虑周全，条款明确、具体、严密和相互衔接，且与交易磋商的内容一致，以利合同的履行。

第三节　出口合同的履行

我国的出口业务采用 CIF 术语或 CFR 术语，并且以采用信用证付款方式的出口合同较为常见，履行出口合同的程序一般包括：备货、催证、审证、改证、租船订舱、报验、报关、投保、装船和制单结汇等环节的工作。其中，以货（备货、报验）、证（催证、审证和改证）、船（租船订舱、办理货运手续）、款（制单结汇）四个环节的工作最为重要，它们是出口合同履行的必要程序。

如采用非信用证的支付方式，则交易程序有所不同。目前在实际业务中，T/T 付款的使用越来越流行。当我方处于优越地位，商品比较紧俏，即卖方市场时，我们可以争取到对我方更有利的付款方式，如在签订合同后，即可要求买方预付 30%～50%的定金，在出运装船前取得全部的余款。

一、备货

备货是进出口企业根据合同或信用证规定，向有关工作企业或部门采购和安排生产的过程，按质、按量地准备好应交的货物。这是卖方履行合同的基本义务：出口企业性质不同，备货的形式也不同。对于外贸进出口公司，就要向国内有关生产企业联系货源，订立国内采购合同。对于自营出口的生产型企业，备货是向生产加工或仓储部门下达联系单，要求该部门按联系单的要求，对应交的货物进行清点、加工整理、包装、刷制运输标志以及办理申报检验和领证等工作。联系单是进出口企业内部各个部门进行备货、出运、制单结汇的共同依据。在出口备货时，要注意以下几个问题：

（一）货物的品质与规格

应按合同的要求核实，必要时应进行加工整理，以保证货物的品质、规格与合同或信用证规定一致。

（二）货物的数量

应保证满足合同或信用证对数量的要求，备货的数量应适当留有余地，万一装运时发生意外或损失，以备调换和适应舱容之用。

（三）备货时间

应根据信用证规定，结合船期安排，以利于船货衔接。

（四）货物包装应与合同或信用证的要求一致

在备货过程中，要求对货物的内、外包装和装潢（包括商标、贴头、标签）均认真核对和检查，如发现包装不良或有破损的情况，应及时进行修整或换装，以免在装运时取不到清洁提单，造成收汇损失。

▶▶ 二、落实信用证

落实信用证，主要包括催证、审证和改证等三项内容。

（一）催证

在按信用证付款方式成交时，买方按约定的时间开证是卖方履行合同的前提条件。尤其是大宗交易或按买方要求而特制的商品交易，买方及时开证更为重要，否则卖方无法安排生产和组织货源。但在实际业务中，有时经常遇到国外进口商拖延开证，或者在行市发生变化或资金发生短缺的情况时，故意不开证。对此，卖方应结合备货情况，及时提醒买方开立信用证，以保证合同的顺利执行。

（二）审证

审证是审核所收到的信用证是否与合同规定一致。在实际业务中，由于种种原因，如工作的疏忽、电文传递的错误、贸易习惯的不同、市场行情的变化或进口商有意利用开证的主动权加列对其有利的条款，往往会出现开立的信用证条款与合同规定不符；或者在信用证中加列一些出口商看似无所谓，但实际是无法满足的信用证付款条件（在业务中也称为"软条款"），等等，使得出口商根本就无法按该信用证收取货款。为确保收汇安全和合同顺利执行，防止给我方造成不应有的损失，我们应当认真谨慎地审核信用证，审核信用证的原则主要看是否与买卖合同相一致。审核的项目一般包括：

1. 审核信用证的种类

信用证种类繁多，根据《跟单信用证统一惯例》第 600 号出版物的规定，信用证都是不可撤销的信用证。此外，还要审查来证是保兑的还是不保兑的信用证，如果有保兑，被哪家银行保兑以及保兑费用由谁负担都要审核清楚。

2. 审核开证申请人和受益人

要仔细审核开证申请人的名称和地址，以防错发错运。受益人的名称和地址也必须正确无误，而且前后要一致，否则会影响收汇。

3. 审核信用证中规定的货币与金额

信用证采用的支付货币应与合同规定的货币一致。如果不一致，应按中国银行外汇牌价折算成合同货币，在不低于或相当于原合同货币总金额时方可接受。信用证的金额与合同金额一致，总金额的小写和大写数字必须一致。

4. 审核信用证有关货物的记载

审核来证中有关品名、质量、规格、数量、包装、单价金额、港口、保险等是否与合同规定一致，有无附加特殊条款及保留条款，如指定由某轮船公司的船只运输，或者商业发票、产地证书须由国外的领事签证等，这些都应慎重审核，视具体情况做出是否接受或提请修改的决策。

5. 审核信用证的到期日和到期地点

UCP600 第 6 条规定：信用证必须规定一个交单的截止日。规定的承付或议付的截止日将被视为交单的截止日，可在其处兑信用证的银行的所在地即为交单地点。可在任一个银行兑用的信用证，其交单地点为任一银行所在地。除规定的交单地点外，开证行所在地也是交单地点：承兑或付款到期日是指受益人通过出口地银行向开证行或信用证指定的付款银行交单要求承兑或付款的最后期限，到期地点一般在开证行或指定银行所在地。议付到期日是指受益人向议付银行交单并要求议付的最后期限，到期地点通常在出口国。如信用证中的议付到期地点不在我国而在国外，那么有关单据必须在到期日前寄达开证银行或指定付款银行，我外贸公司要承担邮递延迟、邮件遗失等风险。所以，对议付到期地点在国外的信用证，一般应提请对方修改。

6. 审核装运期和有效期

装运期是对货物装运时间的规定，原则上必须与合同规定一致。如信用证到达太晚，不能如期装运，应及时电请国外买方延展装运期限；如由于生产或船舶等原因，不能在装运期限内装运，也可要求对方延展装运期。信用证的有效期与装运期应有一定的合理间隔，以便在货物装船后有足够的时间进行制单和结汇等工作。如信用证有效期与装运期规定在同一天，习惯上叫"双到期信用证"，这种规定方法不太合理，受益人应视具体情况提请对方修改。

7. 审核转船和分批装运条款

一般情况下，买方都不愿意接受对其进口的货物在运输中可以转船的条款，因为货物中途转船，不仅延误时间、增加费用开支，还有可能出现货损货差。卖方在审核有关条款时，应注意它是否与合同的规定一致。合同中如允许转船，还应注意在允许转船的内容后面有无特殊限制或要求，如指定转运地点、船名或船公司。对这些特殊限制应考虑是否有把握办到，否则应及时通知对方改证。

合同中如规定分批、定期、定量装运，那么在审核来证时，应注意每批装运的时间是否留有足够的间隔。因为按照惯例，对于分批装运合同，若任何一批未按期装运，则信用证中的该批和以后各批均告失败，所以审证时要认真对待。

8. 审核信用证的付款方式

银行的付款方式有四种：即期付款、延期付款、承兑汇票到期付款或议付。所有的信用证都必须清楚地表明付款属于哪一类。

9. 审核要求提交的单据

要仔细审核来证要求提供的单据种类、份数及填制方法等，如发现不适当的要求和规定，应做出适当处理。

10. 审核信用证上的特殊条款

除非出口企业确有把握做到，否则，我方一般不接受信用证特殊条款中的各种规定。以上是银行和出口企业审证的要点。总之，审查信用证要以买卖双方签订的合同为标准，对信用证进行逐字审核。只要发现我方不能接受的不符点，就要要求对方修改信用证。

（三）改证

信用证修改有两个原因：第一，是受益人的原因，凡是发现有不符合买卖合同或不利于出口方安全收汇的内容，就应立即要求进口商向原开证行申请修改信用证；第二，是开证申请人的原因，因为情况的变化迫使开证申请人认为有必要修改信用证条款。在改证中应注意以下几点：

第一，发现同一张信用证中有多处需要修改的地方，应尽量做到一次性向国外客户提出，以节约时间与费用，因为每次修改，国外客户都要向开证行交纳一定的手续费，受益人也要向通知行交纳一定的修改通知费，它不仅增加了双方的手续和费用，而且多次修改对外的影响也不好，也会影响及时履约。

第二，对于开证行根据客户申请发出的修改通知的内容，也仍然要认真地进行审核，一旦发现修改后的内容仍不能接受时，应及时向客户声明表示拒绝，并再次提请修改。

第三，根据 UCP600 的规定，"对同一修改通知中的修改内容不允许部分接受，而对修改内容的部分接受当属无效。"国外开证行发来的修改通知中，如包括两项或两项以上的内容时，我们对此通知要么全部接受，要么全部拒绝，不能只接受其中一部分而拒绝另一部分。

对国外来证的审核和修改，是保证顺利履行合同和安全迅速收汇的重要前提，我们必须给予足够的重视，认真做好审证工作。

▶▶ 三、报检

报检是指出口方向商品检验机构申报检验。凡属国家规定法检的商品或合同规定必须经中国进出口商品检验检疫局（以下简称"商检局"）检验出证的商品，在货物备齐后，应向商检局申请检验。只有取得商检局发给的合格的检验证书，海关才准放行。经检验不合格的货物，一般不得出口。报检的程序一般是：

（一）申请

凡需要法定检验出口的货物，应填制《出口商品检验申请书》，向商检局办理申请报验手续。申请报验后，如出口公司发现"申请单"内容填写有误，或因国外进口人修改信用证以致货物规格有变动时，应提出更改申请并更改"申请单"，说明更改事项和更改原因。

（二）检验

商检机构对出口商品抽样，应当按照法律或合同规定的检验标准进行检验。检验的内容包括商品的质量、规格、数量、重量、包装及是否符合安全、卫生要求等。

（三）出证

商品检验合格后，即由商检局发给检验证书，进出口公司应在检验证书规定的有效期内将货物出运。如超过有效期装运出口，应向商检局申请展期，并由商检局进行复验，经复验合格，货物才能出口。检验证书的有效期，一般货物是从发证起 2 个月内有效，鲜果、鲜蛋类为 2～3 个星期内有效，植物检验为 3 个星期。如果超过有效期，装运前应向商检局申请复验。

▶▶ 四、办理货运、投保及报关

出口企业在备货的同时，还必须及时办理运输、投保和报关等手续。

（一）办理货运的步骤

1. 租船订舱

在 CIF 或 CFR 条件下，租船订舱是出口方的责任之一。如果出口货物数量较大，需要整船运输，则需要办理租船手续；如果出口货物数量不大，不需要整船运输，则可由外运公司代为洽订班轮舱位。

2. 订舱的基本程序

第一，查看船期表，外贸公司填写托运单，作为订舱依据。

第二，船公司或其代理人在接受托运人的托运单后，发给托运人装货单。

第三，货物装船以后，由船长或大副签发收货单。

第四，托运人到船公司换取正式提单。

（二）投保

对于按 CIF 条件成交的出口合同，出口商应在货物装运前，及时向保险公司办理投保手续。出口公司填制投保单，将货物名称、保险金额、运输路线、开航日期、投保险别等列明，办理保险手续，缴纳保费。保险公司接受投保后，即签发保险单或保险凭证。

（三）报关

1. 报关的含义

报关是指进出口商品装船出运之前向海关申报的手续。

2. 报关企业的类型

报关企业的类型有三种：专业报关企业、代理报关企业和自理报关企业。

3. 报关的程序

出口公司在装船前，必须填写"出口货物报关单"，向海关申报，并应随附商业发票、装货单、商检证书、出口许可证等，必要时提供合同、信用证副本。海关对货、证核查无误后，在装货单上加盖"放行"章，即可凭以装船。出口公司可以自行办理报关手续，也可以委托专业的报关行和国际货运代理公司办理。

从以上出口合同履行的环节可以看出，在出口合同履行的过程中，货、证、船的衔接是一项极其细致而又复杂的工作。因此，进出口企业必须加强对出口合同的科学管理，建立起能反映出口合同执行情况的进程管理制度，尽力避免交货期不准、拖延交货期或不交货等现象的发生，力求做到证、货、船三方面的衔接和平衡。

▶▶ 五、出口业务的制单结汇

制单结汇是指出口货物装出之后，进出口公司即应按照信用证的规定，正确缮制各种单据。在信用证规定的交单有效期内，递交银行办理议付结汇手续。UCP600 规定，银行必须合理小心地审核信用证规定的一切单据，以确定是否表面与信用证条款相符，如单据表面与信用证条款不符，银行可以拒绝接受。因此，对各种结汇单据的缮制是否正确完备，对安全迅速收汇有着特别重要的意义。对出口结汇单据，要求做到"正确、完整、及时、简明、整洁"。

第四节　进口合同的履行

进口合同签订以后，我国的进口企业一方面要履行付款、收货的义务，另一方面也要督促国外的出口商及时履行按合同规定交货的义务，防止因其违约而给我方造成损失。

在我国的进口交易中，进口合同多数是按 FOB 价格条件成交的，如果是采用即期信用证支付方式成交，履行这类进口合同一般要经过开立信用证、租船订舱、装运、办理保险、审单付款、报关接货、检验、拨交这些主要环节。这些环节的工作，是由进出口公司、运输部门、商检部门、银行、保险公司以及用货部门等各有关方面分工负责、紧密配合而共同完成的。

如果采用信用证支付方式，进口业务要涉及进出口企业、船公司、船代、货代、保险公司、海关、银行、商检机构以及最终用货部门，面广环节多，要做到环环相扣，才能保证一票货物顺利完成。

一、开立信用证

及时对国外出口商开出信用证是进口企业在进口合同下的最主要的义务之一。进口企业一定要保证在合同规定的期限内开出信用证，否则就构成违约，使自己陷于被动。如果合同规定在出口方领到出口许可证或支付履约保证金后开证，则进口方应在收到出口方已领到许可证的通知，或银行通知保证金已照收后开证。如果合同规定在出口方确定交货期后开证，进口方应在接到出口方上述通知后开证。

申请开立信用证的一般程序为：

（一）填写开证申请书

向银行办理开证手续开证申请书是开证银行开立信用证的依据。进口企业在填写开证申请书时，应在其中列明各项交易条件，并应使这些条件与合同条款完全一致，如品质、规格、数量、价格、交货期、装货期、装运条件及装运单据等。出口方收到信用证，如果提出修改信用证的请求，经进口方同意后，进口方就要及时通知开证行办理改证手续。最常见的修改内容有：展延装运期和信用证有效期、变更装运港口等。

（二）交付一定比例的押金和支付开证手续费

进口商申请开立信用证，应向开证银行交付一定比率例的押金或提供其他担保，开证人还应按规定向开证银行支付开证手续费。

二、派船接运货物

在 FOB 合同下，应由进口方负责派船到对方指定口岸接运货物。出口方在收到信用证后，应将预计装船日期通知进口方。进口方接到上述通知后，应及时向货运代理公司办理租船订舱手续。在运输手续办妥后，进口方应按规定的期限将船名及船期及时通知国外卖方，以便对方备货装船。

同时，为了防止卖方拖延交货，进口方还要注意做好催促工作，特别是对数量大或重要物资的进口，买方最好委托自己在出口地的代理督促外商履约，或派人员前往出口地点检验监督，以保证船货衔接。

进口企业为了防止船、货脱节的情况，还应提醒出口商在货物装船后，立即向进口企业发出装船通知，以便及时办理保险和做好接货等工作。

▶▶ 三、投保货运险

FOB 或 CFR 交货条件下的进口合同，保险由进口方办理。我国对进口货物运输投保一般采取逐笔投保和预约投保两种方式。

（一）逐笔投保

逐笔投保方式是收货人在接到国外出口商发来的装船通知后，直接向保险公司填写投保单，办理投保手续。保险公司出具保险单，投保人缴付保险费后，保险单随即生效。

（二）预约投保

预约投保方式是进口商或收货人同保险公司签订预约保险合同，其中对各种货物应投保的险别做了具体规定，故投保手续比较简单。有些外贸企业进口次数多，为了简化进口投保手续，这些外贸企业和保险公司签订了货物运输预约保险合同，按照预约保险合同的规定，所有预约保险合同项下的按 FOB 及 CFR 条件进口货物的保险，都由该保险公司承保。因此，外贸公司接到外商的装运通知后，只要填制进口货物通知送保险公司（该通知上面列明合同号、起运口岸、船名、起运日期、航线、货物名称、数量、金额等内容），经保险公司审核签章，就办妥了保险手续，保险公司则对该批货物负自动承保责任。

▶▶ 四、审单和付款

银行收到国外寄来的汇票及单据后，对照信用证的规定进行审核。如果开证行认为单据与信用证的规定相符，在向外付款前也要交进口企业复审。按照我国的习惯，如果进口企业在 3 个工作日内没有提出异议，开证行即按信用证的规定履行付款义务。开证行的付款是没有追索权的。同时进口企业用人民币按照国家规定的有关外汇牌价向银行买汇赎单。进口企业凭银行出具的"付款通知书"向用货部门进行结算。

如果审核国外单据发现单、证不符时，可根据具体情况做出适当的处理办法。例如：拒付；货到检验合格后再付款；凭卖方或议付行出具担保付款；要求国外改正单据；在付款的同时，提出保留索赔权等。

▶▶ 五、报关与纳税

进口报关是指进口货物的收货人或他的代理人向海关交验有关单证，办理进口货物申报手续的法律行为。进口报关必须由在海关办理登记注册手续的有关企业才能报关。报关员须经海关培训和考核认可。办理报关的程序是：

（一）填写进口货物报关单

进口货物运到后，由进出口公司或委托货运代理公司或报关行根据进口单据填具"进口货物报关单"，向海关申报，并随附发票、提单、装箱单、保险单、许可证及审批文件、进口合同、产地证和所需的其他证件。如属法定检验的进口商品，还须随附商品检验证书。

根据我国《海关法》的规定，向海关申报的时限为自运输工具申报进境之日起 14 日内，超过 14 日的期限未向海关申报的，由海关按日征收进口货物 CIF 价格的 0.05%的滞报金；超过 3 个月未向海关申报的，由海关提交变卖。

（二）查验

海关接受申报后，对进口货物进行检查，以核对与进口货物报关单及其他单据文件上所列是否一致，查验应在海关规定的时间和场所进行，即在海关监管区域内的仓库、场地进行。

（三）纳税

海关按照《中华人民共和国海关进口税则》的规定，对进口货物计征进口税。根据《海关法》的规定，进口方应在海关签发税款缴款书的次日起 7 天内（星期日和节假日除外），向指定的银行缴纳税款。逾期未缴的，将依法追缴并按滞纳天数征收应缴款额的 0.1%的滞纳金。

进口关税的计算方法是：首先，确定计算税额的价格，即完税价格；然后，按进口货物适应的进口税税率计算出税额。我国计算进口关税是以货物到达我国口岸的 CIF 价格作为完税价格。

（四）放行

放行又称"结关"，进口货物经海关查验并纳税后，由海关在报送单和货运单上签字和加盖"验讫"章，进口企业持海关签字、盖章的货物提单提取进口货物，任何单位和个人都不得将未经海关放行的货物提走。但对保税货物和加工贸易的进口货物，海关放行后，还要对货物进行后续监管，直到办完海关手续为止，这批货物才能被提走。

▶▶ 六、检验

（一）验收货物

进口货物运达港口卸货时，如果港务局在卸货核对时发现货物短缺，应及时填制"短卸报告"交由船方签认，并向船方提出保留索赔权的书面声明。卸货时如发现残损，货物应存放于海关指定的地方，待保险公司会同商检机构检验后做出处理。我国法律规定，凡属法定检验的进口商品，不经商检机构的检验就不得销售和使用，同时如果商检不能在合同规定的检验期内进行，买方即被视为故意放弃索赔权。因此，凡是属于法定检验或合同规定在卸货港检验，或检验后付款或合同规定的索赔期较短，或卸离海轮时已发现残损，或有异状或提货不着的商品，均应在卸货港进行检验；其他进口商品则可以在用货企业所在地，由当地商检机构进行检验。

对于法定检验的进口货物，必须向卸货地或到达地的商检机构报验，未经检验的货物不准投产、销售和使用。如进口货物经商检机构检验，发现有残损短缺，应凭商检机构出具的证书对外索赔。对于合同规定的卸货港检验的货物，或发现残损短缺有异状的货物，或合同规定的索赔期即将届满的货物等，都需要在港口进行检验。一旦发生索赔，有关的单证，如国外发票、装箱单、重量明细单、品质证明书、使用说明书、产品图纸等技术资料、理货残损单、溢短单、商务记录等都可以作为重要的参考依据。

（二）办理拨交手续

在办完上述手续后，如订货或用货单位在卸货港所在地，则就近转交货物；如订货或用货单位不在卸货地区，则委托货运代理将货物转运内地并转交给订货或用货单位。关于进口关税和运往内地的费用，由货运代理向进出口公司结算后，进出口公司再向订货部门结算。

▶▶ 七、进口索赔

进口索赔是指货物自出口方到进口方的过程中，由于人为、天灾或其他各种原因，使进口方收到的货物不符合合同规定或货物有其他损害，进口方依责任归属，向有关方面提出赔偿要求，以弥补其所受的损失。在进口索赔时应注意以下几个问题：

（一）要合理确定索赔对象

1. 由卖方赔偿

如果是由于卖方的责任造成货物品质与合同规定不符、数量（重量）短少、包装不良、拒不交货或不按期交货，进口企业应提出要对方履行合同或采取补救措施，同时提出损害赔偿条件。

2. 由承运人赔偿

如果卸货数量少于提单记载的数量，或由于承运人过失（包括开航前和开航时船舶不具备适航条件，积载不良、配载不当、装卸作业疏忽、货物在运输途中遗失等情况）导致货物残损，承运人应对货物的损失负责，进口企业应相应地向承运人索赔。

3. 由保险公司赔偿

如果自然灾害、意外事故或其他外来原因造成了货物在保险人承保范围内的损失，或在承保范围内承运人赔偿金额不足以抵补损失的部分，则进口企业应向保险公司索赔，由保险公司对其进行赔偿。

可见，在进口索赔时，一定要对货物损失的具体情况进行分析，明确索赔对象。在我国进口业务中，对船方或保险公司提出的索赔一般由外运公司代办，而对卖方提出的索赔则由进口企业自行办理。

（二）索赔依据

索赔时提交索赔清单和有关货运单据，如发票、提单（副本）、装箱单。在向卖方索赔时，应提交商检机构出具的检验证书；向承运人索赔时，应提交理货报告和货差证明；向保险公司索赔时，除上述各项证明外，还应附加保险公司出具的检验报告。

（三）索赔期限

向卖方索赔应在合同规定的索赔期限之内提出，如商检工作确有困难可能需要较长时间的，可在合同规定的索赔有效期内向对方要求延长索赔期限，或在合同规定索赔有效期内向对方提出保留索赔权。按《公约》规定，2年是在合同未明确索赔期限情况下，最长的、不得超过的索赔期限。

◉ 第五节　进出口单证实务

▶▶ 一、出口单据的制作

（一）汇票

在出口贸易中，汇票通常使用的是随附单据的"跟单汇票"。在绘制汇票时应注意的问题：

1. 付款人

采用信用证支付方式时，汇票的付款人应按信用证的规定填写，一般是开证行或付款行。信用证规定付款人的专业术语为"Drawn on ×××"，意为"以×××为付款人"，所以介词 on 后的宾语即为付款人。UCP600 规定"信用证不得规定汇票以开证申请人为付款人"。这个规定使得开证行信用证下第一性付款责任与其最终汇票付款人地位更为一致。

2. 受款人

受款人也称为抬头。通常采用指示性抬头，例如，"付给背书人（卖方）或其指定人"（Pay to the order of ×××）。

3. 出票依据

出票依据也就是汇票的"出票条款"。如属于信用证方式，应按照来证的规定文句填写。如信用证内没有规定具体文句，可在汇票上注明开证行名称、地点、信用证号码及开证日期。例如，"凭××银行×××号×年×月×日不可撤销信用证开立"（Drawn Under ××× Bank Irrevocable L/C NO. ×××DATED×××）。如属于托收方式，汇票上应注明有关买卖合同号码。

4. 汇票到期

无论用 after 还是 from，一律从第二天起算；而以运输单据日（有装运记载的依记载，没有记载的以出单日为准）为依据计算交单日，用 from 的从当天起算。汇票中以运输单据日为基准日按规定天数计算汇票到期日的，不管用 from 还是 after 均从第二天起算。

5. 汇票一般开具一式两份

两份具有同等效力，其中一份付论，另一份自动失效。

（二）商业发票

发票种类很多，通常指的是商业发票，此外，还有海关发票、领事发票和厂商发票等。

1. 含义

商业发票是指卖方开立的载有货物名称、数量、价格等内容的清单，作为买卖双方交接货物和结算货款的主要单证，也是进出口申报关税必不可少的单证之一。我国各进出口公司的商业发票没有统一格式，但主要项目基本相同，主要包括发票编号、填制日期、数量、单价、总值和支付方式等项内容。

2. UCP600 对商业发票的规定

UCP600 第 18 条规定："商业发票"必须看似由受益人出具；必须出具成申请人为抬头；必须与信用证的货币相同；无须签字。商业发票中对货物的描述，必须与信用证规定相符。其他一切单据可使用货物统称，但不得与信用证规定的货物描述有抵触。

（三）海运提单

运输单据必须由承运人或其代理人签发，并分情况注明货物已装船或已收妥待运，或已经接受监管。如信用证指定为海运提单，则必须是已装船提单。除非信用证另有规定，可以是包括全部航程的转船提单。对于任何"不清洁"或货物装于舱面的运输单据，除信用证特许外，银行均可拒绝接受。

在国际贸易中，海运运输是最主要的运输方式，所以我们在此着重介绍海运提单。海运提单简称提单，是目前海运业务使用最为广泛和主要的运输单据。它是由船长，或船公司或其代理人签发的，证明已收到特定货物，允诺将货物运至指定的目的港，并交付给收货人的凭证。海运提单也是收货人在目的港据以向船公司或其代理人提取货物的凭证。

（四）保险单

保险单是指保险人（保险公司）与被保险人（投保人，一般为进出口商）之间订立的保险合同的书面证明。当被保险货物遭受保险合同责任范围以内的损失时，保险单是被保险人向保险人提出索赔、保险人理赔的依据。在 CIF、CIP 合同中，出口商在向银行或进口商收款时，提交符合信用证规定的保险单据是他的重要义务。

保险单的被保险人应是信用证上的受益人，并加空白背书，便于办理保险单转让。保险险别和保险金额应与信用证规定一致。UCP600 规定，在单据的表面上对 CIF 和 CIP 的金额能够被确定时，保险单必须表明投保最低金额，该项金额应为货物的 CIF 或 CIP 的金额加 10%，否则，银行接受的最低投保金额，应为根据信用证要求而付款、承兑或议付金额的 110%，或发票金额的 110%，以两者之中较高者为准。保险单所使用的货币，应与信用证所规定的货币相符。

按惯例，保险单的签发日期要早于提单日期。在保险单上，除非表明保险责任最迟于货物装船或发运，或接受监督之日起生效外，银行将拒收出单日期迟于装船或发运，或接受监督日期的保险单。

（五）原产地证书

原产地证书简称产地证书，是由出口国政府有关机构签发的一种证明货物的原产地或制造地的法律文件。它主要用于进口国海关实行差别关税，实施进口限制、不同进口税率和不同进口配额等不同国别政策的书面依据。

在我国，原产地证书可由国家出入境检验检疫局或贸促会签发。

我国的原产地证书主要分为一般原产地证书和普惠制原产地证书。一般原产地证书，简称"C/O 原产地证书"，又称为"普通产地证书"，简称"原产地证"。

第一，一般原产地证书是证明本批出口商品的生产或制造符合《中华人民共和国出口货物原产地规则》的一种法律文件，是由商务部统一规定格式并印制的。通常用于不使用海关发票或领事发票的国家或地区，以确认对货物征税的税率。

第二，普惠制原产地证书。普惠制是工业发达国家对来自发展中国家的某些产品，特别是工业制成品和半制成品，给予一种普遍的、非互惠的、非歧视的关税减免优惠制度。目前，已有新西兰、澳大利亚、日本、加拿大和欧洲等地给予我国以普惠制待遇。对这些地区的出口货物，须提供普惠制原产地证书，作为进口国海关减免关税的依据。

（六）装箱单和重量单

这两种单据是对商业发票的补充，便于国外买方在货物到达目的港时，供海关检查和进口商核对货物。装箱单又称码单，被出口企业用来说明商品包装的内在详细情况；重量单则列明每件货物的毛、净重。

UCP600 第 38 条对其他单据规定："在采用海运以外的运输情况下，如信用证要求重量证明，除非信用证明确对此项重量证明必须另行提供单据外，银行将接受承运人或其代理人附加于运输单据上的重量戳记或重量声明。"

（七）商检证书

各种检验证书分别用以证明货物的品质、数量、重量和卫生条件等方面的状况。在我国，这类证书一般由国家出入境检验检疫局出具，如合同或信用证无特别规定，也可以根据不同情况，由进出口公司或生产企业出具。但应注意证书的名称及所列项目或检验结果，应与合同及信用证规定相同。出证日期迟于提单日期的商检证书无效。

随着信息技术的发展和人们对科学管理、现代化和标准化工作认识的加深，各国对传统的贸易程序和制单工作进行改革，简化了国际贸易的各种手续、取消了不必要的环节、减少了单证的种类和份数、统一单证格式、改进制单方法，实行贸易信息的标准化、代码化，以及应用自动化电子数据处理和交换贸易信息，这些变革，必将进一步推动国际贸易的发展。

（八）托运单

托运单是一种订舱依据。所谓托运单是指托运人（发货人）根据买卖合同或信用证条款内容填写的，向承运人（货运服务机构、船公司或装运港的船方代理人）办理货物托运的单证。承运人根据托运单内容，并结合船舶的航线挂靠港、船期和舱位等条件考虑，认为合适后，即接受这一托运，并在托运单上签章，留存一份，退回托运人一份。至此，订舱手续即告完成，运输合同即告成立。

（九）装货单

装货单也叫关单、下货纸，是船公司接受托运人的托船请求后，配舱妥当后给托运人的反馈，也是装运通知，同时是托运人向海关办理出口申报手续，海关凭以验放货物的单据，最后是作为命令船长接受该批货物装船的通知。

▶▶ 二、信用证下制单结汇的三种做法

（一）出口押汇

出口押汇又称买单结汇，是指议付行在审单无误的情况下，按信用证条款贴现受益人（出口公司）的汇票或者以一定的折扣买入信用证项下的货运单据，从票面金额中扣除从议付日到未来收到票款之日的利息和手续费，将货款的余款按议付日外汇牌价折成人民币，垫付给出口企业。议付行向受益人垫付资金、买入跟单汇票后，即成为汇票持有人，可凭票向付款行索取票款。这种结汇方式实际上是议付行给出口企业提供资金融通的便利，这有利于加速出口企业的资金周转。

（二）收妥结汇

收妥结汇又称收妥付款，是指信用证议付行在审单无误的情况下，将单据寄交国外付款行索取货款的结汇做法。这种方式下，议付行都是待收到付款行的货款后，即从国外付款行收到该行账户的贷记通知书时，才按当日外汇牌价，按照出口企业的指示，将货款折成人民币拨入出口企业的账户。在这种方式下，银行不承担风险，不垫付资金，但出口企业却可能因为收汇较慢而遇到资金周转的困难。

（三）定期结汇

定期结汇是指议付行根据向国外付款行索偿所需时间，预先确定一个固定的结汇期限，并与出口企业约定：该固定的结汇期限到期后，无论是否已经收到国外付款行的货款，都会主动将票款金额折成人民币拨交出口企业。

▶▶ 三、装船后单证不符的补救方法

在信用证项下的制单结汇中，议付银行要求"单、证表面严格相符"。但是，在实际业务中，由于种种原因，单证不符情况时有发生。如果信用证的交单期允许，应及时修改单据，使之与信用证的规定一致。如果不能及时改证，进出口企业应视具体情况，选择如下处理方法：

（一）表提

当议付行审单发现不符点时，如情节不严重，在征得进口商同意后，出口商可向议付行出具担保书，要求凭担保议付。这时，议付行向开证行寄单据时，在随附单据的表上盖上注明单证不符点和"凭保议付"字样。此种做法称为"担保议付"，也称为"表盖提出"（简称"表提"）。

（二）电提

当出口商所交单据与信用证的规定存在不符的情况下，可由议付行先用电报或电传向开证行列明不符点，待开证行确认接受后，再将单据寄出。"电提"的目的是在尽可能短的时间内了解开证行对单、证不符的态度。

（三）改为跟单托收

如出现单证不符，议付行又不愿采用"电提"或"表提"的做法，出口商只能采用托收方式，委托银行寄单收款。由于这种托收与原信用证有关，为了使进口商易于了解该项托收业务的来由，托收行仍以原信用证的开证行作为代收行，请其代为收款。值得注意的是，以上三种处理办法，实际上已将银行信用改为商业信用，开证行已不再承担信用证项下的付款责任，致使出口商完全陷于被动地位。因此，除非万不得已，不要轻易采用上述三种补救措施，而是应该认真缮制单据，仔细预审单据，将问题解决在货物出运之前。

📖 本章小结

1. 合同是两个或两个以上的当事人，以发生变更或者消灭民事法律关系为目的所达成的协议。

2. 发盘是指一方当事人以缔结合同为目的，将交易的全部条件十分明确、肯定地向另一方所做的一种意思表示，只要对方表示接受，合同即告成立。

3. 接受，在法律上称为"承诺"，是指受盘人在发盘的有效期内，无条件地同意发盘中提出的各项交易条件，愿意按这些条件和对方达成交易、订立合同的一种表示。

4. 约首，即合同的首部，一般包括合同名称、合同编号、缔约双方名称和地址、电传号码等项内容。

5. 约尾，即合同的尾部，一般包括合同的份数，订约日期、订约地点和双方当事人签字盖章等项内容。

6. 备货是进出口企业根据合同或信用证规定，向有关工作企业或部门采购和安排生产的过程，按质、按量地准备好应交的货物。

7. 商业发票是指卖方开立的载有货物名称、数量、价格等内容的清单。

8. 保险单是指保险人（保险公司）与被保险人（投保人，一般为进出口商）之间订立的保险合同的书面证明。

9. 原产地证书简称产地证书，是由出口国政府有关机构签发的一种证明货物的原产地或制造地的法律文件。

10. 装货单也叫关单、下货纸，是船公司接受托运人的托船请求后，配舱妥当后给托运人的反馈，也是装运通知，同时是托运人向海关办理出口申报手续，海关凭以验放货物的单据，最后是作为命令船长接受该批货物装船的通知。

第十章　国际贸易方式

![学习目标图标] **学习目标**

- 了解包销与代理。
- 了解招标、投标及拍卖。
- 了解加工贸易的含义。
- 理解加工贸易的基本形式。
- 了解电子商务的分类。
- 分析电子商务在国际贸易领域的应用。

![开篇案例图标] **开篇案例**

世界银行以人均国民收入为主要标准，把不同国家分为四类：高收入国家、中高收入国家、中低收入国家和低收入国家。根据 2012 年的标准，高收入国家有 61 个，中高和中低收入国家 99 个，低收入国家 33 个。从服务业增加值占比来看，全球平均水平为 70.2%，高收入国家该比例高达 74.7%，中高收入国家该比例达 54.6%，中低收入国家达 52.7%，低收入国家该比例达 49.1%。①

第一节　传统国际贸易方式

国际贸易方式是指商品贸易的具体做法，其中包括双方当事人的法律关系，各方当事人的权力与义务，以及与其他方式相区别的特征。随着国际贸易的发展，贸易方式也日趋多样化，本节重点介绍我国习惯采用的几种方式。

▶▶ 一、包销与代理

包销与代理是国际贸易中最常用的方式，它的主要目的是建立和稳定买卖双方之间长期的贸易关系。这些方式对于建立有秩序的销售网络，提高主要客户的经营积极性，逐步扩大占领目标市场是很有意义的。

（一）包销

1. 包销的含义

包销是指出口人通过协议把某种商品或某类商品在某一个地区和期限内的经营权单独

---

① 余慧倩. 国际服务贸易 [M]. 杭州：浙江大学出版社，2018.

给予某个客户或公司的贸易做法。包销与单边逐笔出口不同，包销方式下，双方当事人通过协议建立起一种较为稳固的购销关系。

2. 包销方式的优缺点

在包销方式下，因为国外包销商是用自己的名义买货，并自行负担盈亏和承担风险，同时包销商在包销地区内享有专营权，出口人负有不向该地区的客户直接售货的义务。因此，采用包销方式，通过专营权的给予，有利于调动包销商经营的积极性，有利于利用包销商的销售渠道达到巩固和扩大市场的目的，并可减少多头经营产生的自相竞争的弊端。但另一方面，如果出口人不适当地运用包销方式，可能使出口商经营活动受到不利影响或者出现包而不销的情况。此外，包销商还可能利用其垄断地位，操纵价格和控制市场。

3. 包销协议

采用包销方式，出口人与包销商之间的权利与义务是由包销协议所确定的。包销协议包括下列主要内容：第一，包销协议的名称、签约日期与地点；第二，包销协议双方的关系，即包销商与出口企业之间是买卖关系；第三，包销商品的范围；第四，包销地区；第五，包销期限；第六，专营权；第七，包销数量或金额；第八，作价办法。

专营权是指包销商行使专卖和专买的权利。专卖权是指出口人将指定的商品在规定的地区和期限内给予包销商独家销售的权利，出口人负有不向该区域内的客户直接售货的义务；专买权是指包销商承担向出口人购买该项商品，而不得向第三者购买的义务。包销商品的作价通常采用两种方式：一种是在规定的期限内一次作价，即无论协议期内包销商品价格上涨、下落与否，以协议规定价格为准；另一种是在规定的包销期限内分批作价。由于国际商品市场的价格变化多端，因此采用分批作价较为普遍。

4. 采用包销方式时应注意的问题

第一，选择包销商时，既要考虑其政治态度，又要注意其资信情况、经营能力及其在该地区的商业地位。对大众商品采用包销方式时，为慎重起见，可以有一个试行阶段。

第二，适当规定包销商品范围、地区及包销数量或金额。确定商品范围的大小和地区的大小，要同客户的资信能力和我们的经营意图相适应。在一般情况下，包销商品的范围不宜过大。规定包销数量或金额的大小，应参照我方货源的可能和市场的容纳量，以及我们的经营意图来决定。

第三，在协议中应规定中止或索赔条款。为了防止包销商垄断市场或经营不力，"包而不销"或"包而少销"的情况出现，应在包销协议中规定中止条款或索赔条款。

（二）代理

代理是许多国家商人在从事进出口业务中习惯采用的一种贸易做法。在国际市场上存在着名目繁多的代理商，这里介绍的只限于销售代理。

1. 代理的含义和性质

国际贸易中的销售代理是指委托人授权代理人，代表他向第三者招揽生产、签订合同或办理与贸易有关的各项事宜，由此而产生的权利与义务直接对委托人发生效力。

代理与包销的性质不同，包销商与出口商之间是买卖关系，在包销方式下，由包销商自筹资金、自担风险和自负盈亏。而销售代理商同出口商之间的关系，因不是买卖关系，故销售代理商不垫资金、不担风险和不负盈亏，他只获取佣金。

2. 代理的种类

按委托人授权的大小，销售代理可分为以下几种：

（1）总代理。

总代理是指代理商在一定地区和一定期限内不仅享有专营权，还代表委托人进行全面业务活动，甚至包括非商业性质的活动。总代理人实际上是委托人在指定地区的全权代表。

（2）独家代理。

独家代理是在指定地区内，由代理人单独代表委托人的行为，委托人在该指定地区内，不得委托其他第二个代理人。由于委托人与代理人不是买卖关系，所以，商品出售前所有权仍归委托人，由委托人负责盈亏。而代理商不必动用自己的资金，只是赚取佣金。独家代理具有的专营权与包销商所具有的专营权并不完全一样。通常，除非协议另有约定，一般也可以允许委托人直接向指定的代理地区的买主进行交易。为了不损害独家代理的利益，有些协议规定，凡委托人直接与指定代理地区的买主达成交易的，仍然向独家代理计付佣金。

（3）佣金代理。

佣金代理又称为一般代理，是指在同一代理地区、时间及期限内，委托人同时委派几个代理人为其推销商品或服务。一般代理根据推销商品的实际金额或根据协议规定的办法和百分率向委托人计收佣金，委托人可以直接与该地区的实际买主成交，而无须向佣金代理支付佣金。

佣金代理与独家代理的主要区别有两点：第一，独家代理享有专营权，佣金代理不享有这种权利；第二，独家代理收取佣金的范围既包括招揽生意介绍客户成交的金额，也包括委托人直接成交的金额；佣金代理收取佣金的范围，只限于他推销出去的商品。

▶▶ 二、寄售与展卖

（一）寄售

1. 寄售的概念

寄售是一种委托代售的贸易方式，它是指委托人（货主）先将货物运往寄售地，委托国外一个代销人（受托人），按照寄售协议规定的条件，由代销人代替委托人进行销售，在货物出售后，由代销人向委托人结算货款的一种贸易做法。

2. 寄售的特点

在国际贸易中，与卖断方式比较，寄售有以下几个特点：

第一，它是凭实物进行买卖的现货交易。寄售人先将货物运至目的地市场（寄售地），然后经代销人在寄售地向当地买主销售。

第二，寄售人与代销人之间是委托代售关系，而非买卖关系。代销人只能根据寄售人的指示处置货物，货物的所有权在寄售地售出之前仍属于寄售人。

第三，寄售货物在售出之前，包括运输途中和到达寄售地后的一切费用和风险，均由寄售人承担。

第四，寄售货物装运出口后，在到达寄售地前可采用出售的办法，先行销售，即当货物尚在运输途中，由代销人寻找买方出售。

3. 寄售的利弊

（1）寄售的优点。

寄售货物出售前，寄售人拥有货物的所有权，因此，寄售人有权对货物的销售和价格确定等问题进行处理，这有利于随行就市；寄售是凭实物买卖，货物与买主直接见面，有利于促进成交；代销人不负担风险与费用，一般由寄售人垫资，代销人不占用资金，可以调动其经营的积极性。

（2）寄售的缺点。

寄售对于委托人来讲，有明显的缺点：第一，是出口方承担的风险较大，费用较多，而且增加出口人的资金负担，不利于其资金周转；第二，是寄售货物的货款回收较为缓慢，一旦代销人不守协议时，可能遭到货、款两空的危险。

4. 采用寄售方式应注意的问题

第一，必须严格选择代销人。

第二，慎重选择作价方法。

第三，在签订寄售协议前，调查寄售地的市场动态、供求情况、外贸制度、商业习惯。

第四，为减少风险，要求代销人提供银行保函，如代销人不履行协议规定义务时，由银行承担支付责任。

（二）展卖

1. 展卖的含义

展卖是利用展览会和博览会及其他交易会形式，对商品实行展销结合的一种贸易方式。

展卖是最古老的交易方式之一，其最早的雏形是区域性的集市。在制造业迅速发展、国际贸易不断扩大和现代科技、交通、通信条件日益完善的情况下，展卖日趋国际化、大型化和综合化，成为当前国际贸易中一种重要方式，特别是作为一种推销方式被人们广泛接受。

2. 展卖的特点

展卖的基本特点是，把出口商品的展览和推销有机地结合起来，边展、边销，以销为主。这种展销结合的方式具有下列明显的优点：

第一，有利于宣传出口国家的科技成就和介绍出口商品，以扩大影响，促成交易。

第二，有利于建立和发展客户关系，广交朋友，以扩大销售地区和范围，实现市场多元化。

第三，有利于搜集市场信息，开展市场调查研究，以便更有效地掌握市场动态。

第四，有利于听取国外客户的意见，并通过货比货，发现问题，找出差距，不断提高出口商品质量，增强出口竞争能力。

3. 展卖的类型

展卖有各种不同的形式和内容，其做法也多种多样，现结合我国开展展卖业务的实践，介绍几种主要的展卖方式。

（1）国际博览会。

它又叫国际集市，是指在一定地点定期举办的，由一国或多国联合主办、邀请各国商人参加交易的贸易形式。参加者不仅可同主办国厂商洽谈贸易，也可同其他国家的贸易界人士进行交易。

国际博览会可分为两种形式，一种是综合性国际博览会，又称"水平型博览会"，即各种商品均可参展并洽谈交易的博览会。世界著名的国际博览会，一般多属于综合性的博览会，如莱比锡、巴黎等地的国际博览会。这种博览会的规模较大，产品齐全，且会期较长。另一种是专业性国际博览会，其规模较小，会期也较短。世界上比较有名的专业性国际博览会，如科隆博览会，每年举行两次，一次展销纺织品，一次展销五金制品。

（2）中国出口商品交易会。

它又称为"广州商品交易会"，它是我国各进出口公司在广州定期联合举办的、邀请国外客户参加的一种集展览与交易相结合的商品展销会。因其会址设在广州，故习惯上简称为"广交会"。我国于1957年举办了首届广交会，以后每年于春秋两季办一次，分别称为"春交会"和"秋交会"。举办中国出口商品交易会，由于参加的各国客商及友好团体众多，为集中交易创造了有利条件；加强了与各国客户的广泛联系，增进了相互了解；同时也是了解国外市场动态，直接听取国外客户对我国产品的要求和反映，熟悉国外客户资信情况的一个重要途径。由于交易会采取当面洽商、看样成交的方式进行交易，从而有利于发现问题，及时解决。

（3）在国外举办展卖会。

我国除参加国外举办的国际博览会外，还自行或与外商合作在国外举办各种展卖会。在国外自行举办展卖会时，则广告宣传费、展品的运费、保险费、展出场地的租用费以及其他杂项费用，均应由我们自行负担。展卖结束后，剩余的产品，也由我们自行处理。由于采用这种方式，我们承担的责任、费用和风险较大，故一般很少采用。支持外商在国外举办我国出口商品展卖会或与外商联合举办我国出口商品展卖会，是我国出口商品在国外展卖所采取的两种主要方式。前一种方式是我方将货物通过签约的方式卖断给外商，由外商在国外举办或参加展览会；后一种方式是由我方同外商合作，我方提供展品，在展卖时展品所有权仍属于我方，展品的运输、保险、劳务及其他费用一般由外商承担，展台租赁、设计、施工及展出期间的宣传广告费用，也由外商承担。展卖的商品售出后，提供合作的外商可以从出售的所得货款中得到一定的手续费用作报酬。

▶▶ 三、招标、投标及拍卖

招标、投标和拍卖是两种特殊的贸易方式，与经销、代理和寄售不同之处在于其具有公开性和竞争性，并采取一定的组织形式来开展交易。招标、投标一般是从购买或进口角度出发而有组织地进行交易，引起卖方之间的竞争；拍卖则一般是从出售或出口角度出发而有组织地进行交易，引起买方之间的竞争。

（一）招标与投标

招标、投标常用在国家政府机构、国有企业或公用事业单位采购物资、器材或设备的交易中，更多地用于国际承包工程。目前，国际间政府贷款项目和国际金融机构贷款项目，往往在贷款协议中规定，接受贷款方必须采用国际竞争性招标采购项目物资或发包工程。这里主要介绍货物买卖中的招标与投标。

1. 招标与投标的含义及特征

（1）招标与投标的含义。

招标是指招标人（买方）在规定时间、地点发出招标公告或招标单，提出准备买进商品的品种、数量和有关买卖条件，邀请投标人（卖方）投标的行为。

投标是指投标人（卖方）应招标人（买方）的邀请，根据招标公告或招标单的规定条件，在规定投标的时间内，向招标人递盘的行为。由此可见，招标与投标是一种贸易方式的两个方面。

（2）招标与投标的特征。

招标、投标与其他贸易方式相比有以下特征：

① 招标的组织性。

即有固定的招标组织机构、招标场所、招标时间和招标规则和条件。

② 招标与投标的公开性。

招标机构要通过招标公告广泛通告有兴趣、有能力投标的供货商或承包商，并向投标人说明交易规则和条件，以及招标的最后结果。

③ 投标的一次性。

投标人只能应邀做一次性投标，没有讨价还价的权利。标书在投递之后，一般不得撤回或修改。

④ 招标与投标的公平性。

在招标公告发出后，任何有能力履行合同的卖主都可以参加投标。招标机构在最后取舍投标人时，要完全按照预定的招标规则进行。招标所具有的组织性和公开性本身，也是招标、投标公平和合理的有效保证。

2. 招标的主要方式

目前，国际上采用的招标方式归纳起来有以下几种：

（1）国际竞争性招标。

国际竞争性招标是指招标人邀请几个或几十个投标人参加投标，通过多数投标人竞争，选择其中对招标人最有利的投标人达成交易，它属于竞卖的方式。

（2）谈判招标。

谈判招标又叫议标，它是非公开的，是一种非竞争性的招标。这种招标由招标人物色几家客商直接进行合同谈判，谈判成功，交易达成。它不属于严格意义上的招标方式。

（3）两阶段招标。

两阶段招标是指无限竞争招标和有限竞争招标的综合方式，采用此方式时，先用公开招标，再用选择性招标，分两阶段进行。

3. 招标与投标业务的基本程序

招标、投标业务的基本程序包括：

（1）招标前的准备工作。

招标前的准备工作很多，其中包括发布招标公告，资格预审，编制招标文件等。

（2）投标。

投标人经过慎重研究标书后，一旦决定参加投标，就要根据招标文件的规定编制和填报投标文件。为防止投标人在中标后不与招标人签约，招标人通常要求投标人提供投标保证金或投标保证函。最后，投标人将投标文件在投标截止日前送达招标人，逾期失效。

（3）开标、评标及决标。

招标人在指定的时间和地点将全部投标寄来的投标书中所列的标价予以公开唱标，使全体投标人了解最高标价以及最低标价。开标后，有些可以当场决定由谁中标，有的还要由招标人组织人员进行评标。参加评标的人员原则上要坚持评标工作的准确性、公开性和保密性。评标后决标，最终选定中标人。

（4）中标签约。

中标是从若干投标人中选定交易对象。中标者必须与招标人签约，否则保证金予以没收。但为了确保中标人签约后履约，招标人仍然要求中标人缴纳履约保证金或保证函。

（二）拍卖

拍卖是一种具有悠久历史的交易方式。通过拍卖成交的商品通常是品质难以标准化或按传统习惯以拍卖出售的商品，如裘皮、茶叶、烟草、羊毛、木材、水果以及古玩和艺术品等。

1. 拍卖的含义和特征

拍卖是经营拍卖业务的拍卖行接受货主的委托，在规定的时间和场所，按照一定的章程和规则，以公开叫价的方法，把货物卖给出价最高的买主的一种贸易方式。拍卖具有以下几个特征：

第一，拍卖是在一定的机构内有组织地进行的。拍卖机构可以是由公司或行业协会组成的专业拍卖行，也可以是由货主临时组织的拍卖会。

第二，拍卖具有自己独特的法律和规章，许多国家对拍卖业务有专门的规定。各个拍卖机构也订立了自己的章程和规则，供拍卖时采用。

第三，拍卖是一种公开竞买的现货交易。拍卖采用事先看货，当场叫价，落槌成交的做法。成交后，买主即可付款提货。

第四，参与拍卖的买主，通常须向拍卖机构缴存一定数额的履约保证金。买主在叫价中，若落槌成交，就必须付款提货；不付款提货，拍卖机构则没收其保证金。

第五，拍卖机构为交易的达成提供了服务，它要收取一定的报酬，通常称作佣金或经纪费。

2. 拍卖的出价方法

拍卖的出价方法有以下三种：

（1）增价拍卖。

增价拍卖也称淘汰式拍卖。拍卖时，由拍卖人宣布预定的最低价格，然后由竞买者相继叫价，直到拍卖人认为没有人再出更高的价格时，则用击槌动作表示竞买结束，将这批商品卖给最后出价最高的人。在拍卖人击槌前，竞买者可以撤销出价。

（2）减价拍卖。

减价拍卖又称荷兰式拍卖。这种方法先由拍卖人喊出最高价格，然后逐渐降低叫价，直到有某竞买者认为已经低到可以接受的价格，表示买进为止。

（3）密封递价拍卖。

密封递价拍卖又称招标式拍卖。采用这种方法时，先由拍卖人公布每批商品的具体情况和拍卖条件等，然后由各买方在规定时间内将自己的出价密封递交拍卖人，以供拍卖人进行审查比较，决定将该货物卖给哪一个竞买者。这种方法不是公开竞买，拍卖人有时要考虑除价格以外的其他因素。

3．拍卖的一般程序

拍卖业务一般可分为三个阶段：

（1）准备阶段。

参加拍卖的货主把货物运到拍卖地点，存入仓库，然后委托拍卖行进行挑选、分类、分级，并按货物的种类和品级分成若干批次。在规定时间内，允许参加拍卖的买主到仓库查看货物。

（2）正式拍卖。

拍卖在规定的时间和地点开始，并按照拍卖目录规定的先后顺序进行。按照拍卖业务的惯例，在主持人的木槌落下之前，买主可以撤回其出价；货主在货物出售之前也可以撤回其要拍卖的货物。

（3）成交与交货。

拍卖成交后，拍卖行的工作人员即交给买方一份成交确认书，由买方填写并签字，表明交易正式达成。在买方付清货款后，买方凭拍卖行开出的提货单到指定的仓库提货。提货必须在规定的期限内进行。

▶▶ 四、对等贸易与加工贸易

对等贸易与加工贸易方式的主要特点是货物的出口与货物的进口紧密联系。对等贸易与加工贸易的区别在于：在对等贸易中，有货物的进出口，并且货物的所有权发生转移；在加工贸易中，有货物的进出口，但货物的所有权不发生转移。因而，这两种贸易方式对买卖双方来说，承担的风险和获取的收益是不同的。

（一）对等贸易

对等贸易是以进出口相结合为基本特征的一种国际贸易方式。其主要目的是以进带出，开辟贸易双方各自的出口市场，求得贸易收支平衡或基本平衡。它是易货贸易、回购贸易、补偿贸易、抵销贸易等具体方式的总称。目前，世界上流行的对等贸易形式多样、内容复杂，以下介绍三种基本形式。

1．易货贸易

易货贸易是指贸易双方进行等值货物的直接交换。它是一种最古老和最简单的交易方式。随着国际贸易的发展，对易货贸易的做法也日趋灵活。主要做法有以下两种：

（1）一般易货。

一般易货即交易双方按照各自的需要，交换双方认为价值相等的商品。交易双方可以用货币表示其所交换商品的价值，也可以不用。如用货币表示其所交换商品的价值，则价格的作用仅在于比较所交换货物的价值。

一般易货往往要求进口和出口同时成交，双方把货物交到约定地点进行交换。交易合同订明品种、规格、数量、交货时间等，但不涉及现金的支付，也不涉及第三方。在国际贸易中，两个相邻国家所进行的边境贸易有相当一部分就是通过这种形式进行的。如果双方运到指定地点同时交换有困难，业务中则由此产生了一些变通的做法，最常见的是通过对开信用证的方式进行易货贸易。即双方先签订换货合同，彼此承诺在一定时间购买对方一定数量的货物，各自出口的商品按约定的货币计价，总金额一致或基本一致；货款通过开立信用证的方式进行结算，即双方都以对方为受益人，开立金额相等或基本相等的信用证，并各自在信用证中规定以对方开出信用证为本信用证生效的条件。

（2）综合易货。

由于一般易货在实践中有很大的局限性，出现了综合易货方式，即两国之间签订清算协定，对两国一定时期内进行的多项换货交易，货款采用记账方式，没有实际支付。到了一定时间，两国以相互冲销货款方式来清算两国间的贸易收支。如有差额，有的规定结转下一年度，也有规定如差额超过约定的摆动额，则以现汇拨付。

综合易货实际上是在国家支持下，对一般易货方式的灵活运用。两国间的清算协定解决了贸易双方的支付问题，即不需动用现汇来支付，双方交换的价值通过记账和冲销来解决。由此也解决了贸易双方在每次交易中货物价值必须相等的困难，甚至使出口货物和进口货物的交付不需要在同一时间内进行，这为易货贸易的开展带来了方便。因此，易货贸易被许多缺乏外汇的发展中国家所采用。

我国自 1949 年以来，对苏联、东欧及朝鲜、越南和蒙古等国的贸易，长期在政府间签订贸易协定的基础上，以记账方式进行。直到 20 世纪 80 年代末期，才先后改为现汇方式进行交易。

2. 互购贸易

（1）互购贸易的含义。

互购贸易是指贸易双方互相购买对方商品的贸易方式。对一方来说，互购涉及两笔交易，一笔是出口，另一笔是进口。这两笔交易既是分别独立的，又是相互联系的。即一方与另一方签订出口合同的同时，必须承担与该方签订进口合同的义务；反之，一方与另一方签订了进口合同的同时，就有与该方签订出口合同的权利。

（2）互购贸易的支付。

在互购贸易中，一般通过即期信用证来进行支付。对于先出口后进口的一方来说，采用限期信用证支付比较有利。他可以在收到出口货款至支付进口货价这段时间里利用对方的资金，而且，在此后的进口谈判中处于有利的地位。而对另一方来说，就处在被动地位，风险较大。如果在先出口合同中规定用远期信用证支付，在后进口合同中规定用即期信用证支付，意味着先出口方对先进口方提供信贷，可以不用现汇。

（3）互购贸易与易货贸易的区别。

第一，互购贸易是现汇交易。互购中的出口和进口都有实际的支付。易货贸易中有的虽然有标价，但实际上只起衡量交易货物价值的作用，没有实际的支付。

第二，在互购贸易中，出口额和进口额一般不要求等值，只要大致相当即可。

第三，在互购贸易中，先出口方在签订出口合同时，要承诺签订另一份进口合同，但有关具体进口的品名、数量、价格等不在出口合同中写明，一般只规定回购的金额。详细的规定是在另一份进口合同中加以订明。而在易货贸易合同中，既要订明出口货物的细节，也要订明进口货物的细节。

第四，互购贸易中有时要涉及两个以上的当事人。在征得对方同意的前提下，出口方的回购义务或进口方的供货义务可分别由其第三方来完成。

3. 补偿贸易

（1）补偿贸易的含义。

补偿贸易是指在信贷基础上进口设备，然后以回销产品或劳务所得价款，分期偿还进口设备的价款及利息。补偿贸易是 20 世纪 60 年代初发展起来的一种新的贸易方式，在国际贸易中得到广泛使用。

（2）补偿贸易的特征。

补偿贸易也是进口和出口相结合的贸易方式，但它有区别于易货贸易和互购贸易的三个基本特征：

第一，先进口的一般是机器、设备、零配件及技术等，进口方进口后利用自己的生产场所、本国的劳务、原材料等进行生产加工出成品。出口一般是成品。

第二，信贷是补偿贸易必不可少的前提条件，即先进口的机器、设备、零配件及技术等不是采用即期支付的方式，而是采用远期支付及分期支付的方式。

第三，设备供应方必须同时承诺回购设备进口方的产品或劳务，这是构成补偿贸易的必备条件。

应当注意的是，在信贷基础上进行设备的进口并不一定构成补偿贸易。例如，在延期付款方式下，进口所需的大部分货款是在双方约定的期限内分期摊付本金及利息，但是在这种方式下，货款的偿还与产品的销售本身没有直接的关系，所以，尽管交易也是在信贷基础上进行的，但并不构成补偿贸易。

（3）补偿贸易的作用。

对设备进口方而言，通过补偿贸易可以引进先进的技术和设备，发展和提高本国的生产能力，加快企业的技术改造，使产品不断更新及多样化，增强出口产品的竞争力。另外，通过对方回购，还可在扩大出口的同时，得到一个较稳定的销售市场和销售渠道。对设备供应方来说，进行补偿贸易有利于突破进口方支付能力不足，从而扩大出口。同时，通过承诺回购义务加强自己在同行业中的竞争地位，争取贸易伙伴，或者在回购中取得较稳定的原材料来源，或从转售产品中获得利润等。

（4）补偿贸易的方式。

按照用来偿付的标的不同，补偿贸易大体可分为四种方式：

① 直接补偿贸易。

这是指以进口机器、设备、技术等直接生产出来的产品支付进口价值的补偿贸易。这种补偿方式称作产品回购，是补偿贸易最基本的做法。但这种方式有一定的局限性，它要求生产出来的直接产品及其质量必须符合对方的需要，或是在国际市场上是可销的，否则就不易为对方所接受。

② 间接补偿贸易。

当所交易的设备本身不生产物质产品，或设备所生产的直接产品非对方所需或在国际市场上不好销售时，可由双方根据需要和可能进行协商，用其他产品支付进口价款。

③ 部分补偿贸易。

这是指对引进的技术设备，部分用产品偿还，部分以货币偿还。偿还的产品可以是直接产品，也可以是其他产品；偿还的货币可以是现汇，也可用贷款分期偿还。

④ 劳务补偿贸易。

这种做法常见于同来料加工或来件装配相结合的中小型补偿贸易中。按照这种做法，双方根据协议，往往由对方代我方购进所需的技术、设备，货款由对方垫付。我方按对方要求加工生产后，从应收的加工费中分期扣还所欠款项。

（5）进行补偿贸易应注意的问题。

补偿贸易是一种比较复杂的交易，涉及贸易、信贷和生产，而且持续的时间又比较长，在履约期间，往往会发生一些难以预料的变化。因此，进行一项补偿贸易，应特别注意以下几个问题：

第一，必须做好项目的可行性研究，立项时必须慎重考虑。

第二，合理计算贷款的成本和安排偿还期。对于贷款成本，既要考虑利率的高低，又要考虑所使用的货币是软币还是硬币，还要考虑设备价格的高低。只有从这三个方面进行综合核算，方能得到比较合乎实际的成本。

第三，正确处理补偿产品和正常出口的关系，原则上应该以不影响我国的正常出口为前提。

（二）加工贸易

1. 加工贸易的含义与性质

（1）加工贸易的含义。

加工贸易是来料加工和来件装配的总称。来料加工，是指外商提供原材料、辅料和包装物料等，由国内的承接方按外商提出的要求加工成成品并提交给对方，按双方约定的标准收取加工费的一种贸易方式。来件装配，是指由外商提供零部件、包装物料等，由国内承接方按外商要求装配成成品提交给对方，并按双方约定收取加工费的一种贸易方式。

（2）对外加工装配业务的性质。

加工贸易是一种委托加工的方式。外商将原材料、零部件等运交国内承接方，并未发生所有权转移。承接方只是作为受托人按照外商的要求，将原材料或零部件加工成为成品。加工过程中，承接方付出了劳动，获取的加工费用是劳动的报酬。因此，可以说加工贸易属于劳务贸易的一种形式，它是以商品为载体的劳务出口。

（3）加工贸易与进料加工的区别。

加工贸易与从国外进口原材料加工成成品再出口的"进料加工"方式有相似之处。因为它们都是利用国内的劳动力和技术设备，都属于"两头在外"的加工贸易方式。但是，加工贸易与进料加工又有明显的区别，主要表现在：

第一，在进料加工中，原材料进口和成品出口是两笔不同的交易，均发生了所有权的转移，而且原材料供应者和成品购买者之间没有必然的联系。在加工贸易中，原材料运进和成品运出均未发生所有权的转移，它们均属于一笔交易，有关事项在同一个合同中加以规定。由于加工贸易属于委托加工，所以原材料供应者又是成品接受者。

第二，在进料加工中，国内承接方从国外购进原材料，由国内工厂加工成成品，使价值增值，再销往国外市场赚取由原材料加工为成品的附加价值，但国内承接方要承担国际市场销售的风险。在加工贸易中，由于成品交给外商自己销售，国内承接方无须承担风险，但是所能得到的也仅是一部分劳动力的报酬。因此，加工贸易的创汇一般低于进料加工。

2. 加工贸易的作用

开展加工贸易，无论是对国内承接方还是对委托方（外商），均有积极的作用。

（1）对承接方的作用。

第一，克服本国生产能力有余而原材料不足的矛盾，为国家增加外汇收入。

第二，开发劳动力资源，增加就业机会，并繁荣地方经济。

第三，有利于引进国外先进的技术和管理经验，促进外向型经济的发展。

（2）对委托方的作用。

第一，降低产品的成本，因而可以增强其产品在国际市场上的竞争力。

第二，有利于委托方所在国的产业结构调整。这主要是指一些工业发达国家，可以通过委托加工方式，将一些劳动密集型产品的生产转移到发展中国家。

3. 开展加工贸易应注意的事项

开展加工贸易成为我国对外经济贸易合作的一种方式，为了有效地开展这项业务，需要注意下列事项：

第一，在开展这项业务时，必须要有全局观点，注意处理好与正常出口的关系。凡出口贸易有争客户、争市场的国家，应该少做或不做。

第二，要加强经济核算，注意经济效益。在决定加工费水平时，不仅要考虑本单位是否合算，同时要参照国际市场加工费水准进行核算，讲求效益，力求使我国企业的加工费标准既具有竞争性，又能为国家多创外汇。

第三，在有条件的地区或单位，应力争多用国产原材料或零部件，争取提高这方面的比重，逐步过渡到自营出口。

第四，努力提高加工企业和人员的素质，不断提高劳动生产率，从质的方面提高竞争能力。

▶ 第二节　加工贸易

▶▶ 一、加工贸易的含义

加工贸易是指利用进口原料和半成品，经国内加工、制造、装配，然后再返销出口，加工者从中赚取加工费的一种贸易方式，其特点是"两头在外"，即指原料来源及产品销售均在国外，而加工生产（中间环节）是在国内。

▶▶ 二、加工贸易的基本形式

加工贸易主要有进料加工和来料加工两种基本形式：

（一）进料加工

1. 进料加工的概念

进料加工贸易，又叫作"以进养出"，具体是指加工者用专项外汇购进国外的原材料或半成品，利用本国的劳动力、技术和设备，加工制作为制成品或半成品，然后返销国际市场。

2. 进料加工贸易的特点与作用

（1）特点。

第一，进料加工中原料的供应者和成品的购买者没有必然联系。

第二，进口、生产和出口三位一体，紧密结合。进料必须考虑到生产，生产必须考虑到出口，若产销脱节，则会造成损失。

第三，在进料加工中，我国企业从事进、出口活动，是为了加工增值再出口，从而赚取更多的外汇。

（2）作用。

第一，通过进口原材料等急需的物资，有助于克服国内原材料等比较紧缺的困难，有利于扩大生产，促进产品出口，增加外汇收入。

第二，进料加工可以更好地根据国际市场的需要，组织进料和加工制作，从而有助于做到产销对口，加快资金周转，避免盲目生产库存积压。

第三，进料加工提供了劳动者就业的机会，使劳动者的工资待遇得到改善，同时也使企业增强了生产能力，提高了技术水平和经营管理水平，为逐步向外向型经济过渡打下了基础。

（二）来料加工贸易

1. 含义

来料加工贸易特指通常所讲的"三来一补"中的"三来"，即来料加工、来样制作和来件装配的总称。这种贸易方式的具体做法，是由外商（委托人）将原材料、样品和零部件等运到我国大陆，委托我方按要求进行加工生产或装配成制成品，半制成品，然后交由委托方自行处置，加工方按照约定收取一定的加工费作为报酬。

2. 特点

第一，这种贸易本质上是一种委托加工，从原材料或配件的提供，到产品销售和利润的赚取，均属委托方所有。受托方（加工方）仅负责加工装配，得到的只是劳动力费用补偿。

第二，由原料和零件转化为成品过程中所创造的附加值为外商所有，因而，来料加工的经济效益远不如进料加工。

第三，这种贸易项目多数是用人较多、劳动强度大、劳动时间较长的劳动密集型产品。20世纪70年代末，对外加工装配业务在我国兴起，当时它与补偿贸易、租赁业务、招标投标及拍卖等方式称作"灵活贸易"方式，以有别于传统的单一模式的外贸经营方式。由于对外加工装配业务适应了我国发展外向经济的迫切需要，因此，它在广大沿海地区和一部分内地企业迅速开展起来，并取得了明显的经济效益。

3. 来料加工

（1）概念。

来料加工和来件装配业务，我们统称为对外加工装配业务。所谓来料加工，是指由外商提供一定的原材料、零部件、元器件，由我方的工厂按对方要求进行加工或装配，成品交给对方处置，我方按照约定收取工缴费作为报酬。

（2）对外加工装配业务的性质。

对外加工装配业务属于劳务贸易范畴。它是一种简单的国际间劳务合作的形式，与通常的国际货物买卖有着明显的区别。在加工装配业务中，虽然也存在货物在国际间的移动，即原材料的"进口"和成品的"出口"。然而，在一进一出中，并没有发生所有权的转移。我方企业只是作为受托人，按照外商的要求，将原材料、零部件等加工装配成为成品。在加工装配过程中，我方企业付出了劳动，获取的工缴费是劳动的报酬。因此，可以说它是一种以商品为载体的劳务出口。

在对外加工装配业务中，有时为了使产品能够达到外商要求的品质标准，要求外商提供技术设备或先进技术，这种做法类似于补偿贸易。实际上，它是加工装配与补偿贸易相结合的一种方式。它与通常的产品补偿方式有所区别，其加工方不是以返销产品所得的货款来偿还设备款，而以自己所提供的劳务所得——工缴费来偿还。

对外加工装配业务与进料加工有相似之处，也有区别。相似之处在于：它们都是利用我国的技术设备和劳动力，将国外提供的原材料、零部件等加工装配为成品，再运到国外市场销售，即都属于"两头在外"的加工贸易方式。但是二者之间又有区别：第一，进料加工业务中，原料进口和成品出口是两笔不同的交易，均发生了所有权转移，而且原料供应者和成品购买者之间没有必然的联系。在加工装配业务中，原料运进和成品运出均未发生所有权的转移，它们均属于一笔交易，有关事项在同一个合同中加以规定。第二，进料加工业务中，我方从国外购进原料，由工厂加工为成品，使价值增值，再销往国外，赚取的是由原料到成品的附加价值，但是我方要承担市场销售的风险。在加工装配业务中，由于成品交外商销售，我方无须承担风险，但是我方所得的也仅是一部分劳动力的报酬，因此，加工装配业务的创汇率一般低于进料加工。

（3）对外加工装配业务的作用。

对外加工装配业务在我国的广泛开展，是我国积极参与国际分工的一种具体体现，它促进了我国对外经济合作，加强了合作国家之间经济的相互依赖和联系。开展这项业务，不论是对于我方（承接方）还是外商（委托方）均有其积极的作用。

① 对于承接方的作用。

第一，有利于解决本国生产能力有余而原材料不足的矛盾，为国家增加外汇收入，由于经济体制等方面的原因，我国长期以来存在着加工工业能力相对过剩，而原材料工业相对滞后的矛盾。通过开展包括对外加工装配在内的所谓"两头在外"业务，在一定程度上缓解了这一矛盾。我们利用外商提供的原料和市场，发挥设备潜力，为国家和集体创造了可观的外汇收入。

第二，有利于发展乡镇企业，增加就业机会，繁荣地方经济。随着科学技术在农业上的推广，生产率不断提高，产生了越来越多的农村剩余劳动力。如何妥善安置这一部分闲置劳动力，减少他们对城市的压力，确实是一个重要问题。许多沿海地区乡镇企业成功发展的经验证明，积极开展对外加工装配业务，有利于解决劳动就业，繁荣地方经济，提高集体和个人的收入。

第三，有利于引进国外先进的技术设备和管理经验，促进外向型经济的发展。在对外加工装配业务中，由于加工任务的需要，我国不少中小企业利用加工费收入，引进了国外较为先进的机器设备，这对于推动企业的技术革新、提高生产效率、改进产品质量、填补某些空白发挥了一定的作用。另外，很多企业通过开展对外加工装配业务，学习了国外先进的管理方法和经验，大大提高了劳动生产率，改进了产品质量，增加了适销商品，从而促进了我国外向型经济的发展。

② 对于委托方的作用。

第一，有利于委托方所在国的产业结构调整。

这主要是指一些工业发达国家可以根据比较利益原则，通过委托加工方式，将一些劳动密集型产品的生产转移到劳动力相对低廉的发展中国家。这是国际分工发展的必然趋势。

第二，有利于降低产品的成本并增强其产品在国际市场上的竞争力。

作为委托方的国家和地区与发展中国家企业开展委托加工业务，大多是从事劳动密集型产品的加工。承接方所在国的劳动力资源相对丰富，而且工资低，因而具有比较优势。这样，就可使委托方降低加工成本，增强其产品在国际市场上的竞争力。

4. 进料加工

（1）概念。

进料加工是指用自有外汇在国外购进原材料、元器件或零部件，按自己的设计加工生产出成品，再销往国外。由于进口原料的目的是为了扶植出口，所以我国又称其为以进养出。

（2）进料加工与来料加工的区别。

进料加工与来料加工有相似之处，即都是"两头在外"的加工贸易方式，但两者又有性质上的不同：第一，来料加工在加工过程中均未发生所有权的转移，原料运进和成品运出属于同一笔交易，原料供应者即是成品接受者；而在进料加工中，原料进口和成品出口是两笔不同的交易，均发生了所有权的转移。进料加工是两笔业务，出口方要签订两个合同，第一个是进口原材料的合同，第二个是出口成品的合同。原料的出口方既可以是成品的采购方，也可以与最后的成品销售毫无关联。原料供应者和成品购买者之间也没有必然的联系。第二，在来料加工中，我方不用考虑来源和成品销路，不担风险，只收取工缴费；而在进料加工中，我方赚取从原料到成品的附加价值，要自筹资金，自寻销路，自担风险，自负盈亏。

（3）进料加工业务的做法。

进料加工的具体做法大致有以下三种：

第一，先签订进口原料的合同，加工出成品后再寻找市场和买主。这种做法的好处是：进料时可选择适当时机，低价时购进，而且一旦签订出口合同，就可尽快安排生产，保证及时交货，交货期一般较短。但采取这种做法时，要随时了解国外市场动向，以保证所生产的产品能适销对路，否则产品无销路，就会造成库存积压。

第二，先签订出口合同，再根据国外买方的订货要求从国外购进原料，加工生产，然后交货。这种做法包括来样进料加工，即由买方先提供样品，我方根据其样品进行生产，这样销路有保障，但要注意所需的原料来源必须落实，否则会影响成品质量或导致无法按时交货。

第三，对口合同方式，即与对方签订进口原料合同的同时签订出口成品的合同，原料的提供者也就是成品的购买者。但两个合同相互独立，分别结算。这样做，原料来源和成品销路均有保证，但适用面较窄，不易成交。实际做法中，有时原料提供者与成品购买者也可以是不同的人。

第三节　电子商务

▶▶ 一、电子商务的定义和内涵

（一）电子商务的定义

所谓电子商务，就是在网上开展商务活动。当企业将它的主要业务通过企业内部网、企业外部网以及 Internet 与企业的职员、客户、供销商、合作伙伴直接相连时，其中发生的各种活动就是电子商务。

但事实上，到目前还没有一个较为全面、具有权威性、能够为大多数人所接受的电子商务的定义。各种组织、政府、公司、学术团体等都在依据自己的理解和需要来为电子商务下定义。

1. 世界电子商务大会的定义

1997 年 11 月 6 日至 7 日，国际商会在法国首都巴黎举行了一次世界电子商务会议。全世界各国商业、信息技术、法律等领域的专家和政府部门的代表参加了这次会议。本次会议的一项重要内容就是共同探讨了电子商务的概念问题，大会结束后发布了关于什么是电子商务的权威科学定义，定义内容如下：电子商务，是指实现整个贸易活动的电子化。

它涵盖的范围可以定义为：交易的各方以电子贸易的方式，而不是通过当面交换或直接面谈的方式进行的任何形式的商业交易活动。从技术方面可以定义为：电子商务是一种多技术应用的集合体，包括交换数据、获得数据以及自动捕获数据。

2. 世界贸易组织的定义

世界贸易组织在它的《电子商务》专题报告中，也对电子商务这一概念做出了科学的定义，认为：电子商务，就是通过电信网络进行的生产、营销、销售和流通活动，它不仅是指基于 Internet 的交易活动，而且是指所有利用电子信息技术来解决问题、降低成本、增加价值和创造商业和贸易机会的商业活动，包括通过网络实现从原材料查询、采购、产品展示、订购到出品、储运、电子支付等一系列的贸易活动。

3. 联合国经济合作与发展组织的定义

联合国经济合作与发展组织在有关电子商务的报告中对电子商务的定义是：电子商务是发生在开放网络上的，包含企业之间、企业与消费者之间的商业交易。

4. 国际著名 IT 公司的定义

IBM 公司一直是电子商务的积极倡导者，它对电子商务是这样描述的：电子商务是在因特网的广阔联系与传统信息技术系统的丰富资源相互结合的背景下，应运而生的一种相互关联的动态商务活动，即 IBM 公司把电子商务概念概括为三个部分：企业内部网（Intranet）、外部网（Extranet）和电子商务（E-Commerce）。它所强调的是在计算机网络环境下的商业化应用，不仅仅是硬件和软件的结合，也不仅仅是通常意义下的强调交易的狭义的电子商务，而是把买方、卖方、厂商及其合作伙伴在 Internet、Intranet 和 Extranet 结合起来的应用。它同时强调这三部分是有层次的，只有先建立良好的 Intranet，建立好比较完善的标准和各种信息基础设施，才能顺利扩展到 Extranet，最后扩展到 E-Commerce。

Intel 公司的定义是，电子商务=电子化的市场+电子化的交易+电子化的服务。

HP 公司把电子商务、电子业务、电子消费和电子化世界这几个概念区别对待，其中把电子商务定义为：通过电子化手段来完成商业贸易活动的一种方式。把电子业务定义为：一种新型的业务开展手段，通过基于互联网的信息结构，使得公司、供应商、合作伙伴和客户之间，利用电子业务共享信息。把电子消费定义为：人们使用信息技术进行娱乐、学习、工作、购物等一系列活动，使家庭的娱乐方式从传统电视向 Internet 转变。

可以看出，它们没有谁对谁错之分，人们只是从不同角度、从广义和狭义上各抒己见。其中 HP 公司给出的概念最广，它强调电子商务包括一切使用电子手段进行的商业活动。从这个意义上来讲，现在已经流行的电话购物、电视购物，以及超级市场中使用的 POS 机都可以归入电子商务的范围。但大多数定义还是将电子商务限制在使用计算机网络进行的商业活动。

总之，我们可以这样理解：从宏观上讲，电子商务是计算机网络的又一次革命，是在通过电子手段建立一种新的经济秩序，它不仅涉及电子技术和商业交易本身，而且涉及诸如金融、税务、教育等社会其他层面；从微观角度说，电子商务是指各种具有商业活动能力的实体（如生产企业、商贸企业、金融机构、政府机构、个人消费者等）利用网络和先进的数字化传媒技术进行的各项商业贸易活动。这里要强调两点：第一，是活动要有商业背景；第二，是活动要网络化和数字化。

（二）电子商务的内涵

电子商务的内涵是在技术和经济高度发达的现代社会里，由掌握现代信息技术、商务理论和实务活动规则的人，利用信息网络环境系统化地使用各类电子工具，高效率、低成本地从事以商品交易为中心的各种经济事务活动的总称。简言之，电子商务指人们使用电子工具从事各种经济事务活动。

由此可见，完整的电子商务内涵应包括以下五个方面的内容：

第一，电子信息技术，特别是 Internet 技术。信息技术的广泛应用已经渗透到了人类社会、经济的各个领域，以计算机为代表的电子信息技术的发明创造和利用，主要是针对人的知识获取、智力延伸，对自然界信息、人类社会信息进行采集、储存、加工、处理、分发、传输等的工具。当代人类很好地继承前人的经验、教训和智慧，大大扩充人类知识，从而走出一条内涵式、集约化发展社会物质、文化之路。所以，当今社会技术的代表应当是电子信息技术，它是开发和利用信息资源（充分共享、再生、组合、产生新的信息）的有效工具，是实现电子商务的前提条件。

第二，电子商务的核心是人。作为一个社会系统，其中心必然是人。电子商务系统实际上是由围绕商品交易的各方面代表和各方面利益的人所组成的关系网。在电子商务活动中，虽然充分强调工具的作用，但归根结底起关键作用的仍然是人，因为工具的发明、制造、应用和效果的实现都是靠人来完成的。所以，必须强调人在电子商务中的决定性作用。也正因为人是电子商务的主宰者，进而有必要考察什么样的人才是合格的。很显然，电子商务是信息现代化与商务的有机结合，所以能够掌握运用电子商务理论与技术的人必然是学习掌握现代信息技术、掌握现代商贸理论与实务的复合型人才，他们是一个国家、地区发展电子商务的最为关键的因素。

第三，电子商务的基础是系列化、系统化、高效的电子工具。从广义上讲，凡是应用电子工具，如电报、电话等电子工具从事的商务活动都可以称为电子商务。但是作为现代电子商务，它具有很强的高效率、高效益、低成本的特点，那么，它所指的电子工具就不是一般泛泛而言的电子工具，而是能跟上信息时代发展步伐的系列化、系统化、高效的电子工具。

从系列化的角度讲，主要强调临时性的工具应该包括商品需求咨询、商品订货、商品买卖、商品配送、货款结算、商品售后服务等，伴随商品生产、流通、分配、交换、消费，甚至再生产的全过程的电子工具，如电视、电话、电报、电传、计算机，以及 EDI（电子数据交换）、EOS（电子订货系统）、POS（销售时点系统）、电子货币、电子商务配送系统、MIS（管理信息系统）、DSS（售后服务系统）等。

从系统化的角度讲，主要是强调商品的需求、生产、交换要构成一个有机整体，构成一个大系统。同时，为防止"市场失灵"，还要将政府对商品生产、交换的调控引入该系统，而能达到此目的的电子工具主要有：局域网（LAN）、城域网（CAN）和广域网（WAN）。而它们必然是将通信网、计算机网和信息网相结合，实现纵横相连，宏微观结合，反应灵敏，安全可靠的电子网络，以利于大到国家间，小到零售商与顾客间方便、可靠的电子商务活动。

第四，电子商务的对象——以商品交易为中心的各种商务活动。从社会再生产发展的环节看，在生产、流通、分配、消费这个链条中，发展变化最快、最活跃的就是中间流通、分配和交换的三个环节。这些中间环节又可以看成以商品的交换为中心来展开的，即商品的生产主要是为了交换，用商品的使用价值去换取商品的价值，围绕交换必然产生流通、分配等活动，它连接了生产和消费等活动。于是，以商品交易为中心的各种经济事务活动可以统称为商务活动，它们是电子商务的对象。

第五，电子商务的目的——高效率、高效益、低成本地进行产品生产与产品服务，提高企业的整体竞争能力。企业通过应用电子商务，最终是希望通过利用现代计算机网络和通信技术这一工具，高效率、高效益、低成本地生产产品、提供服务，最终提高企业的整体竞争能力。

▶▶ 二、电子商务的分类

（一）按交易主体分类

按照参加电子商务活动的交易主体，电子商务又可以分为以下常见的四种模式：

第一，企业与企业之间的电子商务模式 B2B 电子商务模式，以生产、筹措、商务支援综合管理系统和信息资料互换为基础，组建并运用数据库和交换系统，以推动供应商、代理商、经销商和厂商的"商业步骤重整工程"，实现企业业务的合理化和有效削减交易费用降低成本。

我国企业，上下游客户基本是长期固定的，企业原材料采购和市场经销业务绝大部分都在固定的企业之间发生，开展 B2B 电子商务应该是传统的大中型企业切入电子商务利用信息网络资源，全面进行市场和库存管理的首选方式，它有利于降低企业采购及销售的交易成本。

B2B 电子商务形式，应用领域主要集中于整合企业上下游的客户关系上，发展前提是企业内部和外部业务信息管理和网络传输的系统化和实用化，最大特征是实现企业的业务合理化和削减综合成本。

第二，企业与消费者之间的电子商务模式 B2C 电子商务模式，类似于联机服务中的商品买卖，等同于电子化的零售。它是随着万维网的出现迅速发展起来的电子商务形式，是利用计算机网络让消费者直接参与经济活动的高级形式，如提供从图书、报刊、鲜花到计算机、汽车等各种商品和服务。B2C 电子商务形式，在美国以亚马逊网上商店为代表，在我国有 8848、当当网上书店、EC123 时空网、E 网、卓越网等。B2C 电子商务模式，国内国外的企业共同存在着配送问题。无论是自己建立配送队伍还是请专业配送公司来服务，都会增加营运成本。国内仅有 E 网建立自己的配送队伍，其他都是委托专业配送公司来完成，回款不能保证，制约了 B2C 电子商务模式的发展。

B2C 电子商务模式，应用领域主要是以零售业和服务业为主营的企业，发展前提取决于消费者家庭电脑化和社区团体网络信息化，此外需要卖方虚拟购物空间和在线支付结算实用化，最大特征是以市场竞争为底蕴的商品及服务的竞买和拍卖。

第三，企业与政府之间的电子商务模式 B2G 电子商务模式，是企业与政府之间各式各样事务在网络上的具体实现，涵盖的内容很多，如政府网上采购、网上催税纳税、商品检验、海关通关管理及相关政策法规条例的颁布通告等。B2G 电子商务形式发展前提是政府办公自动化和企业管理信息化，以及银行业务结算实用化，其最大特征是政府的双重角色，既是电子商务的消费者（如政府网上采购属商业行为）又是宏观管理的执行者，对电子商务起着引导、扶持和规范的重要作用。政府利用自己的行为可以大力促进电子商务的发展，同时也带动政府办公职能业务的高效规范及电子信息化。

第四，消费者与消费者之间的电子商务模式。C2C 电子商务模式，是消费者与消费者之间的串货交易或各种服务活动在网络上的具体实现。涵盖的内容主要有网上拍卖、旧货交易、网上猎头、换房服务、邮票交易、收藏品交易等。在美国，以 eBay 为代表。

（二）按交易对象分类

根据参加电子商务活动的交易对象类型，又可以将电子商务分为以下两种类型：

1. 直接交易型电子商务

直接交易型电子商务，是指在网上直接对无形的数字化产品和服务的交易活动。它包括计算机软件、数字化产品、各种信息服务（如专利信息、股票信息等）、娱乐内容的联机订购、付款和支付等一系列的交易与服务，以及全球规模的信息服务。

2. 间接交易型电子商务

间接交易型电子商务，是指在网上直接对有形货物的电子订货以及交易过程中的一系列服务活动。它仍然需要利用传统的货物配送渠道，如分销配送中心、邮政服务和商业快递等渠道送货到订货者手中。

直接交易型电子商务和间接交易型电子商务均提供特有的机会，同一公司往往二者兼营，间接交易型电子商务要依靠一些外部要素来提高运营效率，如运输系统的效率等。直接交易型电子商务是交易双方直接进行交易，而不需要受到时间、疆域的种种限制，更有利于企业在全球寻找贸易机会，发掘市场潜力。

（三）按交易性质分类

按照电子商务活动的交易性质，电子商务又有以下三种类型的分类：

1. 国际贸易型电子商务系统

国际贸易型电子商务系统，主要是电子商务在国际贸易领域的应用，它是指在基于国际贸易业务中各类电子单证报文数据交换系统。主要涉及的部门有海关、商检、税务、担保、保险、银行以及交易双方的各种商业往来单证。

2. 普通贸易型电子商务系统

普通贸易型电子商务系统是针对一般商贸过程的电子商务系统，是指内贸业务中的电子数据交换系统。这一系统涉及两类应用业务，即工业贸易业务和商业贸易业务。

▶▶ 三、电子商务在国际贸易领域的应用

国际电子商务，简而言之就是指企业通过利用电子商务运作的各种手段从事的国际贸易活动。它所反映的是现代信息技术所带来的国际贸易过程的电子化。国际电子商务在国际贸易中的作用有以下几个方面：

（一）寻找贸易伙伴

在传统的国际贸易方式下，买卖双方要寻找到合适的贸易伙伴往往要付出很大的代价，而利用电子商务物色贸易伙伴，既可以节省大量的人力、物力的投入，又不受时间、地点的限制。企业一方面可以通过建立自己的网站或借助于相关电子商务平台向全球范围内的潜在客户提供产品和服务的供求信息；另一方面也可以上网搜索有关经贸信息，寻找到理想的贸易伙伴。

（二）进行交易洽商

在传统的国际贸易方式下，买卖双方一般共同选择某个确定的时间和地点，当面进行协商、谈判的活动。这种口头洽商形式容易受时间和空间的限制，过程漫长又不经济，特别是因为受时差的影响，给双方的交往带来很大的不便。即使是采用书面的形式，利用电话、传真等通信手段来协助洽商，也会由于高额的通信费用和信息的不完整性，而难以适应业务活动的需要。而利用国际电子商务的 Internet，其便捷、低成本的通信功能和高效、强大的信息处理能力，能极大地促进买卖双方的交易磋商活动。同时交易双方还可借助电子邮件等方式适时地讨论、了解市场信息，洽商交易事务。如有进一步的需求，还可用网上和白板会议来交流即时的图形信息。因此国际电子商务方式下的交易洽商，可以跨越面对面的限制，是一种方便的异地交流方式。

（三）电子签约及网上支付

在传统的国际贸易方式下，交易的各个环节都需要人工的参与，交易效率相对较低，错误发生率高。而利用电子商务开展国际贸易，双方可采用标准化、电子化的格式合同，借助网站中的电子邮件实现瞬间的交互传递，及时完成交易合同的签订。同时可通过银行和信用卡公司的参与实现网上支付。国际贸易中的网上支付，对于可以直接通过互联网传递交付的软件、影音、咨询服务等无形产品交易来说极为便利，不但可节省很多人员的开销，而且，随着网络安全技术的不断发展，网上支付对国际贸易的作用将会更加突出。

（四）简化交易管理

国际贸易业务涉及政府的多个职能部门，如工商、税务、金融、保险、运输等部门。因此，对国际贸易的管理包括了有关市场法规、税务征管、报关、交易纠纷仲裁等多个环节。在传统的国际贸易方式下，企业必须单独与上述相关单位打交道，要花费大量的人力、物力，也要占用大量的时间。而电子商务使国际贸易的交易管理无纸化、网络化。企业可直接通过因特网办理与银行、保险、税务、运输等各方有关的电子票据和电子单证，完成部分或全部的结算以及索赔等工作，从而大大节省了交易过程的时间和费用。

本章小结

1. 包销是指出口人通过协议把某一种商品或某一类商品在某一个地区和期限内的经营权单独授予某个客户或公司的贸易做法。

2. 寄售是一种委托代售的贸易方式，它是指委托人（货主）先将货物运往寄售地，委托国外一个代销人（受托人），按照寄售协议规定的条件，由代销人代替货主进行销售，在货物出售后，由代销人向货主结算货款的一种贸易做法。

3. 招标是指招标人（买方）在规定时间、地点发出招标公告或招标单，提出准备买进商品的品种、数量和有关买卖条件，邀请投标人（卖方）投标的行为。

4. 投标是指投标人（卖方）应招标人（买方）的邀请，根据招标公告或招标单的规定条件，在规定投标的时间内，向招标人递盘的行为。

5. 对等贸易是以进出口相结合为基本特征的一种国际贸易方式。

6. 加工贸易是指利用进口原料和半成品，经国内加工、制造、装配，然后再返销出口，加工者从中赚取加工费的一种贸易方式，其特点是"两头在外"，即指原料来源及产品销售均在国外，而加工生产（中间环节）是在国内。

7. 电子商务，就是在网上开展商务活动。

8. 直接交易型电子商务，是指在网上直接对无形的数字化产品和服务的交易活动。

9. 间接交易型电子商务，是指在网上直接对有形货物的电子订货以及交易过程中的一系列服务活动。

10. 国际贸易型电子商务系统是指在基于国际贸易业务中各类电子单证报文数据交换的系统。

参考文献

[1] 黎孝先，石玉川，王健. 国际贸易实务（第六版）[M]. 北京：对外经济贸易大学出版社，2017.

[2] 武晋军，唐俏. 报关实务（第三版）[M]. 北京：电子工业出版社，2016.

[3] 希尔. 国际商务（第九版）[M]. 北京：中国人民大学出版社，2014.

[4] 张兵. 进出口报关实务（第三版）[M]. 北京：清华大学出版社，2016.

[5] 陈春燕. 国际贸易实务（第二版）[M]. 北京：电子工业出版社，2015.

[6] 胡丹婷，成蓉. 国际贸易实务（第三版）[M]. 北京：机械工业出版社，2018.

[7] 张东海. 世界贸易组织概论 [M]. 上海：上海财经大学出版社，2015.

[8] 王文先，王孝松. WTO 规则与案例 [M]. 北京：清华大学出版社，2007.

[9] 韩斌，韦昌鑫. 报关与报检实务 [M]. 北京：中国人民大学出版社，2016.

[10] 刘耀威. 进出口商品的检验与检疫（第四版）[M]. 北京：对外经贸大学出版社，2017.

[11] 闫国庆. 国际市场营销学（第三版）[M]. 北京：清华大学出版社，2012.

[12] 周树玲，郝冠军. 外贸单证实务 [M]. 北京：对外经贸大学出版社，2015.

[13] 全国国际商务单证专业培训考试办公室. 国际商务单证理论与实务 [M]. 北京：中国商务出版社，2011.

[14] 中华人民共和国海关进出口税则. 2018 中华人民共和国海关进出口税则 [M]. 北京：经济日报出版社，2018.

[15] 胡昭玲. 国际贸易：理论与政策 [M]. 北京：清华大学出版社，2010.

[16] 薛荣久. 世界贸易组织概论（第二版）[M]. 北京：高等教育出版社，2010.

[17] 夏合群. 国际贸易实务模拟操作教程 [M]. 北京：对外经贸大学出版社，2015.

[18] 傅龙海，石少雄. 国际贸易地理（第二版）[M]. 北京：对外经贸大学出版社，2017.

[19] 陈岩. 国际贸易单证教程（第二版）[M]. 北京：高等教育出版社，2014.

[20] 凯特奥拉 P R. 国际市场营销学（第十七版）[M]. 北京：机械工业出版社，2017.

[21] 顾永才，王斌义，侯玉翠，高倩倩. 国际物流实务（第三版）[M]. 北京：首都经济贸易大学出版社，2018.

[22] 林珏. 国际贸易实务案例集 [M]. 北京：北京大学出版社，2018.

[23] 程祖伟，韩玉军，娄钰. 国际贸易结算与融资 [M]. 北京：中国人民大学出版社，2018.

[24] 傅龙海. 国际贸易理论与实务（第四版）[M]. 北京：对外经贸大学出版社，2015.

[25] 苏科五. 国际贸易 [M]. 北京：人民教育出版社，2015.

[26] 董瑾. 国际贸易理论与实务（第五版）[M]. 北京：北京理工大学出版社，2014.

[27] 薛荣久. 国际贸易 [M]. 北京：对外经济贸易大学出版社，2016.